Migración y Desarrollo Económico
Grietas en la Cuarta Transformación en México 2018-2024

Migración y Desarrollo Económico

Grietas en la Cuarta Transformación en México

2018-2024

Rodolfo García Zamora y
Selene Gaspar Olvera

TRANSNATIONAL PRESS LONDON
2020

Migración y Desarrollo Económico. Grietas en la Cuarta Transformación en México
2018-2024
by Rodolfo García Zamora y Selene Gaspar Olvera

Copyright © 2020 Transnational Press London

First Published in 2020 by TRANSNATIONAL PRESS LONDON in the United Kingdom, 12 Ridgeway Gardens, London, N6 5XR, UK.
www.tplondon.com

Transnational Press London® and the logo and its affiliated brands are registered trademarks.

Requests for permission to reproduce material from this work should be sent to:
sales@tplondon.com

Paperback
ISBN: 978-1-912997-47-3

Cover Design: Gizem Çakır

www.tplondon.com

ÍNDICE

SOBRE LOS AUTORES

Rodolfo García Zamora

Doctor en Ciencias Económicas, Universidad Autónoma de Barcelona, España, 1986. Docente-investigador del Doctorado en Estudios del Desarrollo, Universidad Autónoma de Zacatecas, México. Líneas de investigación: Migración internacional y desarrollo, Políticas migratorias, desarrollo y derechos humanos y Migración de retorno de Estados Unidos a México. Miembro del Sistema Nacional de Investigadores, Evaluador Nacional de CONACYT. Integrante de la Academia Mexicana de Ciencias y de la Academia Mexicana de Economía Política.

Selene Gaspar Olvera

Maestra en Demografía Social, UNAM, 2016. Investigadora de la Unidad Académica en Estudios del Desarrollo de la Universidad Autónoma de Zacatecas, México. Adscrita al proyecto Sistema de Información Sobre Migración y Desarrollo (SIMDE-UAZ). Líneas de investigación: Análisis demográfico y migración internacional de México a Estados Unidos, Análisis de los hogares, Métodos cuantitativos, Migración internacional, Migración de retorno y envejecimiento, Migración Calificada, vulnerabilidad, marginación y pobreza.

A NUESTROS HIJOS Y NIETAS.

CON AMOR.

INTRODUCCIÓN

Durante 40 años la migración internacional y el desarrollo económico adquieren importancia creciente en México ante los problemas de la deuda externa en 1982, el cambio del modelo económico sustitutivo de importaciones con alto crecimiento económico en los años sesenta del siglo anterior por el modelo neoliberal de privatizaciones masivas, apertura y desregulación acelerada de la economía nacional provocado por la crisis del endeudamiento externo ese año que genera la desaparición de las políticas públicas de desarrollo económico regional y sectorial, el abandono del mercado interno y la generación de empleo, que producen un bajo crecimiento económico y la migración creciente a los Estados Unidos por más de seis lustros de 780 mil a 12 millones de migrantes. Este proceso, resultado de una larga migración internacional entre ambos países con más de 100 años de historia genera una creciente interdependencia económica por la participación de los migrantes mexicanos en mercados laborales específicos como la agricultura, la construcción, la hostelería, alimentos y servicios no calificados, con un aporte importante a la economía de ese país en términos de mano de obra, impuestos y apoyo al sistema de pensiones. México se ha visto beneficiado con la reducción de las tensiones en el raquítico mercado laboral y un flujo creciente de remesas que ha beneficiado a más de 1.6 millones de familias y ha sido un apoyo fundamental en las finanzas públicas nacionales y el desarrollo regional en las zonas de mayor intensidad migratoria internacional.

Aparejado al gran crecimiento de la migración mexicana a los Estados Unidos y las remesas en los últimos 20 años se han hecho múltiples investigaciones y publicaciones sobre este proceso, inicialmente sobre migración y remesas, posteriormente crecen las investigaciones con diversos enfoques y perspectivas de género, de edad, sobre trayectorias migratorias y laborales, sobre educación, salud, familias y comunidades transnacionales, organizaciones de migrantes, proyectos y políticas públicas. En este libro partimos de que ante la ausencia de políticas de desarrollo económico en México desde 1982, el reducido crecimiento económico y la falta de empleo, la migración creciente a Estados Unidos y la recepción en ascenso constante de las remesas a México se ha generado un integración asimétrica y subordinada con ese país. Sin que el gobierno mexicano se haya preocupado durante 40 años por establecer una verdadera política de desarrollo económico nacional que fortalezcan el mercado interno y el empleo con políticas públicas robustas de desarrollo sectorial y regional. Se acepta unilateralmente esa subordinación que se profundiza con el funcionamiento del Tratado de Libre Comercio con

Estados Unidos y Canadá (TLC) a partir de enero de 1994 que articula a las regiones de México con mayor potencial económico de la frontera norte, el centro y Bajío a las cadenas de valor de ensamble automotriz y maquila, dejando que la dinámica de la economía nacional dependa del funcionamiento de la economía norteamericana, sus cadenas de valor y las políticas de su gobierno. La crisis financiera de Estados Unidos en 2008 rompió esa relación funcional de tres décadas, los impactos económicos y sociales en México fueron severos, al igual que en la migración mexicana y las remesas por ella generadas, mostrando la vulnerabilidad del país ante la ausencia de una estrategia propia de desarrollo económico nacional, independiente, equitativo y sustentable.

En julio del 2018, Andrés López Obrador gana las elecciones presidenciales con un apoyo masivo de 30 millones de votos y promete construir un Nuevo Modelo de Nación no neoliberal que privilegie la soberanía nacional, el empleo y el bienestar como ejes de la Cuarta Transformación de México. Al frente del gobierno en su Plan Nacional de Desarrollo 2019-2024 promete un crecimiento del 6% del PIB en 2024 al final de su gestión y la desaparición de la migración por necesidad. Sin embargo, a finales de febrero del 2020 cuando irrumpe el Covid-19 en el país, que sufre un largo proceso de bajo crecimiento económico por más de veinte años y decrecimiento en 2019, se produce una doble pandemia, la sanitaria y la económica de tipo estructural, que se profundiza con los impactos del Covid-19 con un decrecimiento esperado del 7% y más de 800 mil desempleados en mayo del 2020. Esta situación adversa se complica aun más con los impactos de la doble pandemia en Estados Unidos con un decremento estimado del 5% del PIB y la pérdida de más de 36 millones de empleos para la segunda semana del mismo mes y sus secuelas de un gran desempleo de migrantes mexicanos y el riesgo de una mayor migración de retorno al país que enfrenta una grave crisis sanitaria y la crisis económica y de empleo más grave de los últimos 80 años.

Antes de la llegada del Covid-19 a México, durante 14 meses el gobierno de López Obrador aplica la misma política económica de austeridad y estabilidad macroeconómica a toda costa, con una política asistencialista de transferencia de ingresos hacia jóvenes y ancianos. Pese a una retorica neoliberal frente a la doble pandemia se persiste en la austeridad, el rechazo reiterado a una reforma tributaria y la contratación temporal de deuda, frente a la mayoría de países como China, la Unión Europea, Estados Unidos y otros, que aumentan radicalmente su gasto público, los estímulos fiscales y la contratación de deuda para reactivar sus economías. Así, el gobierno mexicano profundiza la austeridad y le apuesta a la puesta en marcha del tratado comercial con Estados Unidos y Canadá (T-MEC) el primero de julio de este año como el principal instrumento de reactivación de la economía nacional, junto con los dos cuestionados megaproyectos en el Sur del país y el nuevo aeropuerto.

Los capítulos de este libro tienen como eje articulador un proceso de creciente integración económica y social de México con Estados Unidos a través de la migración, las remesas y miles de comunidades transnacionales que realizan una diversidad de intercambios económicos, sociales, culturales y políticos, ante lo cual el gobierno mexicano durante 40 años no ha colocado el desarrollo económico y la migración internacional como parte central de la Agenda Nacional con programas y apoyos presupuestales equivalentes a los aportes de los migrantes en la economía nacional(450 mil millones de dólares en ese lapso). Se persiste en una actitud extractivista hacia los migrantes de aprovechar al máximo su aporte creciente de remesas (36 mil millones de dólares en 2019) con pocos y raquíticos programas asistencialistas y corporativos hacia las más de 2300 organizaciones de migrantes mexicanas en Estados Unidos y sus comunidades de origen en México. De hecho, en el gobierno actual que prometió un Nuevo Modelo de Nación y una Cuarta Transformación no hay hasta ahora ninguna propuesta sería de política pública sobre migración internacional y las diferentes modalidades de movilidad humana en el país, y tampoco existe ninguna estrategia alternativa de desarrollo económico para 165 millones de mexicanos (38 millones de ellos en Estados Unidos) que erradique las causas estructurales de la migración, la pobreza y las violencias que hoy azotan al país. Por ello llamamos grietas de la Cuarta Transformación a esas dos graves carencias del gobierno actual, que persiste en la aplicación de un neoliberalismo asistencialista de transferencia de ingresos para jóvenes desempleados y sin acceso a la educación y para ancianos como "ejercito electoral de reserva" que hace imposible cumplir las promesas anteriores.

Tres temas centrales articulan la estructura de este libro, la participación creciente de las mujeres en la migración a Estados Unidos, la migración de retorno a México, incluida la posibilidad del retorno de migrantes calificados y la recurrencia de las crisis económicas y la urgencia de aplicar un nuevo tipo de políticas públicas de desarrollo económico y migración con enfoque de derechos que incluya de manera especial los problemas, las demandas y propuestas de las organizaciones migrantes mexicanas en Estados Unidos y sus comunidades en México.

Zacatecas, México, 15 de mayo 2020.

CAPÍTULO 1

MUJERES MEXICANAS EN LA MIGRACIÓN INTERNACIONAL 1910-2016

Introducción

Por más de 100 años Estados Unidos (EE.UU.) ha sido el destino primordial de las y los migrantes procedentes de México, una frontera compartida y los arreglos bilaterales han hecho posible que vivan en ese país 36 millones de personas de origen mexicano, 12 millones de los cuales son inmigrantes mexicanos. Aun cuando en términos absolutos los otros destinos de la migración mexicana son por mucho de menor cuantía estos han incrementado su intensidad en las últimas décadas.

Antes del año 2001 el patrón de la emigración mexicana a los EE.UU. se caracterizaba por su predominio de hombres con una fuerte tradición a la circularidad; mientras que las mujeres migrantes tendían a permanecer o ampliar sus tiempos de estancia. Ello y la ínfima presencia que tenían en los flujos captados con fuentes nacionales fueron factores que favorecieron lo que se conoce como la invisibilidad de las mujeres migrantes; cuya vinculación con el proceso migratorio era como agente pasivo que se quedaban a la espera de sus maridos y al cuidado de los hijos y las propiedades, y como acompañantes de los varones que migraban (Giorguli, Angoa y Gaspar, 2007).

Los enfoques cuantitativos, cualitativos y los estudios de caso han hecho posible mostrar que las mujeres migrantes y aquellas con vínculos migratorios internacionales han estado presentes en este proceso y han desempeñado un rol relevante en ambos lados de la frontera (Giorguli, Angoa y Gaspar, 2007). A pesar de la vasta producción estadística que se dio desde los noventas, la invisibilidad de las mujeres en los flujos migratorios se dio principalmente en los esfuerzos realizados en México, captar el flujo de mujeres es un problema que persiste debido a que su patrón de emigración es distinto al de los hombres. Por ejemplo, el flujo sur que capta la EMIF norte con destino a EE.UU. indica que las mujeres tan solo representaban el 4% (16 mil) del flujo total en 1995, proporción que es de 25.5% en 2000 y de 29.6% en 2013, en este último año se estima que el flujo total es 322 mil, de los cuales casi 74 mil son mujeres. En cambio, los flujos estimados con datos de EE.UU. indican que las mujeres han representado en los flujos más de 40% (Gaspar Olvera, 2016b).

"La participación de la mujer en la migración no era reconocida como importante y no se consideraba necesario explicarla como un proceso específico del fenómeno migratorio" Woo Morales (1995:140). Lo mismo ocurrió con la emigración (hacia) y la inmigración (en) otros destinos que al ser de menor magnitud se le restó importancia no solo en los estudios también en la generación de datos que diera cuenta de este proceso migratorio (Gaspar Olvera, 2016b). Los estudios sobre migración, la dinámica de los flujos y su captación ha cambiado; así como la percepción que se tenía sobre la participación de la mujer como agente migratorio, otorgando mayor importancia al papel de la mujer como protagonistas de los flujos emigratorios internacionales, lo que ha dado lugar a lo que hoy se conoce como feminización de la migración que Castles y Miller (2004) identifican como la cuarta característica que describe las tendencias de la era de la migración.

Aprovechando la disponibilidad de información y marcos teóricos para el estudio de la migración de mujeres, gracias a los esfuerzos de organismo gubernamentales y académicos nacionales e internacionales, el objetivo de este estudio es dar seguimiento en un primer momento a la migración internacional a nivel mundial de hombres y mujeres con énfasis en la de México de 1960-2015, destacando los otros destinos de las mujeres migrantes del país. Dada la disponibilidad de información en EE.UU. y al hecho de que el 97.8% de la migración femenina vive en ese país, el estudio se centra esta población en un análisis retrospectivo y comparativo en términos de tiempo y sexo.

La pregunta central que guía esta investigación es ¿Cuáles son los cambios y continuidad en la tendencia y dinámica de la migración del país, en particular de las mujeres?; ¿En que medida la política migratoria o de seguridad nacional más restrictiva y las condiciones económicas de la última década modifican los flujos y la dinámica demográfica de los mexicanos en EE.UU.?

El estudio se basa en información de Naciones Unidas (UN) del Departamento de Asuntos Económicos y Sociales (DESA por sus siglas en inglés) de 1990-2015[1]. Y en estadística propia estimada con base en U.S. las muestras Censales de Población y Vivienda 1910-1990 y de la American Community Survey (ACS) 2000, 2010 y 2015, Current Population Survey (CPS-ASEC) supplementary March 2016.

El trabajo se estructura en tres secciones, en la primera se exponen los principales enfoques teóricos mediante los cuales se ha abordado el estudio de las mujeres migrantes y su participación en la migración a nivel global de 1960-2015. En la segunda sección, se presentan la tendencia y cambios en la

---

[1] El conjunto de datos son estimaciones de migrantes internacionales por edad, sexo y origen. Las estimaciones se presentan para 1990, 1995, 2000, 2005, 2010 y 2015 y están disponibles para todos los países y áreas del mundo. Las estimaciones se basan en estadísticas oficiales sobre la población nacida en el extranjero o extranjera.

estructura demográfica de los inmigrantes mexicanos en EE.UU. de 1910-2016. Enseguida, se analizan desde una visión retrospectiva cambios en la dinámica migratoria y participación en el mercado laboral. Finalmente se presentan las conclusiones del estudio.

Feminización de la migración

El modelo tradicional representativo del sujeto migrante mexicano era de tipo económico y de sexo masculino. Aun cuando las mujeres migrantes del país han estado presentes en este proceso tanto como ellos, su rol y patrón migratorio ha sido distinto y menos visible. A la creciente participación de las mujeres en el proceso migratorio y al rol que asumen cada vez más como líderes de sus proyectos migratorios es lo que se ha denominado feminización de las migraciones (Rebolledo y Rodríguez, 2014).

Se ha argumentado que las mujeres migrantes de México han sido agentes pasivos que migran como dependientes de los hombres, sin embargo, su participación en el stock como inmigrantes en EE.UU. ha representado por arriba del 43.8% desde 1920 y su participación en mercado laboral se ha incrementado tanto en términos absolutos como relativos desde entonces. La posición socialmente definida como "dependiente" a través de normas y políticas sociales en el país de origen y destino, puede inducir una posición de mayor dependencia y vulnerabilidad en el caso de las mujeres migrantes y de aquellas con vínculos migratorios internacionales en el origen de los migrantes, también ellas tienen un papel relevante en el proceso migratorio (Lieve Daeren, 2000, Gaspar Olvera, 2017).

Desde las fuentes tradicionales que permiten medir stock y flujos como los censos y las encuestas de hogares que tienen como regla de empadronamiento la "residencia habitual" o "residencia actual" y que incluyen el lugar de nacimientos y sexo de las personas, han hecho posible distinguir los migrantes por sexo y a partir de este dato se ha posibilitado visibilizar a las mujeres migrantes, no obstante estos instrumentos tan solo permiten un acercamiento a los estudios de género, debido a que el objetivo para el que fueron levantados los datos es otro.

A partir de los ochentas, la perspectiva de género ha colocado a las mujeres migrantes en un lugar preponderate en la agenda e interés de los gobiernos y estudiosos de la migración internacional, que de acuerdo con Morokvasic (1984) estaban ausentes hasta mediados de los años setentas (citado en Rebolledo y Rodríguez, 2014) y se trataba de explicar la migración femenina a través del estudio de los hombres migrantes, sin distinguir y analizar el papel que tienen las mujeres en el proceso migratorio (Woo Morales, 2014). De acuerdo con Woo Morales las mujeres migrantes se han apoyado en las redes formadas por los hombres, pero también han construido las suyas a través de su trayectoria migratoria individual o familiar, toda vez que la migración de mujeres es un proceso migratorio histórico tanto como el de los hombres, aun cuando sus patrones de circulación y permanencia y causas que originaron su emigración sean distintos (García y Gaspar, 2017).

La migración femenina responde a la necesidad de alternativas de subsistencia en los países desarrollados, la cual está vinculada a la dinámica global económica como un mecanismo de fortalecimiento de las economías y del mercado laboral. La migración de mujeres y hombres independientemente de quien encabece los flujos es un problema complejo a nivel mundial, su complejidad radica en las medidas cada vez más restrictivas para moverse entre fronteras y las problemáticas asociadas que condicionan su integración en los países de destino o reintegración en el país de origen cuando retornan.

La edad de llegada y el tiempo de exposición a la sociedad de destino, así como las condiciones y edad en que se retorna al país de origen o se re-emigra son indicadores de etapas vitales y de contextos sociales de desarrollo cualitativamente distintas que condicionan sus oportunidades y formas de vida en el origen y destino de los migrantes (Rumbaut, 2003, García y Gaspar 2017).

Las y los migrantes mexicanos en la migración internacional

A escala internacional y en términos absolutos las mujeres migran tanto como los hombres. El número de personas que viven fuera de su país de nacimiento ha crecido de 75 millones en 1960 a 243.7 millones en 2015, lo que significa un aumento del 225%. Las mujeres representan el 51.9% del total de los migrantes del mundo. Su número ha crecido en 80.7 millones entre 1960 y 2015 (incremento 218.7%). Según datos de UN-DESA 1960-2015 como tendencia, las mujeres migran más hacia las regiones desarrolladas y los hombres hacia regiones menos desarrolladas. Las mujeres han sido mayoría en el stock internacional desde 1990, no obstante, las brechas entre hombres y mujeres en el stock se han ampliado a favor de los hombres (Cuadro 1 y Grafica 1a y Gráfica 1b). Para Paiewonsky (2007), aun cuando algunas regiones efectivamente experimentan una feminización neta de los flujos, lo que realmente ha cambiado es el patrón migratorio de las mujeres, cada vez más migran de manera independiente en busca de trabajo y como un proyecto de vida, y su creciente participación en el envío de remesas.

Para Castles y Miller (2004:20 y 2010:143) más que por su número, las migraciones han variado especialmente en relación a sus características, entre las que destaca: 1) un mayor número de países se ven afectados por los movimientos migratorios, 2) incremento en la intensidad de las migraciones, 3) diversificación de los tipos de movimientos migratorios y actores, 4) creciente participación de las mujeres, 5) los controles de las fronteras nacionales y la cooperación internacional para la gestión de la migración se ha vuelto muy restrictivo, 6) el derecho a ser móvil es más selectivo y algo específico de determinadas clases, y 7) el auge de la migración calificada es un problema añejo, que se intensifica con la globalización. Proceso en el cual crece la participación de las mujeres en el stock y en los flujos de migrantes calificados (Delgado Wise,

2013 y 2014; Gaspar Olvera 2016a, Gaspar y Chávez 2019).

Cuadro 1. Migrantes internacionales por sexo 1960-2015

	Stock (miles de migrantes)					Variación absoluta					Variación porcentual		
	Total	Hombres	Mujeres	%	IM/[1]	Total	Hombres	Mujeres	%	IM/[2]	Total	Hombres	Mujeres
1960	78,842	41,944	36,898	46.8	114								
1970	84,620	44,595	40,025	47.3	111	5,778	2,651	3,127	54.1	85	7.3	6.3	8.5
1980	103,034	54,299	48,735	47.3	111	18,414	9,704	8,710	47.3	111	21.8	21.8	21.8
1990	154,162	78,856	75,306	48.8	105	51,128	24,557	26,571	52.0	92	49.6	45.2	54.5
1995	160,802	81,737	79,064	49.2	103	6,640	2,881	3,759	56.6	77	4.3	3.7	5.0
2000	174,516	88,790	85,726	49.1	104	13,714	7,053	6,661	48.6	106	8.5	8.6	8.4
2005	191,269	97,867	93,402	48.8	105	16,753	9,076	7,677	45.8	118	9.6	10.2	9.0
2010	220,729	114,581	106,148	48.1	108	29,460	16,715	12,745	43.3	131	15.4	17.1	13.6
2013	231,522	120,328	111,194	48.0	108	10,793	5,747	5,046	46.8	114	4.9	5.0	4.8
2015	243,700	126,115	117,585	48.2	107	22,971	11,534	11,437	49.8	101	10.4	10.1	10.8

IM/[1]. Índice de masculinidad.
IM/[2]. Índice de masculinidad de la variación absoluta.
Fuente: Estimación de los autores con datos del stock de migrantes estimados por Naciones Unidas. Department of Economic and Social Affairs 1990, 2000, 2010 y 2013 (fecha de consulta 2013 21/12/2016 y 1990-2015 26/12/2016).

Gráfica 1a. Creciente participación femenina en la migración internacional 1960-2015. Millones de personas

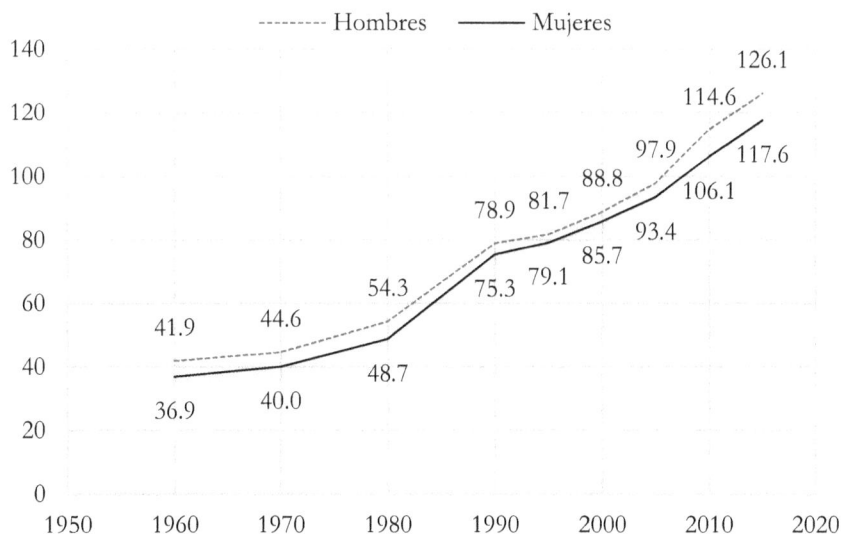

Fuente: Elaboración de los autores con base en Naciones Unidas. Department of Economic and Social Affairs 1990, 2000, 2010 y 2013 (fecha de consulta 2013 21/12/2016 y 1990-2015 26/12/2016).

Gráfica 1b. Creciente participación femenina en la migración internacional por region, 1960-2015. Millones de personas

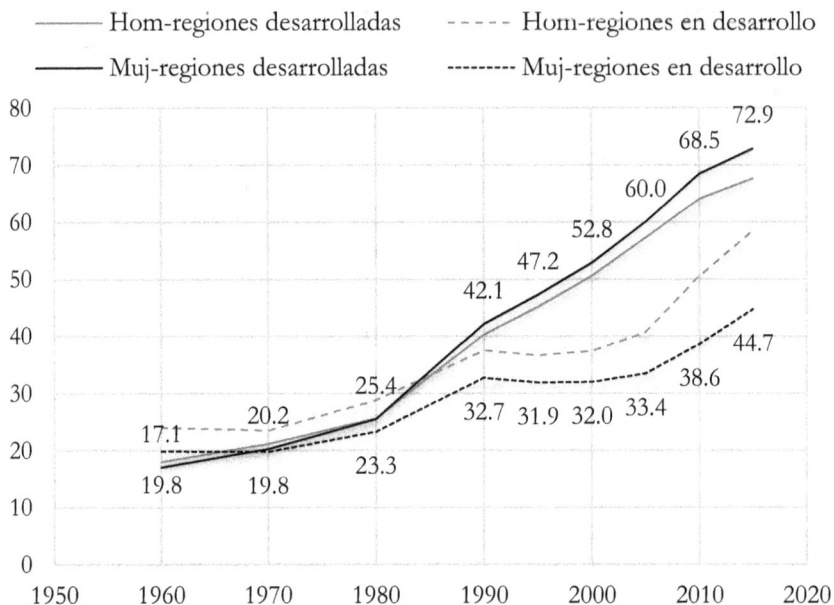

Fuente: Elaboración de los autores con base en Naciones Unidas. Department of Economic and Social Affairs 1990, 2000, 2010 y 2013 (fecha de consulta 2013 21/12/2016 y 1990-2015 26/12/2016).

En relación a la participación de hombres y mujeres procedentes de México en el stock internacional, se observa una creciente y sostenida participación hasta 2013. Tendencia que cambian los datos disponibles de 2015 los cuales indican que el stock descendió de 7.1 millones en 2013 a 6.6 millones en 2015 para los hombres, y de 6.1 millones a 5.8 millones en el caso de las mujeres (Gráfica 2). Entre 2010 y 2015 los migrantes internacionales del país disminuyeron su participación en el stock a una tasa del 0.9% los hombres y 0.4% las mujeres. México destaca entre los países con el mayor número de mujeres viviendo fuera de su país, apenas superado por la Federación Rusa.

El análisis de la inmigración internacional mexicana a un país distinto a EE.UU. destino primordial de los mexicanos (97.7% vive en ese país), dibuja un panorama distinto en la participación de las mujeres en la migración internacional. Contrario a lo que ocurre en EE.UU. donde la presencia de hombres es superior a la de mujeres. A lo largo del periodo de observación 1990-2015 las mujeres inmigrantes mexicanas radicadas en otro país superan a la de los hombres. El conjunto de datos que se presentan en la Gráfica 3 permiten aseverar una feminización de la migración mexicana que tiene como destino un país distinto a EE.UU.

Gráfica 2. Tendencia de la migración internacional de México por sexo, 1990-2015 . Miles de personas

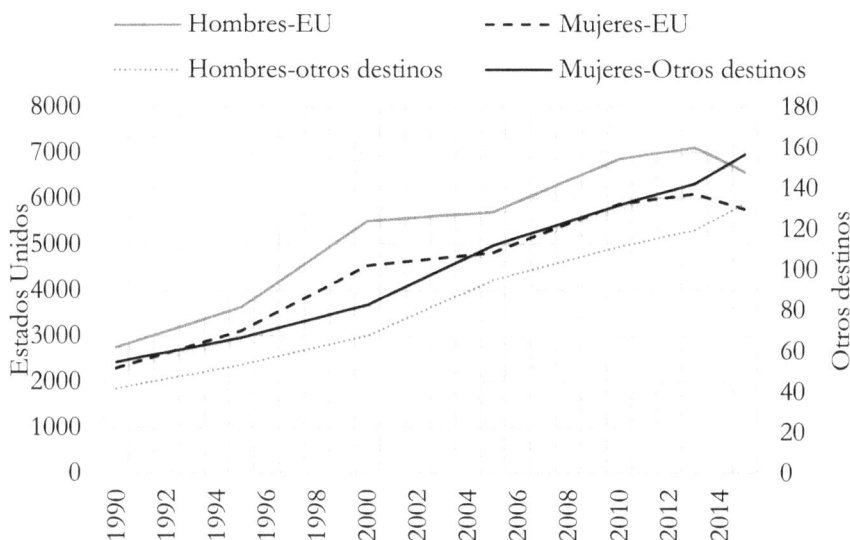

Fuente. Elaboración de los autores con base en Naciones Unidas. Department of Economic and Social Affairs 1990, 2000, 2010 y 2013 (fecha de consulta 2013 21/12/2016 y 1990-2015 26/12/2016).

Los otros destinos de la migración de mujeres mexicanas son principalmente Canadá, España y Alemania, acogen a casi 48 mil, 27 mil y 11 mil mexicanas respectivamente. La mayor intensidad en el crecimiento se observa en Alemania (6.8% anual), seguida de Canadá y España (6.5% anual, respectivamente), (Gráfica 3a). No obstante, el incremento que ha experimentado la migración mexicana en Canadá, España y Alemania poco se sabe sobre sus condiciones de vida y laborales debido al limitado acceso a la información en esos países y posiblemente a la representatividad estadística que tiene los inmigrantes mexicanos en sus censos y encuestas.

México destaca entre los países con el mayor número de mujeres viviendo fuera de su país, ocupa la primera posición con 6.1 millones en 2013 y el segundo en 2015 con 5.8 millones, posición que ya tenía en 2010 con 5.5 millones. En 25 años México escalo de la posición 6 en 1990 a la segunda posición en 2015. En los otros destinos de la migración mexicana y siguiendo la tendencia mundial, las mujeres migran más hacia países desarrollados y los varones hacia países menos desarrollados, aunque en ambos casos Canadá y España son los destinos principales de la migración mexicana después de EE.UU. (Gráfica 3b).

Gráfica 3a. Mujeres migrantes por país de origen 1990 y 2015. Millones de personas

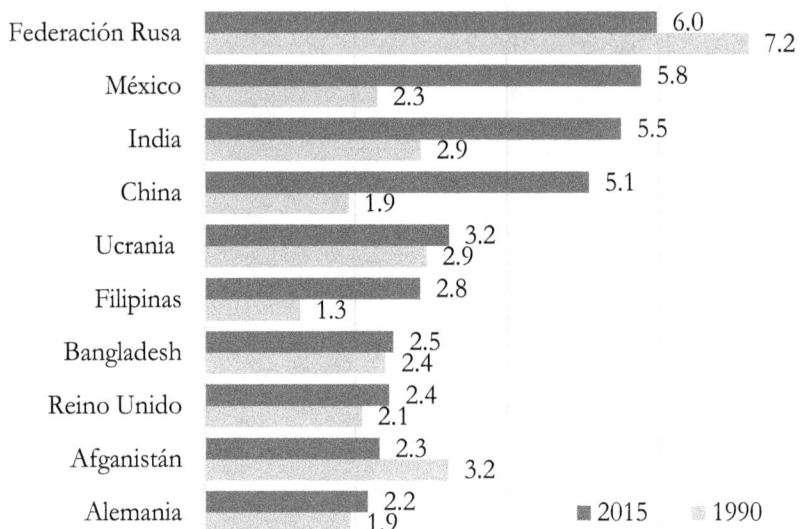

Gráfica 3b. Otros destinos de las y los migrantes mexicanos 2015

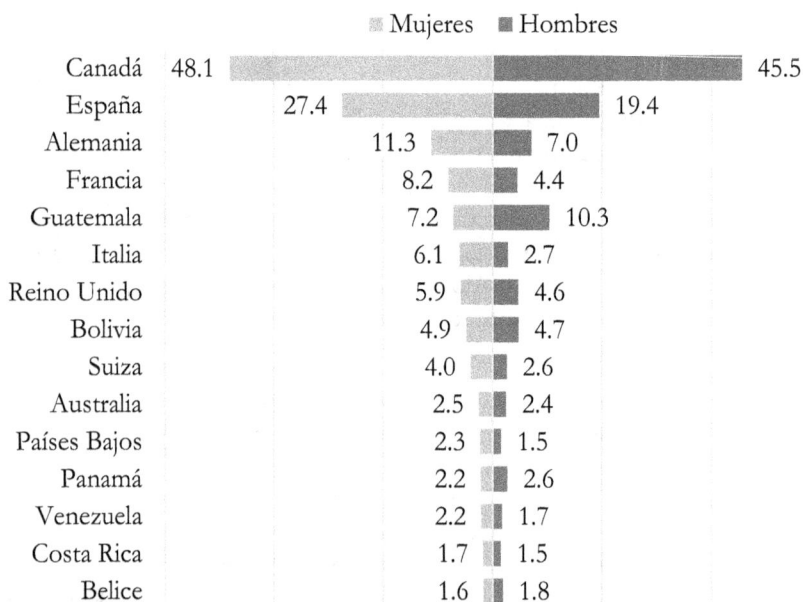

Fuente: Elaboración de los autores con base en Naciones Unidas. Department of Economic and Social Affairs 1990 y 2015.

No obstante, la tendencia mostrada a nivel global de hombres y mujeres en la migración internacional es preciso tener presente las bondades y desventajas del uso de estimaciones; la disponibilidad de la información y su evolución en el tiempo (fecha de disponibilidad y año de referencia) y tipo de información disponible (lugar de nacimiento, nacionalidad, etc.) para el análisis, estos son apenas algunos elementos que nos indican la calidad y precisión de las cifras estimadas (Gaspar Olvera, 2018). En este último punto es preciso reflexionar en qué medida el stock y la variación absoluta de los mismos reflejan realmente los cambios en la participación de hombres y mujeres en los flujos migratorios. La globalización, los cambios en la dinámica demográfica y los patrones migratorios prevalecientes plantean nuevos requerimientos a las estimaciones de la migración internacional. Los esfuerzos por llevar registros que permitan elaborar estadísticas confiables, comparables y actualizadas de los movimientos migratorios o de los volúmenes acumulados ("stocks") de migrantes enfrentan dificultades. La calidad, tipo y disponibilidad de las estadísticas varía entre países, lo que dificulta la tarea de la División de Población de Naciones Unidas para recopilar y estimar el número de migrantes internacionales en el mundo y para cada país (Gaspar Olvera, 2016).

Mujeres inmigrantes mexicanas en Estados Unidos

Con la finalidad de conocer más sobre los patrones de continuidad y cambios de las mujeres inmigrantes mexicanas en EE.UU. se presenta una visión retrospectiva de sus características sociodemográficas y laborales de 1940-2015, el recorrido histórico de los datos se hace con la finalidad de mostrar la dinámica migratoria de las mujeres inmigrantes en EE.UU. Se verificar si la migración de mexicanos se ha feminizado o más bien los cambios observados en la menor presencia de hombres en el stock y en los flujos que logran ingresar responde a la política migratoria implementada en EE.UU. desde la entrada en vigor de la ley de Seguridad (Homeland Security Act HSA) firmada en noviembre del 2002; y al patrón migratorio de las mujeres que es de carácter más permanente y documentado, y quizá menos visibles para ser deportadas desde el interior de EE.UU.: Además están las recurrentes crisis económicas que ha experimentado la economía estadounidense desde 2001 generando un alto desempleo en el mercado laboral.

Los datos históricos de la inmigración mexicana asentada en EE.UU. de 1910-2016 permite constatar que las mujeres del país han migrado tanto como los hombres en una dinámica distinta pero siempre presentes (Gráfica 4). En 1910 había 240 mil inmigrantes mexicanos en EE.UU. 38.6% eran mujeres, a partir de 1920 las mujeres incrementan su participación, aunque con poca variación en términos absolutos (baja inmigración). Es hasta 1970 que las y los migrantes mexicanos suman 879 mil, 51.0% son mujeres, las brechas entre ellos se reducen debido a las disposiciones para la reunificación familiar en las leyes de entonces (R. Gabaccia, 2002), a partir de ese año crece su número crece de forma exponencial hasta por lo menos 2005, siempre dominado por el flujo y el stock de hombres.

Por ejemplo, entre 1980-1995 hombres y mujeres incrementaron su número al 7.9% anual, el mayor incremento en el stock de ambos sexos ocurrió entre 1970-1980, mientras el número de hombres creció a una tasa anual del 10.5%, las mujeres lo hicieron a 9.0% anual. No obstante, que los patrones de circulación y permanencia entre unos y otros han variado a lo largo de la historia, el mayor crecimiento experimentado en las mujeres ocurrido entre 1990 y 1995 (9.3% anual) al pasar de 1,982 mil a 3,089 mil, periodo en que los hombres representan 124 por cada 100 mujeres. De 1995-2000 los hombres aun dominan los flujos migratorios, pero las mujeres incrementan su número con mayor intensidad 5.5% anual y los hombres al 5.2% anual.

El stock de inmigrantes mexicanos alcanzó una cifra de 9.3 millones en el año 2000, 44.6% (4,159 mil) eran mujeres, año en que se estima una pérdida neta por migración internacional por arriba de los 389 mil, las mujeres representaban el 45.9% (179 mil) de esa pérdida (CONAPO, 2002). Sin embargo, este resultado no significa que las mujeres hayan incrementado su participación en los flujos, sino que los hombres han sido los más afectados por las deportaciones y el retorno, y se ha reducido su probabilidad de éxito en el cruce, toda vez que la presencia de hombres se mantiene con una clara dominancia de 1980-2016.

Después del 2000, tras el ataque a las torres gemelas en 2001 y la implementación de la ley HSA en 2002, la intensidad del crecimiento de la inmigración mexicana se vio mermada, aun así, entre 2000-2005 el número de inmigrantes mexicanos creció al 3.7% anual, en ese periodo las deportaciones alcanzaron cifras por arriba del 1 millón (DHS, 2014). La abrumadora gestión migratoria que se dio a partir de 2002 y la crisis económica experimentada a finales de 2007 rompen con el patrón migratorio de la migración mexicana hacia EE.UU., en particular con el patrón observado en los hombres.

Periodo que se caracteriza por el aumento del retorno de hombres en edades laborales, a ellos se suma el ingreso al país de menores hijos de mexicanos nacidos en EE.UU., "después de un largo periodo de tiempo en que la inmigración de mexicanos en Estados Unidos observa un patrón más permanente y estancias más prolongadas, es decir, después una pérdida de circularidad" (Gaspar Olvera, 2019: 462). Datos del censo de Población y Vivienda de México 2010 dan cuenta de un incremento del retorno (826 mil retornados, un incremento de 262% entre 2000 y 2010), las deportaciones se han mantenido en promedio en 489 mil entre 2006-2014. Ambas situaciones afectan en mayor medida a los hombres.

Los datos de 2010-2016 de las dos encuestas de mayor uso para la estimación de la migración México-EE.UU. — CPS-ASEC y la ACS— indican que el stock de hombres decreció de 6.3 a 6.2 millones. Sin embargo, hay que tener precaución con este resultado, ya que desde 2014 ambas encuestas muestras variaciones importantes en la estimación para los mexicanos, en particular en la participación de los hombres (Gaspar Olvera 2018). En EE.UU. hay 23.7 millones de mujeres migrantes en 2015, de las cuales 5.7 millones nacieron en México (24.0%), representan el 47.9% del total de inmigrantes mexicanos en ese país (Gráfica 4).

Gráfica 4. Tendencia de la migración México-Estados Unidos por sexo, 1910-2015

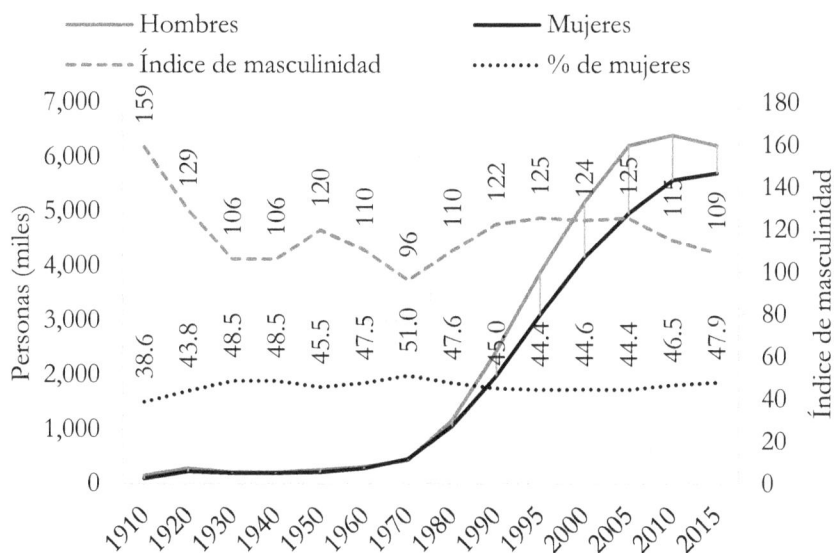

Fuente: Gaspar Olvera (2016) con con base en U.S. Census Bureapercent samples 1940-2000; American Community Survey 2010 y 2015; Current Population Survey (CPS-ASEC) suplementary march, 2016.

Cambios en la estructura demográfica

A lo largo del estudio, trataremos de dar elementos que nos permitan verificar si hay una feminización de la inmigración mexicana producto del incremento en los flujos y al mismo tiempo que nos permita conocer más sobre la dinámica migratoria de las mujeres y su situación en EE.UU. Los cambios en la dinámica del fenómeno migratorio están afectando la estructura demográfica de los mexicanos que viven en EE.UU., así como la de sus hijos nacidos en ese país. Después del 2005 el número de inmigrantes en EE.UU. cambia la intensidad con la que venía creciendo, y se ha mantenido relativamente estables o en bajo crecimiento. Entre estos cambios se destaca (gráfica 5a y 5b):

- Los datos marcan tres etapas distintas en el proceso migratorio de los mexicanos en EE.UU., hasta 1970 una presencia importante de mujeres en una etapa adulta. El periodo 1950-1965 está dominado por el crecimiento de la migración legal y la posterior caída del Programa Bracero (Massey, Pren y Durand, 2009). Después de ese año un auge importante en la inmigración carac-

Gráfica 5a. Estructura por edad y sexo de la población inmigrante mexicana en Estados Unidos, 2000, 2010 y 2015

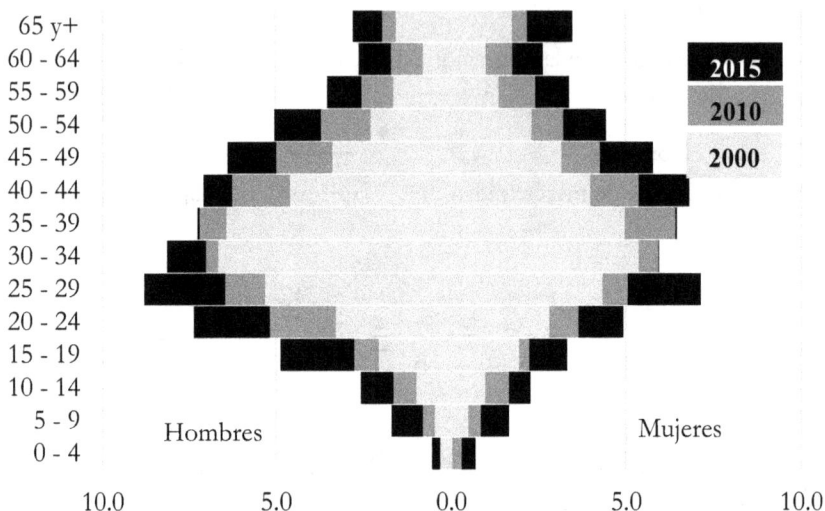

Fuente: Estimación de los autores con base en U.S. Census Bureau percent samples 2000; American Community Survey 2010 y 2015.

Gráfica 5b. Nativos de segunda generación de mexicanos. Estructura por edad y sexo, 2000, 2010 y 2015

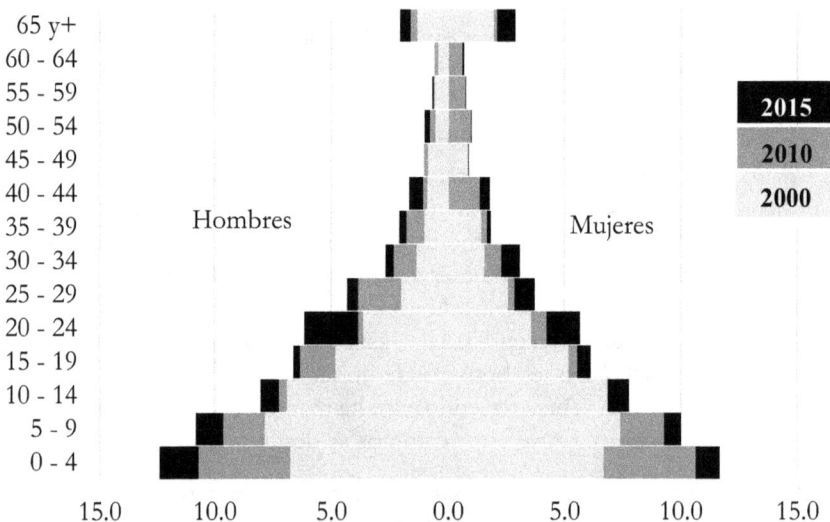

Fuente: Estimación de los autores con base en U.S. Census Bureau percent samples 2000; American Community Survey (ACS) 2010 y 2015.

terizada por hombres y mujeres jóvenes en plena edad productiva (auge de la inmigración indocumentada y documentada por reunificación familiar (idem). Una tercera etapa después del 2000 refleja una estructura al alza en la edad de los mexicanos en dicho país, en particular en los varones y un aumento en la proporción de mujeres, periodo caracterizado por una disminución del stock y flujo indocumentado y una reducción en la probabilidad de éxito en el cruce.

- Una disminución en el stock de hombres que se traduce en un reajuste en la estructura por edad y sexo de la inmigración mexicana. Aun así, el índice de masculinidad es a favor de los hombres en particular en las edades centrales de mayor productividad y experiencia laboral (IM=109 y para el grupo 24 a 39 años IM=120 en 2015), no obstante, se destaca que IM se ha reducido en estos grupos.

- Otro cambio importante es la reducción de la presencia de hombres a partir de las edades de 65 años o más (2010 y 2015), donde las mujeres son mayoría a una razón de 81 hombres por cada 100 mujeres. Este cambio en la estructura de los adultos mayores solo es observable a partir del 2010. Esto puede ser explicado por la mayor intensidad del retorno en los hombres respecto a las mujeres. La tasa de retorno de las adultas mayores respecto a la de los hombres es de 19.4 por mil migrantes contra 43.9 por mil respectivamente (García y Gaspar, 2016:159), y a la mayor esperanza de vida de las mujeres.

- La estructura demográfica de los hijos de mexicanos nacidos en EE.UU., también exhibe cambios importantes en la parte baja de la pirámide, un descenso en términos absolutos y relativos de los menores de 15 años, coincidente con el aumento de esta población en México, lo que confirma que el retorno es de tipo familiar, hombres en edad laboral que regresan con sus hijos nacidos en EE.UU. (Moctezuma y Gaspar, 2013).

Elementos de la Dinámica Migratoria

Año/periodo de ingreso

Los procedimientos basados en la identificación del país de nacimiento como "el año o periodo de ingreso a EE.UU." o el de "residencia previa" (hace un año o hace 5 años) constituyen una aproximación distinta y complementaria para el análisis del fenómeno migratorio (Gaspar Olvera, 2016b). La estimación del volumen total de población nacida en México captada en cada una de las fuentes estadounidenses informa de manera limitada sobre la dinámica del fenómeno en tanto que se trata del monto o número acumulado de inmigrantes compuesto por aquellos que sobrevivieron y permanecieron en EE.UU. Por ello, para analizar la dinámica de los flujos se utiliza la variable de año/periodo de ingreso a EE.UU. con datos muéstrales de 1990, 2000, 2010 y 2015.

Los flujos por periodo de ingreso se estiman a partir de los flujos reportados por la fuente más antigua hasta la más reciente. Una vez que se tiene el flujo total que ingresó en cada periodo se resta el flujo del periodo reportado en la fuente de datos más reciente para obtener cl saldo que ingreso en cada periodo (Gaspar Olvera, 2016b). El saldo de inmigrantes en cada periodo de ingreso está representado por los que re-emigraron (retorno) o que fallecieron. Los resultados del procedimiento permiten corroborar (Gráfica 6a):

- La importancia de las mujeres en los flujos emigratorios que logran ingresar a EE.UU. en cada periodo. No obstante que el número de hombres en el flujo ha sido mayor (salvo antes de 1965) las mujeres han estado representadas por más del 42% y menos de 48% del flujo total según periodo.

- Tanto en número como en términos proporcionales, los hombres exhiben una participación importante en la reducción del flujo inicial, lo que permite hasta cierto punto corroborar el mayor patrón de circularidad y retorno de los hombres, y la tendencia de las mujeres a la permanencia en EE.UU. (Gráfica 6b).

- Los resultados permiten suponer patrones migratorios entre hombres y mujeres distintos, por ello las fuentes mexicanas han subestimado su participación en los flujos.

- Si tómanos en consideración los resultados en su conjunto, podemos afirmar que la inmigración mexicana asentada en EE.UU. no se ha feminizado como producto de un incremento en los flujos migratorios de mujeres.

Los datos presentes hasta el momento en términos de stock y de los flujos aluden a la significativa participación de las mujeres mexicanas en la dinámica migratoria México-EE.UU. Lo cual ha favorecido la conformación de familias mexicanas en ese país; en 4.9 millones de hogares el jefe es un inmigrante mexicano, de los cuales 2.2 millones hogares (45.5%) tienen jefatura femenina, esa cifra en 1990 era de 300 mil hogares y de 1.6 millones en 2008 (Gaspar y López, 2012). Datos estimados con la CPS suplemento de marzo de 2016 indica que en EE.UU. viven 12 millones de inmigrantes mexicanos, 13 millones de estadounidenses con al menos uno de sus padres nacido en México y 11.8 millones de nativos de EE.UU. que se declaran de origen mexicano (en conjunto suman 36.8 millones), mismos que se agrupan en 12.3 millones de hogares, 49% tiene jefatura femenina.

Cualquiera que sea la motivación de la migración de las mujeres y su condición de actividad, ellas son migrantes internacional por el hecho de vivir en un país distinto al de su nacimiento y con seguridad deciden seguir a su pareja

Gráfica 6a. Inmigrantes mexicanos en Estados Unidos. Flujo anual por periodo de ingreso y sexo 1950-2015

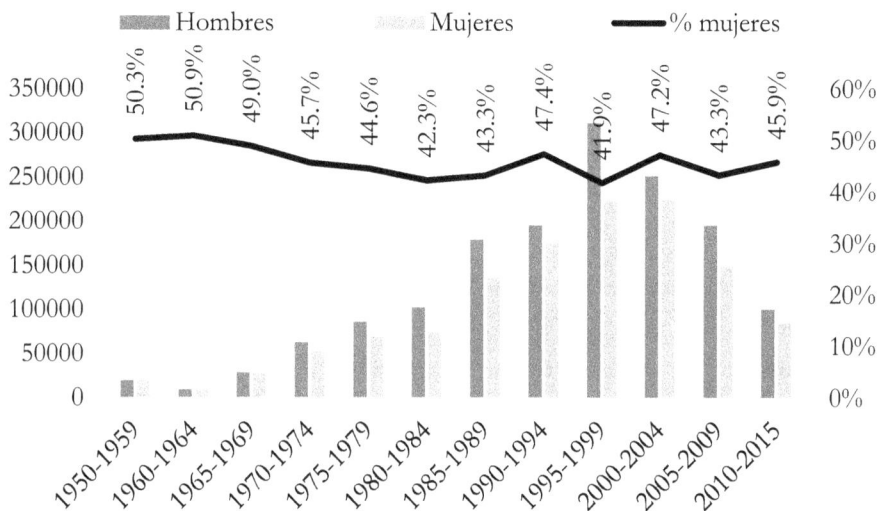

Fuente. Estimación con base en U.S. Census Bureau percent samples 1950-2000; American Community Survey 2010 y 2015. Tomado de Gaspar-Olvera, 2016.

Gráfica 6b. Inmigrantes mexicanos en Estados Unidos. Saldo de flujo anual por periodo de ingreso y sexo 1950-2015

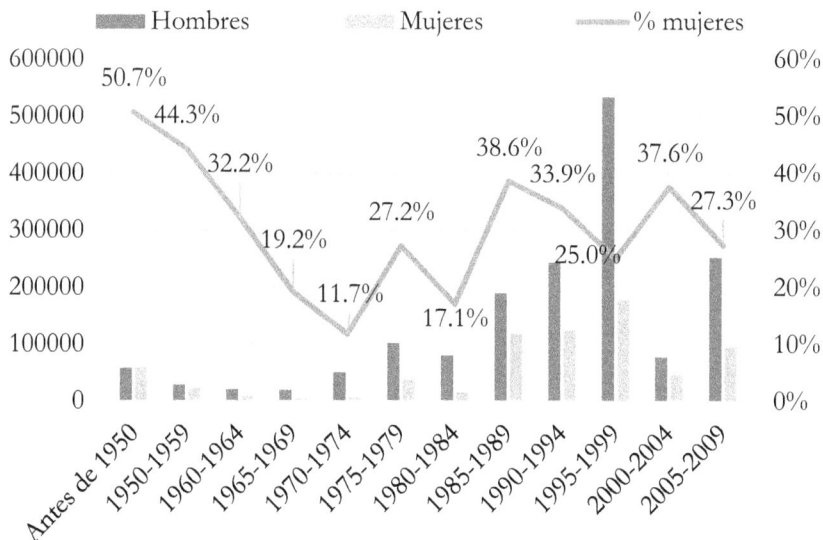

Fuente. Estimación con base en U.S. Census Bureau percent samples 1950-2000; American Community Survey 2010 y 2015. Tomado de Gaspar-Olvera, 2016.

o migrar solas por las mismas razones que ellos, mejorar sus condiciones de vida y desarrollo personal. Los hogares de inmigrantes mexicanos se caracterizan por su composición mixta en cuanto a estatus legal, ciudadanía y origen nacional. Ello y las disposiciones del presidente Trump en materia migratoria (más bien de seguridad nacional) ponen en riesgo de vulnerabilidad a millones de familias de migrantes exponiéndolos a la desintegración, el abuso y la desolación; las familias deportadas por el Departamento de Seguridad de EE.UU. fueron 15,056 en el año fiscal 2014, 68,684 en 2015 y 40,053 en 2016. No obstante que la inmigración mexicana tiene más de 100 años de tradición migratoria y desde entonces ha contribuido a la economía de ese país, a los que más obra barata, no por nada hoy día hay 6 millones de mexicanos indocumentados y casi todos ellos con trabajo, aun así son tratados como criminales o indeseables por grupos antiinmigrantes.

Ciudadanía y dominio del idioma inglés

La obtención de la ciudadanía es un factor que favorece la integración de los inmigrantes tanto en términos sociales como económicos. Los inmigrantes que han permanecido durante 5 años en EE.UU. (tres años si están casados con un estadounidense) y tienen 18 años o más, que demuestran no haber cometido delitos graves, buen carácter moral, tener conocimientos cívicos y del idioma inglés pueden acceder a la ciudadanía estadounidense (por naturalización); otra forma obtener la ciudadanía es a través de los padres que son ciudadanos estadounidenses (USCIS[2]).

El análisis de la ciudadanía considera a la población de 18 años o más (incluye a los que obtuvieron la ciudadanía a través de sus padres, alrededor del 2.0%). A lo largo del periodo de observación la proporción de mujeres con ciudadanía es mayor al de los hombres. Cabe destacar que los inmigrantes mexicanos hombres y mujeres ocupan la octava posición en 2015 por país de origen con la menor proporción de población con ciudadanía. Según datos estimados con la ACS 2015 11.3 millones (94.5%) de los inmigrantes mexicanos en EE.UU. tiene 18 años o más, de los cuales 5.9 millones son hombres y 5.4 millones son mujeres. EL 27.1% de los hombres y 30.9% de las mujeres obtuvieron la ciudadanía estadounidense a través de la naturalización. En conjunto suman 3.2 millones, las mujeres representan el 50.9% (1.6 millones). La probabilidad de no obtener la ciudadanía estadounidense es de 0.69 para el conjunto de inmigrantes mexicanos, — la delos hombres es de 0.37 y para las mujeres de 0.32 - (Gráfica 7).

Para los inmigrantes el dominio del idioma inglés es relevante no solo como requisito para obtener la ciudadanía estadounidense, este tiene impactos en el mercado laboral y su fluidez tiene valor en ámbitos que exceden al económico. Mientras las mujeres inmigrantes mexicanas superan a los hombres con

---

[2] https://www.uscis.gov/es/ciudadania/ciudadania-traves-de-padres/ciudadania-traves-de-los-padres [03012017]

ciudadanía a una razón de 96 hombres por cada 100 mujeres, en cuanto al dominio del idioma inglés hay un mayor número de hombres que hablan muy bien o bien el idioma inglés, a una razón de 128 hombres por cada 100 mujeres.

Situación conyugal

Otro aspecto a destacar en la dinámica demográfica y migratoria de las mexicanas en EE.UU. son los cambios observables en la situación conyugal, nivel de escolaridad y participación laboral. Antes como ahora, las mujeres emigran por reunificación familiar y por razones laborales. De acuerdo con Woo Morales (2014:131), la migración de mujeres mexicanas es multicausal (reunificación familiar, trabajo, mejores condiciones de vida, huir de la violencia intrafamiliar, etc.), motivos que están relacionados con su ciclo y curso de vida individual y familiar. Las mujeres migrantes del país siempre han estado presentes en el proceso migratorio y han desempeñado un rol relevante en ambos lados de la frontera (Duron, 1984, Ruiz, 1987 y 1996 citado en Gaspar y López, 2012; Giorguli, Angoa y Gaspar, 2007, Gaspar y López, 2012).

Gráfica 8. Situación conyugal de las inmigrantes mexicanas de 15 años o más en Estados Unidos 1950-2015

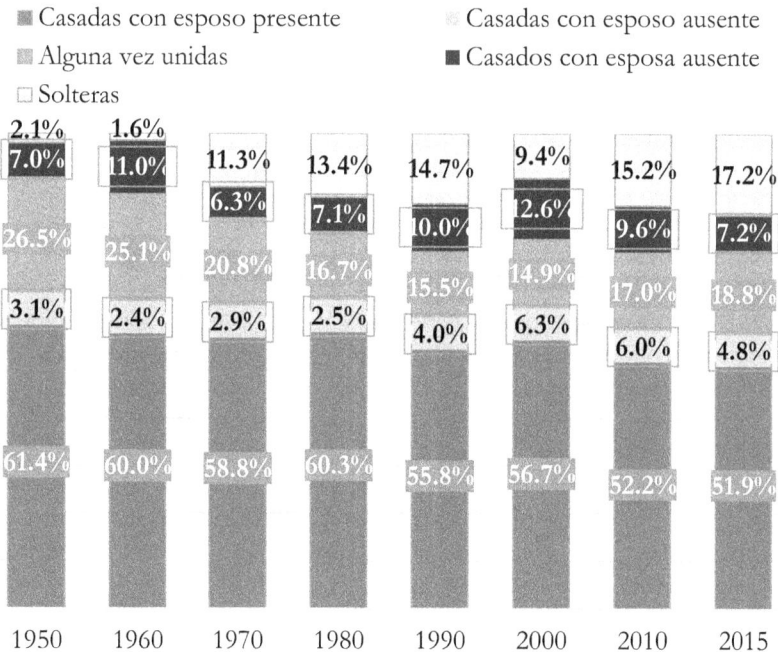

Fuente. Estimación de los autores con base en U.S. Census Bureau percent samples 1950-2000; American Community Survey 2010 y 2015.

No obstante, que resulta necesario un análisis detallado sobre los patrones de formación y disolución de uniones conyugales de las y los migrantes mexicanos en EE.UU., los datos permiten observar la creciente participación de las mujeres solteras en la migración hacia ese país. En 1950 el 9.1% de las inmigrantes mexicanas de 15 años o más eran solteras (casi 18 mil), conforme pasa el tiempo su participación aumenta tanto en términos relativos como absolutos, esta último de manera exponencial, se estima su número en 1.3 millones para 2015. En 1950, 61.4% de las inmigrantes mexicanas en Estado Unidos estaban casadas con el esposo presente en el hogar, a medida que pasa el tiempo esa proporción ha disminuido hasta alcanzar 51.9%, casi en proporciones similares se encuentran los hombres en esa situación. La ausencia del cónyuge ocurre en el 4.8% de las mujeres y en el 7.2% de los hombres, esa relación en 1950 era de 3.1% y 7.0% respectivamente. El mayor porcentaje de hombres y mujeres con la pareja ausente ocurren en el año 2000 (Gráfica 8).

Nivel de escolaridad

La estructura por edad que presentan hombres y mujeres desde la década de 1940 de acuerdo con los datos disponibles en este estudio, revelan que se trata de una población con fuerte predominio de personas en edades económicamente activas, estructura que ha mantenido por más de 100 años. Los datos también evidencian que se ha tratado de una emigración trabajadora de baja calificación, pero a diferencia de su perfil laboral que se ha mantenido hasta nuestros días, el perfil de escolaridad de los inmigrantes mexicanos ha cambiado, existe evidencia de que esto es así (George Vernez, 1995, Giorguli y Gaspar, 2008 y Gaspar Olvera, 2016a). Con la finalidad de tener comparabilidad en el tiempo en los niveles reportados en los censos de población y en la ACS se divide el nivel de escolaridad en dos categorías 1) Con estudios de hasta bachillerato (incluye sin escolaridad) y 2) Con al menos un grado de estudios superiores. El cálculo incluye a la población de 22 años o más.

Los datos estimados a lo largo del periodo muestran la evolución de los mexicanos según nivel de escolaridad, en ambos casos se observa un incremento exponencial hasta el año 2010, después de ese año se observa un estancamiento entre los que tiene hasta bachillerato, mientras que los que tienen al menos un grado de estudios superior sigue creciendo, en particular el grupo de mujeres. Aun cuando en términos absolutos prevalece el grupo con estudios de hasta bachillerato, la inmigración mexicana con al menos un grado de estudios superiores ha intensificado su participación en el stock a tasas superiores. De hecho, se puede observar que las mujeres han incrementado su participación en este grupo desde 1980 a tasas superiores a las que exhiben los hombres (Gráfica 9a y 9b). Con datos de la ACS de 2015 se estima que 1.8 millones de inmigrantes mexicanos tiene al menos un grado de estudios superior, las mujeres representan el 52.2%, poco más de tres de cada diez ingreso a EE.UU. entre 2000-2015.

No obstante, la evidencia histórica de los datos aún se podría cuestionar sobre el aumento en los niveles de escolaridad de la emigración contemporánea de hombres y mujeres que salen del país. En México las oportunidades de estudiar han aumentado para hombres y mujeres a partir del siglo XX. En

EE.UU. la inmigración mexicana también ha encontrado oportunidades para aumentar sus niveles de escolaridad. En la información del cuadro 2 se muestran los logros educativos de la inmigración mexicana de hombres y mujeres por año de ingreso a EE.UU. (antes de 1990 y después de 1990) y edad a la que llegaron (menores de 12 años, de 12 a 18 años) (de 18 años o más) para el año 2015.

Gráfica 9a. Tendencia de la inmigración mexicana de 22 años o más en Estados Unidos por nivel de escolaridad y sexo 1950-2015

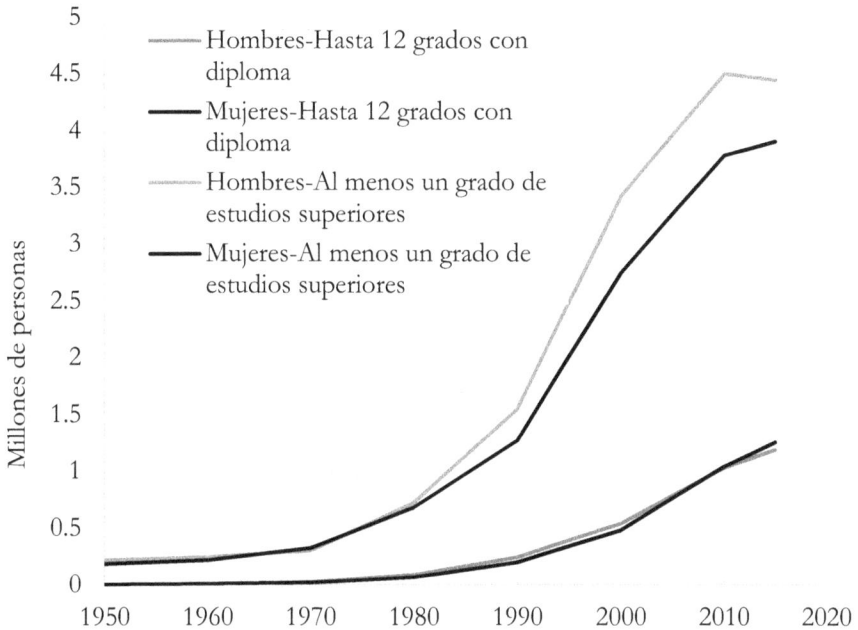

Fuente. Estimación de los autores con base en U.S. Census Bureau percent samples 1950-2000; American Community Survey 2010 y 2015

La integración de los inmigrantes en EE.UU. se da de manera diferencial, ella depende de la edad de llegada y del tiempo de exposición a la sociedad, a la cultura y al sistema educativo de ese país. Así, las formas divergentes en que se integran también son distintas para aquellos que llegaron en una etapa intermedia de su formación académica y que por lo tanto han estados expuestos al sistema educativo de ambos países (Gaspar Olvera, 2016a). En 1950, el 83% de las inmigrantes mexicanas en EE.UU. tenían hasta 11 grados de escolaridad, esa cifra es de 68.0% en 1990 y de 50.6% en 2015. Los resultados del cuadro 2 permiten verificar que:

- La emigración contemporánea que sale del país tiene niveles de escolaridad superiores a la que salía en el pasado, en particular las mujeres (George Vernez, 1995). Por ejemplo, entre las mujeres que llegaron antes de 1990 en edades comprendidas entre los 18 años o más

Cuadro 2. Inmigrantes mexicanos de 22 años o más en Estados Unidos por nivel de escolaridad, periodo de ingreso, edad a la que llegaron y sexo 2015

Periodo de ingreso y edad de llegada	Hombres			Mujeres		
	Hasta 12 grados sin diploma	De 12 grados con diploma hasta al menos un grado superior	Estudios superiores	Hasta 12 grados sin diploma	De 12 grados con diploma hasta al menos un grado superior	Estudios superiores
Llegaron antes de 1990						
Menores de 12 años	33.9	49.4	16.7	28.4	50.1	21.5
De 12 a 18 años	64.3	30.1	5.6	59.6	31.6	8.8
De 18 años o más	69.4	24.4	6.2	69.5	23.9	6.6
Llegaron después de 1990						
Menores de 12 años	27.6	60.6	11.9	22.0	62.7	15.3
De 12 a 18 años	55.2	40.1	4.6	53.0	40.8	6.2
De 18 años o más	57.9	33.8	8.3	58.2	32.3	9.5

Fuente. Estimación de los autores con base en U.S. Census Bureau American Community Survey (ACS), 2015.

Gráfica 9b. Tasa de crecimiento anual de la inmigración mexicana de 22 años o más en Estados Unidos por nivel de escolaridad y sexo 1950-2015

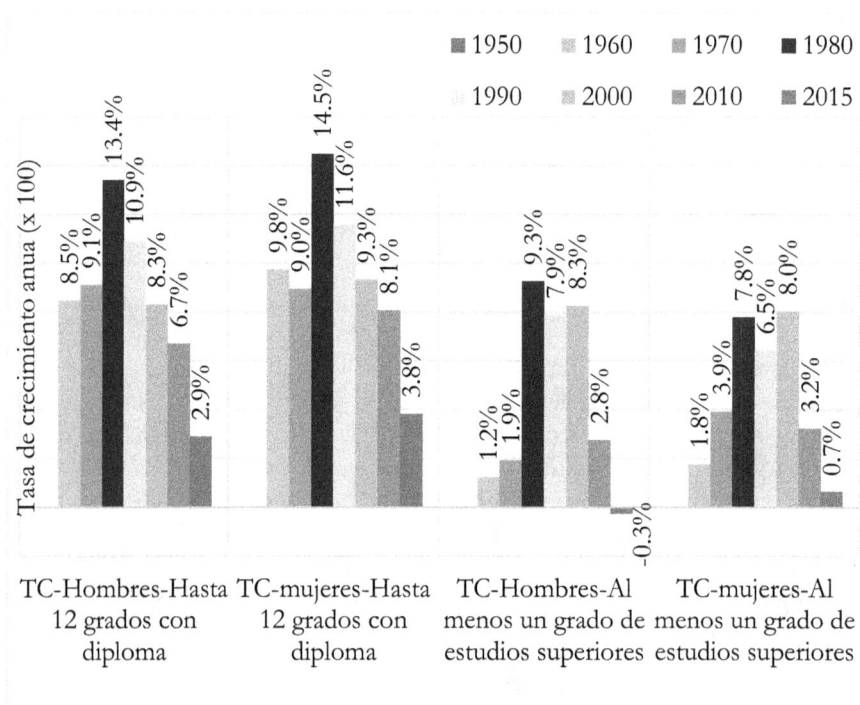

Fuente. Estimación de los autores con base en U.S. Census Bureau percent samples 1950-2000; American Community Survey 2010 y 2015.

30.5% tenía 12 grados con diploma o más, esa relación entre las que ingresaron después de 1990 es de 41.2%, 9.5% de las cuales tenían estudios superiores.

- Los inmigrantes mexicanos hombres y mujeres que llegaron a una edad temprana o intermedia de su formación académica han logrado mejorar sus niveles de escolaridad, en partículas las mujeres (Gaspar Olvera, 2016a), pese a su situación de vulnerabilidad social como grupo y la discriminación que experimentan por el hecho de ser mexicanos (Giorguli y Gaspar 2008). Por ejemplo, entre las mujeres que llegaron antes de 1990 con menos de 12 años de edad, 21.5% tiene estudios superiores, esa relación entre las que ingresaron después de 1990 es de 15.3%.

- La edad de llegada se relaciona de manera positiva con el logro educativo, cuanto más pequeño se llega a EE.UU. los niveles de escolaridad mejoran entre los inmigrantes mexicanos, en particular en las mujeres (Cuadro 2).

Fuerza laboral

En su mayor parte, la migración de mexicanos a EE.UU. responde a factores económicos, de allí su perfil predominantemente en edades laborales; una cantidad importante como se ha constatado se consideran calificados en función de sus niveles de escolaridad, dominio del idioma inglés, y experiencia y habilidades adquiridas en el mercado laboral estadounidense (Gaspar y López, 2012). Se ha documentado que las mujeres mexicanas que emigran a EE.UU. lo han hecho como agentes pasivos, ya Giorguli, Angoa y Gaspar en 2007 dieron elementos cuantitativos en contra de estos argumentos, las mujeres inmigrantes han incrementado su participación en el mercado laboral, así como su contribución económica a los recursos del hogar. Los datos de la Gráfica10 y Cuadro 3 y, los datos presentados a lo largo del estudio confirman, por un lado, el crecimiento exponencial de la participación de las mujeres inmigrantes en el mercado laboral estadounidense y por el otro que las mujeres solteras cada vez más salen de país en busca de oportunidades laborales (63.8% está trabajando o busca empleo), así como su creciente participación en ámbitos fuera del hogar (28.2% de las solteras inactivas está estudiando). Lo que a su vez confirma que para ellas, sin distinción de su nivel de cualificación la migración es una opción tan importante como para ellos (Tuirán y Ávila, 2013).

La tasa de participación económica de las mujeres inmigrantes mexicanas pasó de 23.6% en 1950 a 52.1% en 1990 y a 55.9% en 2015 reduciendo de manera importante las brechas en su participación respecto a la de los hombres. No obstante que de 1990 a 2015 su participación se incrementó en tan solo 3.8 puntos porcentuales, la intensidad del crecimiento fue de 6.8% anual entre 1990-2000, de 5.4% anual entre 2000-2010 y de 2.3% anual entre 2010-2015, cabe destacar que desde la década de los noventas las mujeres inmigrantes mexicanas han intensificado su participación en la fuerza laboral a tasas superiores a la de los varones (Gráfica 10 y Cuadro 3).

Gráfica 10. Tendencia de la participación laboral de los y las inmigrantes mexicanas de 16 a 70 años de edad en Estados Unidos 1950-2015

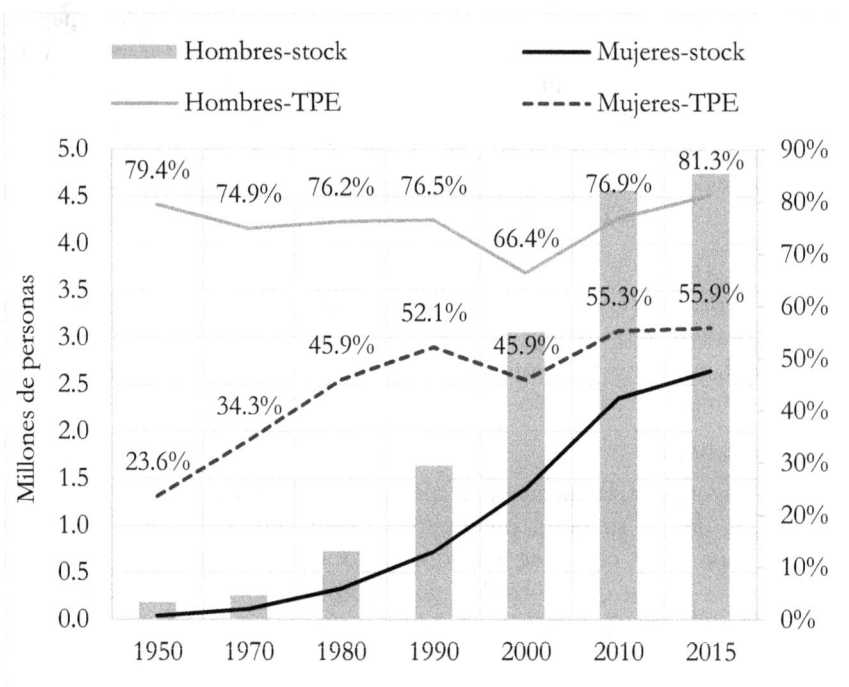

Fuente. Estimación de los autores con base en U.S. Census Bureau percent samples 1950-2000; American Community Survey 2010 y 2015.

El desempleo, la precarización de las condiciones de empleo y de vida, así como el aumento de jefatura femenina y la creciente incorporación de las mujeres en espacios públicos como el trabajo y la política, han producido un fenómeno que se ha denominado *la crisis de la masculinidad entre varones* que alude a las dificultades que experimentan los hombres para fungir como únicos proveedores de recursos del hogar (Olavarría A, 2001). La incorporación de las mujeres al mercado laboral surge como una necesidad de los hogares de contar con el aporte económico de un miembro más de la familia (mujer o los hijos) para complementar el gasto del hogar, pero también como una manifestación de las expectativas profesionales y de desarrollo de las mujeres de incorporase a la vida productiva. Los factores demográficos como la menor fecundidad, la disminución en las tasas de matrimonios, aumento de las rupturas conyugales, también han contribuido al aumento en la participación de las mujeres en el mercado laboral (Daphne Spain y Suzanne M. Bianchi, 1996).

La edad, el sexo y la condición de migrante y status migratorio son variables que influyen en la integración de quienes participan en el mercado laboral. En relación al sexo se ha argumentado que el mercado laboral tiende a favorecer a los hombres sobre las mujeres (Giorguli y Gaspar 2008). La forma en que se integran al mercado laboral hombres y mujeres es una medida fundamental de equidad y oportunidades que refleja el éxito y las desigualdades de integración de los migrantes en la sociedad estadounidense. Como se puede observar en la Cuadro 4 la estructura ocupacional de hombres y mujeres inmigrantes mexicanos muestra una clara diferenciación. Los hombres se ocupan principalmente en construcción, mantenimiento y reparación (30.3%) y trasporte y producción (23.2%), ocupaciones preferentemente masculinas. En conjunto agrupan al 53.5% de la fuerza masculina, proporción que es de 18.3% en el caso de las mujeres.

Cuadro 3. Indicadores laborales de los inmigrantes mexicanos de 15 a 70 años de edad por situación conyugal según sexo, 2015

	Total	Situación conyugal		
		Casado(a) o en unión libre	Alguna vez unido(a)s	Soltero(a)s
Hombres				
Tasa de participación económica (TPE)	86.3	89.1	82.4	82.3
Tasa de desempleo (TD)	4.0	3.4	5.0	5.1
Tasa de inactividad (TI)	13.7	10.9	17.6	17.7
% de inactivos que asiste a la escuela				42.4
Mujeres				
Tasa de participación económica (TPE)	55.9	49.8	65.5	63.8
Tasa de desempleo (TD)	7.8	7.6	6.7	8.9
Tasa de inactividad (TI)	44.1	50.2	34.5	36.2
% de inactivos que asiste a la escuela				28.2

Fuente. Estimación de los autores con base en U.S. Census Bureau American Community Survey (ACS), 2015.

Las mujeres en cambio muestran una mejor posición en la escala ocupacional respecto de los varones; ellas se ocupan principalmente en servicios, ventas y administración (32.7%) y en limpieza de edificios, mantenimiento y preparación de alimentos (31.7%). En conjunto agrupan al 64.4% de la fuerza femenina, proporción que es de 30.7% en el caso de los varones, ocupaciones que son ejercidas principalmente por mujeres. Cabe destacar la mayor proporción de mujeres en ocupaciones profesionales y relacionas respecto de los hombres (13.2% vs 8.7%). No obstante, su mejor posición en la escala ocupacional esta no se traduce en mejores salarios para las mujeres, lo que muestra una persistente desigualdad por género (Cuadro 4).

Los datos por periodo de ingreso muestran una mejor posición en la escala ocupacional entre las mujeres inmigrantes mexicanas que ingresaron antes de

1990 respecto de las que ingresaron después de ese año. No obstante, en términos absolutos las mujeres que ingresaron después de 1990 son mayoría en las ocupaciones profesionales y relacionadas, así como en aquellas de servicios, ventas y administración a una razón de 81 mujeres que ingresaron antes de 1990 por cada 100 que ingreso después de ese año y de 63 por cada 100 respectivamente. El mayor tiempo de estancia para las mujeres inmigrantes de largo arribo si se traducen en mejores salarios excepto en las que están ocupadas en agricultura, pesca y silvicultura, que gana prácticamente lo mismo (Cuadro 4).

Cuadro 4. Distribución porcentual de los inmigrantes mexicanos de 16 a 70 años por ocupación y sexo, 2015. Mujeres inmigrantes mexicanas por ocupación y periodo de ingreso. Salario medio por hora en dólares

Tipo de ocupación	a. Sexo				b. Mujeres inmigrantes mexicanas				
	Distribución porcentual		Ingreso medio por hora en dólares		Periodo de ingreso a Estados Unidos			Ingreso medio por hora en dólares	
	Hombres	Mujeres	Hombres	Mujeres	1. Antes de 1990	2. Después de 1990	Razón=1/2* 100	Antes de 1990	Después de 1990
Profesionales y relacionadas	8.7	13.2	28.3	19.9	17.9	10.9	81.0	22.5	17.8
Servicios, ventas y administración	9.9	32.7	16.5	12.5	38.4	29.9	63.0	14.1	11.4
Limpieza de edificios, mantenimiento y preparación de alimentos	20.8	31.7	11.6	9.6	23.4	35.8	32.1	11.6	9.0
Cultivo, pesca y silvicultura	6.8	4.2	9.9	7.5	3.0	4.7	31.1	7.7	7.4
Construcción, mantenimiento, reparación	30.3	0.9	15.0	15.3	0.6	1.0	28.3	17.9	14.6
Transporte y producción	23.2	17.4	15.4	10.6	16.7	17.7	46.3	12.1	9.9
Extracción	0.4	0.0	19.1	16.1	0.0	0.0	19.0	23.6	14.6

Fuente: Estimación de los autores con base en U.S. Census Bureau, American Community Survey (ACS), 2015.

Conclusiones

Los cambios en la dinámica del fenómeno migratorio internacional del país en años recientes son los siguientes: 1) disminución de los flujos migratorios, en particular de los varones, 2) las deportaciones y el aumento del retorno están cambiando la estructura demográfica de los migrantes mexicanos que viven fuera del país, en particular de los que viven en EE.UU.

En el caso de los y las migrantes que viven en EE.UU. los flujos migratorios aún tienen un componente mayoritario de hombres en edades predominantemente laborales. No obstante, la participación de las mujeres observa una tendencia creciente a lo largo del periodo de observación, en particular de las mujeres solteras. Sin embargo, a partir del año 2001 la inmigración mexicana en EE.UU. entra en un proceso de cambios que rompen con el patrón migratorio de alta emigración que venía observado.

El crecimiento de la inmigración mexicana asentada en el vecino país del norte se ha mantenido relativamente estable o en bajo crecimiento. Una de las principales manifestaciones de los cambios recientes de la migración México-EE.UU. se manifiesta en la estructura por edad y sexo de los inmigrantes mexicanos radicados en EE.UU., reduciéndose las brechas entre hombres y mujeres en las edades centrales de mayor productividad laboral, ello deriva del descenso de la emigración de hombres y su mayor participación en el retorno y las deportaciones. Estos factores también han modificado la estructura por edad y sexo de los hijos de mexicanos nacidos en Estados Unido, dato que confirma el retorno de los migrantes con sus hijos nacidos en ese país.

Por lo que, para el caso de la emigración de mexicanos hacia EE.UU., no se trata de una feminización de la migración derivada de un incremento de los flujos de mujeres, no obstante que las mujeres están muy cerca de constituir la mitad de todos los inmigrantes mexicanos que viven en ese país. El estudio permitió constatar la creciente participación de las mujeres migrantes 1) solteras, 2) con estudios superiores (y un estancamiento en la que tiene estudios de hasta bachillerato), 3) su creciente participación en el mercado laboral y 4) las persistentes desiguales entre hombres y mujeres en el mercado laboral estadounidense y la división del trabajo. Así mismo, que las mujeres optan en mayor medida a la ciudadanía y a la permanencia (este último punto medido a través del saldo de los flujos de migrantes que ingresaron en distintas épocas a EE.UU.). Los inmigrantes mexicanos hombres y mujeres han aumentado sus habilidades educativas tanto los que llegaron a una edad temprana o intermedia de su formación como los que llegan a una edad adulta.

La migración de mujeres y hombres independientemente de quien encabece los flujos es un problema complejo a nivel mundial, su complejidad radica en las medidas cada vez más restrictivas para moverse entre fronteras y las problemáticas asociadas que condicionan su integración o reintegración en los países de destino y origen de los migrantes. Estas tendencias de la migración México-EE.UU. se enfrentan ahora a un futuro incierto por las nuevas políticas del gobierno de Trump, con impactos sociales negativos en México y en las comunidades transnacionales.

Su distinción por sexo y la consideración de las condiciones de género son relevante debido a que la migración es un proceso demográfico que es diferencial por sexo, numerosos estudios de corte cuantitativo y cualitativo han demostrado que los patrones migratorios de hombres y mujeres son diferentes, así como sus consecuencias y vivencias. No es un fenómeno inclusivo de unos u otros, por lo que se hace necesario su diferenciación por sexo, en el diseño de las políticas públicas de migración.

CAPÍTULO 2

MUJERES EN LA FUERZA LABORAL Y SU CONTRIBUCIÓN AL HOGAR. UN ANÁLISIS EXPLORATORIO DESDE LOS HOGARES DE MEXICANOS EN ESTADOS UNIDOS

Introducción

Uno de los principales ingresos monetarios de los hogares son los que se obtienen a través de la inserción laboral de uno o varios de sus miembros. Tradicionalmente los varones eran el principal sostén de los hogares mexicanos, reflejo de que los flujos migratorios internacionales eran dominados por los hombres (esposos e hijos). Sin embargo, como parte de las transformaciones económicas de la nación vecina, principal destino de los mexicanos, y del mayor desarrollo y capital humano de las mujeres, ellas se han ido incorporando al mercado laboral cada vez con mayor intensidad, incluso con mayor intensidad que las mexicanas en México (García y Gaspar, 2019).

Es probable que la mayor incorporación de las mujeres al mercado laboral se deba, para unas por una necesidad de generar mayores ingresos monetarios para el sostenimiento de las necesidades del hogar y sus miembros, y otras por una necesidad de desarrollo y/o de empoderamiento dentro del núcleo familiar. Tal como lo señalan (Rodríguez y Muñoz, 2017:211) "La mujer es en la actualidad un agente económico de relevancia, cuya importancia como entidad proveedora de ingresos no se reduce exclusivamente al universo de mujeres solas y jefas de hogar". Más aún, si consideramos que el trabajo doméstico y de cuidado del hogar, está a cargo principalmente de las mujeres, con un alto valor económico no reconocido y que de ser pagado aumentaría su aporte a la economía nacional. La PAHO y WHO (2018), señalan que con frecuencia las personas que realizan trabajo no remunerado tienen acceso limitado a los recursos económicos lo que favorece la subordinación social y desequilibrios en la distribución de los recursos y del poder entre hombres y mujeres.

Así, el objetivo del estudio es mostrar, desde un análisis exploratorio, la importancia de la contribución económica de las mujeres en la fuerza laboral en el bienestar de los hogares de mexicanos residentes en Estados Unidos. En un primer momento examinamos las características sociodemográficas y laborales de las mujeres en la fuerza laboral pertenecientes a los hogares con al menos un inmigrante mexicano, desde una perspectiva comparativa de tipo descriptivo y por tipo de hogar. En un segundo momento se analizan algunas características básicas de los hogares por tipo de hogar, posteriormente para acercarnos a la importancia relativa de las mujeres en la economía del hogar, analizamos los ingresos del hogar y la probabilidad relativa del hogar de caer en pobreza, mediante un análisis de regresión logística binomial. Finalmente, se presentan algunas reflexiones de los hallazgos encontrados.

Método y datos

En un primer momento seleccionamos las unidades de vivienda con parejas casadas con al menos un inmigrante mexicano en Estados Unidos, estos hogares excluyen a los hogares de casados con subfamilias en el hogar. Posteriormente clasificamos a los hogares de casados (o unidos) según participación en la fuerza laboral del esposo o esposa y presencia del conyugue en el hogar en: 1) Hogares con pareja casada: ambos en la fuerza laboral (FL), 2) hogares con pareja casada: solo el esposo en la FL, 3) Hogares con pareja casada: solo la esposa en la fuerza laboral, 4) Hogar con pareja casada ambos no están en FL Este subconjunto de hogares agrupa al 53.0% de los 5.8 millones de hogares donde al menos hay un inmigrante mexicano, los cuales agrupan 53.2% de los 24.3 millones de personas que los conforman. Si contamos los hogares de casados con subfamilias ese porcentaje sería de 60.4% y el conjunto de personas que cohabitan en estos hogares de 65.8%.

La elección del subconjunto de hogares obedece a que el resto de los hogares son de tipo compuestos (formado por un hogar nuclear o ampliado más personas sin parentesco con la cabeza de hogar), unipersonales o de corresidentes, este tipo de hogar dificulta ver la aportación económica de las mujeres al núcleo familiar por lo que no se incluye en el estudio. Posteriormente se seleccionan a las mujeres de 16 años o más pertenecientes a las 4 categorías de hogares (cuadro 1). En resumen, el estudio incluye el análisis a poco más de 3 millones de hogares y 4.2 millones de mujeres de 16 años o más de edad pertenecientes a alguno de los 4 tipos de hogares propuestos, de ellas más de 2 millones están ocupadas en alguna actividad económica (cuadro 1). Cabe aclarar que en el hogar puede haber más miembros del hogar de 16 años o más en FL, además de la cabeza de familia y la esposa, por ejemplo, los hijos, de manera similar entre los inactivos.

Las estimaciones se llevan a cabo con la American Community Survey (ACS) 2017. La ACS es la encuesta de hogares más grande de los Estados Unidos, ofrece información amplia sobre datos sociales, económicos y de vivienda, su gran tamaño de muestra permite obtener estadística confiable para diversos niveles geográficos y grupos poblacionales.

Como ya ha sido referido para acercarnos a la importancia relativa de las mujeres en la economía del hogar, analizamos los ingresos del hogar por trabajo y la probabilidad relativa del hogar de caer en pobreza, mediante un análisis de regresión logística binomial. El estado de la pobreza se determina comparando los ingresos anuales (antes de impuestos) con un conjunto de valores en dólares llamados umbrales de pobreza que varían según el tamaño de la familia, el número de hijos y la edad del dueño de la casa (Bishaw y Benson, 2018). Si el ingreso monetario de la familia es menor que el valor en dólares de su umbral, entonces la familia y cada uno de sus miembros es pobre. Si las personas no viven en familia, el estado de pobreza se determina comparando los ingresos del individuo con su umbral de pobreza. Los umbrales de pobreza se actualizan anualmente para tener en cuenta los cambios en el costo de la vida utilizando el Índice de Precios al Consumidor (CPI-U).

Cuadro 1. Hogares de casados (o unidos) con al menos un inmigrante mexicano según participación en la fuerza laboral del esposo o esposa, 2017

	Total	Pareja casada: ambos en la fuerza laboral (FL)	Pareja casada: solo el esposo en la FL	Pareja casada: solo la esposa en la FL	Pareja casada: ambos no están en la fuerza laboral (FL)
Hogares con pareja casada	3,096,766	1,455,592	1,261,434	133,084	246,656
Personas en el hogar	12,965,135	6,089,687	5,635,412	497,254	742,782
% mujeres	48.0	48.2	47.9	48.4	46.5
Mujeres de 16 años y más	4,242,771	2,042,405	1,688,239	196,523	315,604
Mujeres económicamente activas	2,178,600	1,736,117	232,807	166,502	43,174
Mujeres ocupadas	2,036,562	1,625,576	211,859	158,997	40,130
% que trabaja	48.0	79.6	12.5	81.0	12.7
Tasa de ocupación (por cien)	93.5	93.6	91.0	95.5	92.9
% inactivas	48.6	15.0	86.2	15.2	86.3

* 5,848,363 hogares con al menos un inmigrante mexicano.
** 24,355,933 personas en hogares con al menos un inmigrante mexicano.
Fuente: Estimación de los autores con base en U.S. Census Bureau, American Community Survey (ACS), 2017.

Se estiman en total 5 modelos logísticos binomiales, uno general que contempla como variable independiente la tipología de hogares propuesta y los restantes modelos corresponde a cada tipo de hogar. Otras variables independientes 2) hogares con mujeres en la FL que hablan muy bien y bien el idioma inglés, hogares con mujeres en la FL con estudios de licenciatura o posgrado, hogares con mujeres en la FL, hogares con mujeres en la FL en ocupaciones profesionales, hogares con adultos mayores de 65 año o más de edad, hogares con menores de 18 años de edad. La variable dependiente corresponde a la condición de pobreza del hogar.

La hipótesis del estudio es que cuando en el hogar la esposa y el esposo trabajan, disminuye la probabilidad de que el hogar caiga en situación de pobreza respecto del resto de los hogares, es decir la probabilidad de que el hogar caiga en pobreza aumenta según la tipología de hogar propuesto.

Incorporación de las mujeres al mercado laboral

La incorporación de las mujeres al mercado laboral ocurre en un contexto global, social y económico influenciado por el género y las relaciones familiares. Boushey y Vaghul (2016) sostienen que la seguridad económica familiar en Estados Unidos ha disminuido desde la década de los setentas, ello ha obligados a las familias a buscar estrategias para hacer frente a esa creciente inestabilidad y estancamiento de los ingresos familiares. Una de las estrategias es la incorporación de las mujeres al mercado laboral, lo cual ha posicionado los ingresos agregados de las mujeres como un recurso clave para el sostenimiento de las familias. Argumentan que sin los ingresos de las mujeres las familias estarían mucho peor, especialmente las familias de bajos ingresos y de clase media. Señalan que otro factor que favoreció la incorporación de las mujeres al mercado laboral es el aumento de sus niveles de escolaridad; asimismo, el cambiante rol de las mujeres en el hogar y en la fuerza laboral ha traído beneficios enormes a las familias, sin embargo, hombres y mujeres enfrentan conflictos diarios entre el trabajo y la familia.

Por su parte, Tzvetkova y Ortiz (2017), indican que la caída en las tasas de fecundidad conduce a una mayor participación de las mujeres en la fuerza laboral, aclaran que esto no sugiere que las mujeres deberían temer menos hijos, en cambio es necesario hacer que el empleo sea compatible con la maternidad y ampliar las opciones disponibles para las mujeres. Nosotros sugerimos que esas opciones se amplíen también para los hombres de tal suerte que los desequilibrios en las tareas domésticas y en la producción económica del hogar se reduzcan, pues aún las mujeres que se encuentra activas en el mercado laboral asumen una gran cantidad de tareas domésticas, lo cual favorecería también una reducción en las brechas de los ingresos de hombres y mujeres. Los autores señalan que el progreso en los bienes de consumo duraderos que ahorran trabajo en el hogar también ha contribuido al aumento en la participación de las mujeres en la fuerza laboral.

Por su parte Verick (2014:6), señala como factores socioeconómicos que afectan la participación de las mujeres en el mercado laboral: "nivel de desarrollo económico, logro educativo; dimensiones sociales, como las normas sociales que influyen en el matrimonio, la fertilidad y el papel de la mujer fuera del hogar, acceso a crédito y otros insumos, características del hogar y cónyuge, entorno institucional (leyes, protección, prestaciones)".

Los cambios económicos que experimenta Estados Unidos afectan el conjunto de recursos disponibles dentro del hogar, esos efectos son diferenciales según el origen étnico y estatus migratorio de los miembros que los conforman. Uno de los principales ingresos monetarios de los hogares son los que se obtienen a través de la inserción laboral de uno o varios de sus miembros. En los hogares de mexicanos tradicionalmente los varones han sido el principal sostén de sus hogares, por ello entre los migrantes los flujos emigratorios internacionales eran dominados por los hombres (esposos e hijos).

Sin embargo, como parte de las transformaciones económicas de la nación vecina, principal destino de los mexicanos, y del mayor desarrollo y capital humano de las mujeres, ellas se han ido incorporando al mercado laboral cada vez con mayor intensidad, incluso con mayor intensidad que las mexicanas que residen en México (García y Gaspar, 2019).

Es probable que la mayor incorporación de las mujeres al mercado laboral se deba, para unas por una necesidad de generar mayores ingresos monetarios para el sostenimiento de las necesidades del hogar y sus miembros, y otras por una necesidad de desarrollo y/o de empoderamiento dentro del núcleo familiar. Tal como lo señalan (Rodríguez y Muñoz, 2017:211) "La mujer es en la actualidad un agente económico de relevancia, cuya importancia como entidad proveedora de ingresos no se reduce exclusivamente al universo de mujeres solas y jefas de hogar". Más aún, si consideramos que el trabajo doméstico y de cuidado del hogar, a cargo principalmente de las mujeres, pero, no de manera exclusiva, como tampoco es exclusivo de los que no se incorporan al mercado laboral, tiene un valor económico agregado económico pues de no asumirse esas tareas se tendría que pagar para que alguien más las lleve a cabo.

En relación a los factores culturales Tzvetkova y Ortiz (2017) señalan que existe una distribución natural de los roles de género, ya que las mujeres se adaptan mejor a la responsabilidades domésticas y crianza de los hijos, mientras los hombres a trabajar fuera del hogar. Asimismo, señalan qué para entender los cambios en la participación laboral de las mujeres, la asignación de tiempo disponible para tal tarea es crucial, pues las mujeres tienden a dedicar una cantidad sustancial de tiempo a actividades no remuneradas. La participación femenina en los mercados laborales tiende a aumentar cuando el trabajo doméstico se comparte de manera equitativa con los hombres y se flexibiliza el mercado laboral para hacer compatibles el trabajo y el cuidado de la familia. Las mujeres residentes en México dedican más tiempo al trabajo no remunerado que los varones, incluso dedican más tiempo que las mujeres en Estados Unidos y más que la media estimada para las mujeres de países miembros de la OECD, en general las mujeres dedican más tiempo al trabajo no remunerado (Gráfica 1).

Muchas mujeres, aunque no están incorporadas al mercado laboral renumerado, contribuyen al sostenimiento del hogar y la economía de variadas maneras, cuando ellas o algún miembro varón no asumen esas tareas, la familia tiene que contratar los servicios domésticos y pagar un salario. Muchas otras contribuyen con su trabajo remunerado que se suman a las tareas domésticas por el cual no reciben remuneración económica pero que tienen un costo implícito. Bahn y McGrew (2017) estiman qué si las mujeres con ingresos en la fuerza laboral en Estados Unidos dejaran de trabajar un día, costaría al país $21 mil millones en términos del PIB. Señalan que la contribución de las mujeres está subestimada porque ellas se incorporan con frecuencia en sectores que tiene pocas ganancias, incluso si el trabajo remunerado de las mujeres se valorara con mayor precisión, no incluirían el trabajo no remunerado con que contribuyen a la economía.

Gráfica 1. Tiempo dedicado al trabajo remunerado y no remunerado de la población de 15 a 64 años de edad por sexo, 2017 (minutos por día)

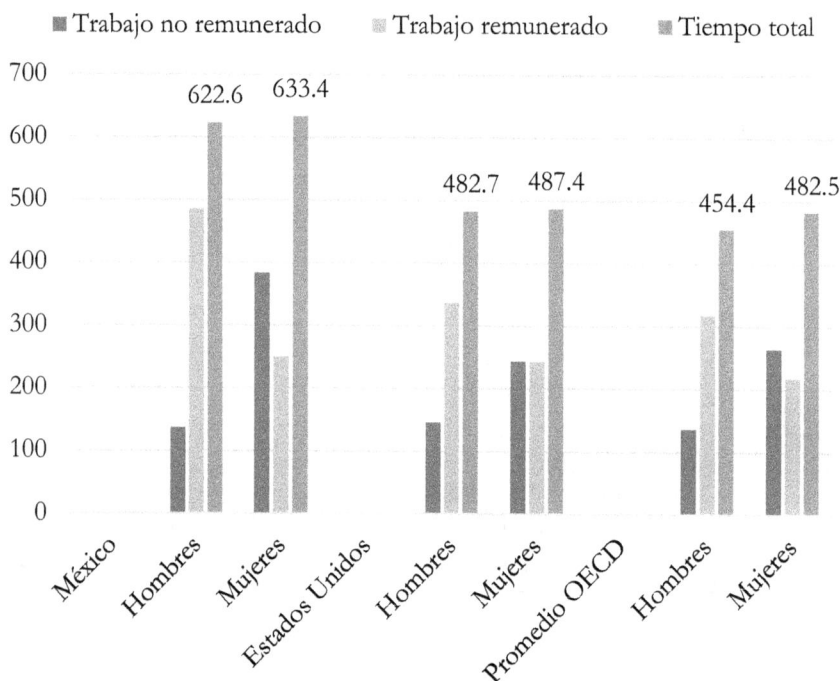

Fuente: Elaboración de los autores con base en datos OECD employment database.

Un factor que ha jugado un papel fundamental en la incorporación de las mujeres al mercado laboral son los roles de género. La National Bureau of Economic Research (2019) basados en el estudio de Francine D. Blau, señalan que los roles de género del país de origen influyen en el comportamiento de los inmigrantes en Estados Unidos, incluso entre las mujeres de segunda generación, al mismo tiempo argumentan que con el tiempo las mujeres inmigrantes reducen la brecha de la oferta laboral con las mujeres nativas, esta reducción en diferencial por origen debido a que los inmigrantes provienen cada vez más de países que tienen una división del trabajo más basada en el género, como es el caso de México.

Por su parte Verick (2014), señala que la oferta del trabajo femenino es un motor y resultado del desarrollo, y que a medida que los países se desarrollan las capacidades de las mujeres suelen mejorar, así como sus oportunidades de participar en el mercado laboral. Asimismo, refiere que a nivel de hogar los cambios estructurales se pueden describir en el contexto del modelo neoclásico de la oferta laboral: "a medida que aumenta el salario de un cónyuge, existe un efecto negativo en los ingresos sobre la oferta de mano de obra femenina. Sin embargo, una vez que los salarios de las mujeres comienzan a aumentar, el efecto de sustitución inducirá a las mujeres a aumentar su oferta laboral" (p.6).

De la misma manera, cuando las mujeres migran hacia países desarrollados, donde los roles de género impactan menos en el mercado laboral, las mujeres migrantes suelen alcanzar tasas de participación económica superiores a las mujeres que permanecen en el origen, como es el caso de la mexicanas que residen en Estados Unidos que en 2017 ostentaban una tasa de participación económica del 56.0% (ACS, 2017) mientras que entre las que residen en México de 46.4% (ENOE, II trimestre 2017). A. Flippen y A. Parrado (2015), encontraron que la probabilidad de emplearse de las mexicanas en Estados Unidos es 3.5 veces superior al de las mexicanas que reside en México. Kenny y O'Donnell (2016), sugieren que favorecer a las mujeres migrantes de países con desigualdad de género tiene el potencial de beneficiar a los países receptores con igualdad de género, ya que esas mujeres han superado más barreras para migrar, lo que sugiere una mayor capacidad.

Otro factor que influye en la participación laboral de los migrantes, hombres y mujeres, es la edad de arribo, es un determínate clave de su adaptación e integración, los inmigrantes que llegan a una edad temprana asisten a escuelas en los Estados Unidos, aprenden más rápido el idioma de país anfitrión y tienen mayores probabilidades de adaptación y socialización (Rumbaut, 2003). Gaspar Olvera (2018), encontró para los inmigrantes mexicanos que llegaron en la infancia que el mayor tiempo de exposición al sistema educativo de Estados Unidos se ha traducido en una mayor acumulación de capital humano, lo que a su vez ha favorecido mejores oportunidades laborales y por consiguiente una mejor integración social y económica respecto de los que llegaron a una edad adulta, ellos no solo tienen mayores logros educativos y dominio del idioma inglés también persiguen carreras y ocupaciones similares a la de los nativos.

La migración de mexicanos a Estados Unidos principalmente responde a factores económicos, de allí su perfil predominantemente en edades laborales y con predominio de varones. Aunque aún los flujos migratorios siguen dominando por lo hombres el de las mujeres se ha intensificado. Se ha documentado que las mujeres mexicanas que emigran a Estados Unidos lo han hecho como agentes pasivos, ya Giorguli, Angoa y Gaspar en 2007 dieron elementos cuantitativos en contra de estos argumentos, las mujeres inmigrantes han incrementado su participación en el mercado laboral, así como su contribución económica a los recursos del hogar. Por su parte, García y Gaspar (2018) estiman que la tasa de participación económica (TPE) de las mujeres inmigrantes mexicanas en Estados Unidos pasó de 23.6% en 1950 a 52.1% en 1990 y a 55.9% en 2015 reduciendo las brechas respecto de los inmigrantes mexicanos. En términos de tasa de crecimiento anual significa que entre 1990 a 2000 la participación de las mujeres inmigrantes mexicanas se incrementó al

6.8% anual, al 5.4% anual entre 2000-2010 y 2.3% anual entre 2010-2015, cabe destacar que desde la década de los noventas las mujeres inmigrantes mexicanas han intensificado su participación en la fuerza laboral a tasas superiores a la de los varones.

Los hogares de mexicanos en Estados Unidos. Pareja de casados y mujeres en la fuerza laboral

En Estados Unidos hay más de 3 millones de hogares de parejas de casados con al menos un inmigrante mexicano, estos hogares albergan a casi 13 millones de personas de las cuales 46.5% nacieron en México, 51.3% en Estados Unidos y 2.3% en otro país, la composición por lugar de nacimiento y la relativa al estatus migratorios de sus miembros da una clara idea de la importancia que tienen las decisiones de política migratoria sobre las unidades domesticas que conforman los migrantes mexicanos en la nación vecina, pues esas decisiones no afectan solo a los inmigrantes en situación irregular de residencia también a sus hijos nacidos en Estados Unidos y a los que han tenido la oportunidad de regular su situación migratoria, la separación familiar los afecta a todos.

La distribución por lugar de nacimiento y tipología de hogar

Las familias de estatus mixto de lugar de nacimiento y de residencia legal en Estados Unidos son producto de los cambios en la política migratoria, pues varias políticas y prácticas contribuyen a prolongar los tiempos de espera para regular el estatus de residencia y las cuotas anuales para tal caso son insuficientes (Gubernskaya y Dreby 2017). Asimismo, Gubernskaya y Dreby señalan que en el contexto estadounidense donde casi no hay apoyo para la integración de los inmigrantes y limitadas políticas de bienestar social, la unidad familiar es fundamental para promover la integración, bienestar social, económico y movilidad intergeneracional. Así mismo indican que con frecuenta el actual sistema de inmigración contribuye a ampliar los periodos de separación familiar, los inmigrantes mexicanos tienen que esperar más de 20 años para reunirse legalmente con sus familiares en Estados Unidos.

Los casi 3 millones de hogares en estudio, agrupan a más de 4.2 millones de mujeres de 16 años o más (68.2% de los 6.2 millones de mujeres en esos hogares tiene 16 años o más de edad). 2.2 millones son económicamente activa, de estos 2 millones se encuentran realizando una actividad económica. 60.3% de las mujeres que trabajan nacieron en México, 36.2% en Estados Unidos y 3.5% en otro país. De acuerdo a la tipología propuesta (cuadro 2):

1. Hogares con pareja casada: ambos en FL: 1.4 millones de hogares agrupan a 1.6 millones de mujeres FL (79.6% del total de mujeres en esos hogares), 64.5% nacieron en México, 31.7% en Estados Unidos y el 3.90% en otro país. Su tasa de ocupación es de 93.4% y la de inactiva 15.0%. En relación a su nivel de escolaridad 78.6% tiene estudios inferiores a la licenciatura y 17.3% licenciatura y 4.1% posgrado. 74.7% habla muy bien y bien el inglés. La tipología de hogares propuesta permite no solo resaltar la importancia

laboral y económica de las mujeres, también la de los hijos, en estos hogares el 16.9% de los hijos trabaja, por sexo esa relación es de 18.3% entre los hijos y de 15.4% entre las hijas.

2. Hogares con pareja casada: solo el esposo en la FL. En estos hogares (1.3 millones de hogares) hay 1.7 millones de mujeres de 16 años o más, 211,859 (12.5%) trabaja. La tasa de ocupación de las mujeres económicamente activas de estos hogares es de 91.0% y la de inactividad del 86.2%. De las mujeres que trabajan 29.7% nació en México, 68.9% en Estados Unidos y 1.4% en otro país. 19.0% tiene estudios de licenciatura y 2.0% posgrado y el 79.0% menos de licenciatura. El 92.2% de las mujeres ocupadas de estos hogares hablan muy bien y bien el idioma inglés, el mayor porcentaje de mujeres con dominio puede explicarse a la mayor presencia de mujeres nativas de Estados Unidos. En estos hogares entre los que trabajan el 24.3% son hijos, entre las mujeres las hijas representan el 74.3% del total contra 16.5% entre los hijos.

3. Hogares con pareja casada: solo la esposa en la FL: Son 133 mil hogares con esa característica, poco más de 497 mil personas conforman este tipo de hogar, 48.4% son mujeres, de ellas 158 mil (81.0%) trabajan. La tasa de ocupación de las mujeres económicamente activas de estos hogares es de 95.0% y la de inactividad del 15.2%. De las mujeres que trabajan 67.0% nació en México, 33.3% en Estados Unidos y 2.7% en otro país. 14.2% tiene estudios de licenciatura, 4.7% posgrado y el 81.2% menos de licenciatura. El 70.9% de las mujeres ocupadas de estos hogares hablan muy bien y bien el idioma inglés. Con frecuencia en los hogares donde las mujeres (jefe o cónyuge trabaja) la aportación económica de los hijos es importante (29.8% son hijos), entre los varones que trabajan el 88.1% son hijos y entre las mujeres que trabajan el 16.8% son hijas. La participación de las mujeres que son jefes o conyugues es de 65.8% del total de personas en FL.

4. Hogares con pareja casada: ambos fuera de la FL: 246,656 hogares con casi 743 mil personas, 46.5% son mujeres, de las cuales 315,604 tienen 16 años o más de edad y solo el 13.7% (43,174 mujeres) es económicamente activa y 40,130 trabajan. En este tipo de hogares la participación laboral y contribución económica de las hijas e hijos es relevante, entre las mujeres que trabajan el 85.2% son hijas y entre los hombres 84.4% son hijos, los varones hijos representan el 53.6% y las hijas el 31.1%. La tasa de ocupación de las mujeres económicamente activas de estos hogares es de 92.9% y la de inactividad de 86.3%. De las mujeres que trabajan 27.7% nació en México, 70.9% en Estados Unidos y 1.4% en otro país. En estos hogares la proporción de mujeres que trabajan con estudios de licenciatura es de 28.3%, posgrado 3.8% y 67.8% tiene menos de licenciatura. El 94.2% de las mujeres ocupadas de estos hogares hablan muy bien y bien el idioma inglés.

Cuadro 2. Mujeres en la fuerza laboral en hogares con al menos un inmigrante mexicano con parejas de casados (o unidos), sin subfamilias por tipo, 2017

	Tipo de hogar				
	Total de mujeres en FL	Pareja casada: ambos en la fuerza laboral (FL)	Pareja casada: solo el esposo en la FL	Pareja casada: solo la esposa en la FL	Pareja casada: ambos no están en la fuerza laboral (FL)
Mujeres ocupadas	2,036,562	1,625,576	211,859	158,997	40,130
% que trabaja	48.0	79.6	12.5	81.0	12.7
Tasa de ocupación (por cien)	93.5	93.6	91.0	95.5	92.9
% inactivas	48.6	15.0	86.2	15.2	86.3
Lugar de nacimiento					
México	60.3%	$64.5\%_a$	$29.7\%_b$	$67.0\%_c$	$27.7\%_d$
Estados Unidos	36.2%	$31.7\%_a$	$68.9\%_b$	$30.3\%_c$	$70.9\%_d$
Otro país	3.5%	$3.9\%_a$	$1.4\%_b$	$2.7\%_c$	$1.4\%_b$
Parentesco					
Jefe(a)	32.3%	$37.0\%_a$		$36.2\%_c$	
Cónyuge	39.3%	$44.9\%_a$		$44.2\%_c$	
Hijo(a)	24.2%	$15.4\%_a$	$85.8\%_b$	$16.8\%_c$	$85.2\%_d$
Hermano(a)	1.1%	$0.7\%_a$	$3.8\%_b$	$0.5\%_c$	$2.4\%_d$
padre o madre	.7%	$0.5\%_a$	$2.7\%_b$	$0.1\%_c$	
Otro	2.4%	$1.5\%_a$	$7.7\%_b$	$2.1\%_c$	$12.4\%_d$
Nivel de escolaridad					
Menos de licenciatura	78.6%	$78.6\%_a$	$79.0\%_b$	$81.2\%_c$	$67.8\%_d$
Licenciatura	17.4%	$17.3\%_a$	$19.0\%_b$	$14.2\%_c$	$28.3\%_d$
Posgrado	4.0%	$4.1\%_a$	$2.0\%_b$	$4.7\%_c$	$3.8\%_d$
Dominio del idioma inglés					
Habla muy bien y bien inglés	76.6%	$74.7\%_a$	$92.2\%_b$	$70.9\%_c$	$94.2\%_d$
No habla bien o no habla	23.4%	$25.3\%_a$	$7.8\%_b$	$29.1\%_c$	$5.8\%_d$

Nota: Cada letra del subíndice denota un subconjunto de tipo de hogar, categorías cuyas proporciones de columna no difieren de forma significativa entre sí en el nivel .05.

Fuente: Estimación de los autores con base en U.S. Census Bureau, American Community Survey (ACS), 2017.

La composición por lugar de nacimiento y la relativa al estatus migratorios (5.4 millones de inmigrantes mexicanos están viviendo en Estados Unidos en situación irregular de residencia, datos Passel y Cohn, 2016) de sus miembros da una clara idea de la importancia que tienen las decisiones de política migratoria sobre las unidades domesticas que conforman los migrantes mexicanos en la nación vecina. Gubernskaya y Dreby (2017) concluyen en su estudio que la nueva administración debe buscar formas de mejorar la unidad familiar que contemple los lazos familiares con ciudadanos estadounidenses, refieren que la definición de familiares inmigrantes elegibles debe coincidir con las experiencias de vida de los miembros de la familia, después de todo, las familias de inmigrantes crean fuertes comunidades americanas que proporciona una red de seguridad social y económica para los nuevos estadounidenses, y construyen nuevos negocios en los Estados Unidos.

Además, contribuyen con impuestos y son consumidores de bienes y servicios. Los datos descriptivos muestran la heterogeneidad de las mujeres en hogares de casados con al menos un inmigrantes mexicano en cuanto origen nacional, capital humano y parentesco, destacan las mujeres en FL en los hogares de parejas casadas donde solo el esposo está en FL y en los hogares donde el esposo y la esposa están fuera de la FL, pues ellas presentan mejor indicadores de capital humano y hay un porcentaje mayor de mujeres nacidas en Estados Unidos de origen mexicano, la gran mayoría tiene como parentesco el ser hija del jefe de hogar. Esta distinción es importante para un mejor entendimiento de los ingresos por trabajo que acumula el hogar (cuadro 2).

Aportación económica de las mujeres al hogar

La teoría de la segmentación laboral ha servido para entender la incorporación de los inmigrantes y sus hijos al mercado laboral estadounidense, pues algunos inmigrantes y sus hijos nacidos en Estados Unidos sufren procesos de discriminación y racismo que afecta su inserción laboral; de acuerdo con Zhou (1997) existen factores individuales y estructurales asociados a la estructura social y económica de Estados Unidos que producen patrones de integración divergentes. De acuerdo con Canales (2014), el funcionamiento del mercado laboral estadounidense se estructura con base en procesos de diferenciación de género y condición migratoria de quienes participan en el mercado laboral, así como del origen nacional de los trabajadores, así el género, la condición migratoria y el origen nacional de los trabajadores configuran escenarios de vulnerabilidad social y laboral para los individuos en la nación vecina de México. Canales encontró que las mujeres inmigrantes de latinoamericana, incluidas las mujeres mexicanas, sufren un proceso de discriminación que se manifiesta en un menor nivel de remuneraciones y una mayor precariedad en su situación laboral. Por su parte Gaspar y López (2012) encontraron que los hogares encabezados por personas nacidas en México reportan un menor ingreso del hogar que los hogares encabezados por mexicoamericanos y estos a su vez inferior a los nativos de origen no mexicano, esta situación se agudiza cuando los hogares son encabezados por mujeres. Por su parte, Flippen (2016), encontró que los determinantes de la inserción laboral de las mujeres hispanas de Durham en Carolina del Norte se relacionan más con la estructura familiar y en menor medida con el capital humano, observa un grado importante de conflicto entre el trabajo y la familia, pero en la percepción salarial el capital humano y el estatus migratorio son más determinantes que la estructura familiar.

La mayor incursión de las mujeres al trabajo asalariado y sus ingresos han pasado a ser una parte importante del sostenimiento de los hogares y sus miembros, sin embargo, muchas mujeres enfrentan una discrepancia salarial no solo respecto de los hombres, esas discrepancias varían según el origen nacional y grupo étnico al que pertenecen. Esas diferencias entre los salarios, en ausencia de discriminación salarial, deberían de explicarse de acuerdo a la teoría del mercado laboral por las características del trabajo y las características de capital humano del trabajador. Filppen (2016) destaca la precaria posición estructural de los indocumentados en el sistema económico y político de los Estados Unidos que socava la capacidad de las mujeres para aprovechar los beneficios económicos en arreglos familiares menos patriarcales (cuadro 3).

Nuestros resultados, que consideran los hogares donde al menos hay un mexicano casado o casada sin subfamilias, la heterogeneidad de la composición de origen nacional y sexo de sus miembros, concuerdan con los hallazgos de otras investigaciones citadas en este estudio:

1. La mayor proporción de mujeres en la FL se encuentran en los hogares donde solo la esposa trabaja (91.2%), en estos hogares ellas contribuyen con el 84.7% del ingreso por trabajo del hogar, le siguen en orden de importancia los hogares donde el esposo y la esposa trabajan (48.2%) y su contribución al ingreso del hogar es de 40.0%, y en los hogares donde ambos esposos no trabajan ellas representan el 36.7% del total de miembros en la FL y su contribución al ingreso del hogar es de 36.1%.

2. Los hogares donde el esposo y la esposa están en la FL acumulan mayores ingresos que los hogares donde solo el esposo está en la FL (76,331 dólares contra 52,668 dólares anuales) y estos a su vez tienen mejores ingresos que los hogares donde la esposa está en la FL y el esposo no (39,759 dólares anuales) y estos a su vez de los hogares donde la esposa y el esposo están fuera de la FL (33,315 dólares anuales), este comportamiento es probable que se deba a las brechas salariales entre hombres y mujeres pues con excepción de las mujeres en hogares donde solo la esposa trabaja los ingreso de los varones son superiores al de las mujeres, y a que ellas logran emplearse durante todo el año en menor proporción a los hombres.

3. La contribución porcentual de las mujeres al ingreso del hogar por trabajo varía de forma descendente según la tipología propuesta, 40.0%, 6.3%, 84.7% y 36.1% respectivamente. Cabe aclarar que en los hogares en análisis además de la esposa o esposo en la FL podría haber otros miembros que también se encuentren en la fuerza laboral y que por lo tanto contribuyen al ingreso del hogar.

4. Las mujeres inmigrantes mexicanas en la FL ganan en promedio menos que los hombres de su mismo grupo nacional, y también gana menos que las y los nacidos en Estados Unidos. Salvo en los hogares donde solo la esposa trabaja el ingreso promedio por trabajo de las mujeres es superior

al de los hombres, ello obedece a la alta proporción de esposas con licenciatura y posgrado (21.1%).

Cuadro 3. Aportación de las mujeres al ingreso del hogar. Hogares con al menos un inmigrante mexicano con parejas de casados (o unidos) por tipo, 2017

	Tipo de hogar: Pareja casada			
	Ambos en la fuerza laboral (FL)	Solo el esposo en la FL	Solo la esposa en la FL	Ambos no están en la FL
Mediana del ingreso por trabajo del hogar	64,000	40,000	30,000	25,200
Media del ingreso por trabajo del hogar	76,331.27a	52,667.74b	39,758.89c	33,315.28d
Media del ingreso de los hombres por hogar	49,506.98a	49,917.00a	26,205.74b	31,326.52c
Media del ingreso de las mujeres por hogar	31,764.43a	17,298.97b	32,657.50c	23,857.74d
Sexo del que trabaja en el hogar				
% de hombres	51.8	94.2	8.8	63.3
% de mujeres	48.2	5.8	91.2	36.7
Hombres: media del ingreso por trabajo				
México	43,165.11a	44,381.17b	23,518.53c	28,582.12d
Estados Unidos	43,245.21a	45,800.69b	24,725.05c	30,175.12d
Otro país	53,404.86a	57,331.56b	47,592.37c	36,395.27d
Mujeres: media del ingreso por trabajo				
México	27,814.63a	14,806.92b	27,549.08c	20,204.03d
Estados Unidos	30,252.21a	17,950.62b	32,847.55c	24,946.76d
Otro país	33,131.82a	20,305.06b	40,124.69c	24,404.86d
Contribución porcentual al ingreso del hogar				
Parentesco	40.0	6.3	84.7	36.1
Jefe(a)	17.2	0.7	35.8	4.5
Cónyuge	19.5	1.0	42.5	3.1
Hijo(a)	2.8	4.0	5.8	24.4
Hermano(a)	0.2	0.2	0.1	0.6
padre o madre	0.1	0.1	0.0	0.0
Otro	0.3	0.3	0.5	3.5

Nota ingresos: los valores de la misma fila y subtabla que no comparten el mismo subíndice son significativamente diferentes en $p < .05$ en la prueba de dos caras de igualdad para medias de las columnas. Las casillas sin subíndices no se incluyen en la prueba. Las pruebas asumen varianzas iguales.
Fuente: Estimación de los autores con base en U.S. Census Bureau, American Community Survey (ACS), 2017.

5. En relación al parentesco de las mujeres que contribuyen con su salario al ingreso monetario del hogar destacan como jefas (35.8%) y cónyuges (42.5) en los hogares donde la esposa trabaja y el esposo no. Le siguen en importancia en los hogares donde ambos, esposa y esposo, trabajan, 17.2% son jefas y 19.5% cónyuges. Y en los hogares donde ambos no trabajan, destacan las hijas con el 24.4%.

Los datos del cuadro 3 muestran la importancia relativa y absoluta de los ingresos por trabajo de las mujeres, la cual varía según la tipología de hogares propuesta para este estudio. Si consideramos el trabajo no remunerado de las mujeres que se dedican al cuidado del hogar esa aportación se incrementa considerablemente. En cada uno de los hogares en estudio hay mujeres que son trabajadoras de la limpieza o cuidado del hogar, las cuales ganan en promedio anual 19,075 dólares, si estos hogares tuvieran que cubrir este tipo de servicios y el pago por ello fuera lo que ganan en promedio al año las mujeres que trabajan en esa ocupación; entonces quienes se dedican al trabajo no remunerado del hogar aportan en promedio el 64.3% de lo que aportan en promedio las mujeres que trabajan (29,680 dólares al año), esa aportación varía según el ingreso laboral de las mujeres en ocupaciones domésticas, bajo el supuesto de que esos hogares estarían dispuesto a pagar al menos la media del ingreso salarial de las mujeres que se dedican al trabajo doméstico remunerado de su grupo de origen nacional o étnico, en este caso del salario de las mexicanas en ocupaciones domesticas (cuadro 4). EL BLS estima el salario para esta ocupación en 25,570 dólares al año, 12.3 dólares por hora, si ganaran lo mismo entonces la aportación de quienes se dedican al trabajo doméstico no remunerado sería el 86.2% de ingreso de las mujeres de estos hogares dedicadas al trabajo doméstico remunerado. El trabajo doméstico no remunerado de mujeres y hombres es una actividad económica indispensable que contribuye al bienestar de los individuos, sus familias y sociedades (Stiglitz et al., 2007 citado en Ferrant, Pesando y Nowacka, 2014). Cuando el tiempo de las mujeres dedicado al trabajo no remunerado se reduce de 5 horas a 3 horas, su participación en la fuerza laboral aumenta en 20%.

Cuadro 4. Trabajo no renumerado, Aportación de las mujeres al ingreso del hogar. Hogares con al menos un inmigrante mexicano con parejas de casados por tipo, 2017

	Tipo de hogar: Pareja casada			
	Ambos en la fuerza laboral (FL)	Solo el esposo en la FL	Solo la esposa en la FL	Ambos no están en la FL
(a) Ingreso promedio anual de las mujeres ocupadas en trabajo domestico	19,079	13,737	21,614	17,474
Contribución porcentual del trabajo no remunerado del hogar: (a)/ respecto del ingreso promedio anual del total de mujeres que trabajan*100	60.1	79.4	66.2	73.2

Si consideramos que la definición de trabajo no remunerado se refiere a todos los servicios no pagados proporcionados dentro del hogar para sus miembros incluyendo el cuidado de las personas, el trabajo doméstico y el trabajo voluntario en la comunidad, (Elson, 2000 citado en Ferrant, Pesando y Nowacka, 2014). Estas actividades se consideran trabajo, porque teóricamente se podrían pagar a una tercera persona para que las realice (ídem: 3). Por ello, el trabajo no remunerado de hombres y mujeres cobra mayor relevancia en la economía de los hogares y sus comunidades, particularmente el de las mujeres pues un número desproporcionado de ellas realizan esa actividad de manera cotidiana y aun las mujeres que están en FL realizan trabajo no remunerado.

Pobreza: Hogares de inmigrantes mexicanos casados

La tipología de hogares propuesta permite observar que la composición de parentesco y el sexo de quien trabaja marca diferencias importantes en los ingresos monetarios de los hogares y en el nivel de pobreza, y como la discriminación salarial que experimentan las mujeres afectan su nivel de ingreso familiar y aumenta sus tasas de pobreza. Así mismo permite observar la importancia del capital humano de las mujeres para mantener a sus hogares fuera de la pobreza. Por otro lado, debe tomarse en cuenta que la compleja estructura familiar de los hogares y de quienes aportan ingresos al hogar dificulta la comprensión de la prevalencia de la pobreza en un estudio de corte transversal, aun así, encontramos algunos hallazgos que ponen de relieve la importancia de las mujeres en la FL (cuadro 5).

Cuadro 5. Condición de pobreza de los hogares y características seleccionadas de los hogares. Hogares con al menos un inmigrante mexicano con parejas de casados (o unidos) por tipo, 2017

Hogares	Total de hogares	Tipo de hogar: Pareja casada			
		Ambos en la fuerza laboral (FL)	Solo el esposo en la FL	Solo la esposa en la FL	Ambos no están en la FL
Hogares según condición de pobreza	3,096,766	1,455,592	1,261,434	133,084	246,656
Pobres	14.3%	5.1%$_a$	21.3%$_b$	17.5%$_c$	31.3%$_d$
No pobres	85.7%	94.9%$_a$	78.7%$_b$	82.5%$_c$	68.7%$_d$
Promedio de miembros por hogar	4.0	4.0	4.3	3.4	2.8
% Hogares con adultos de 65 años o más	13.3	6.6	7.2	35.0	72.8
% hogares sin menores	35.0	33.0	25.1	59.5	84.5
Ingreso medio familiar	67,365	82,104	56,165	58,022	41,348
% ingreso por trabajo	94.5	93.0	93.8	68.5	80.6
% ingreso de las mujeres	44.1	38.7	30.8	56.3	57.7

Fuente: Estimación de los autores con base en U.S. Census Bureau, American Community Survey (ACS), 2017.

- Cuando en el hogar la esposa y el esposo trabajan la proporción de hogares pobres es de 5.1%, en este tipo de hogar el 40.9% del ingreso por trabajo lo aportan las mujeres.

- La proporción de hogares en pobreza aumenta cuando solo el esposo trabaja (21.3% de los hogares son pobres), las mujeres en estos hogares contribuyen con el 4.9% del ingreso por trabajo del hogar. Esta primera comparación resalta la importancia de la mujer para mantener el hogar fuera de la pobreza.

- En los hogares donde la esposa trabaja y el esposo no la pobreza alcanza al

17.5% de los hogares, las mujeres en estos hogares contribuyen con el 89.3% de ingreso por trabajo del hogar. Dada la brecha salarial observada entre hombres y mujeres se esperaría que en este tipo de hogar la proporción de hogares en pobreza fuera mayor respecto de los hogares donde solo el esposo trabaja; sin embargo, este resultado puede ser explicado en parte por: 1) el menor tamaño de los hogares (3 miembros vs 4 miembros), 2) en el 59.5% de los hogares no hay menores, esa relación en los hogares donde solo el esposo trabaja es de 25.1%, y 3) aunque en estos hogares hay una mayor proporción de adultos de 65 años o más (35.0% contra 7.2%), es posible que los ingresos monetarios de los adultos mayores, vía otros medios, sumados a los ingresos por trabajo que obtienen otros miembros del hogar mantengan un mayor número de hogares fuera de la pobreza, pues la media del ingreso familiar es de 58,022 dólares, superior al que obtienen los hogares donde solo el esposo trabaja (56,165 dólares al año) y los ingresos medios por trabajo representan el 64.0% del ingreso total familiar.

- El cuarto tipo de hogar de casados, donde el esposo y la esposa no trabajan, la proporción de hogares en pobreza se eleva a 31.3%. en este tipo de hogares la contribución salarial de los hijos es el más importante (84.7%), las mujeres contribuyen con el 37.7% del ingreso por trabajo. En este tipo de hogares, en el 72.8% hay al menos un adulto de 65 años o más de edad y en el 84.5% no hay menores. El ingreso por trabajo representa el 84.7% del ingreso medio anual familiar.

Probabilidad relativa del hogar de caer en pobreza: Hogares de inmigrantes mexicanos casados

Mediante un modelo logístico binomial se estimó la probabilidad relativa de que el hogar no sea pobre (variable dependiente: 0. No pobre; 1. Pobre), el modelo incluye como variables independientes 1) tipo de hogar según presencia del esposo y la esposa en la FL, 2) hogares según presencia de mujeres en la fuerza laboral que hablan inglés muy bien y bien 3), hogares según presencia de mujeres en la fuerza laboral con estudios de licenciatura o posgrado, 4) hogares con mujeres en la FL, 5) hogares con mujeres en ocupaciones profesionales, 6) hogares con adultos mayores de 65 años o más de edad y 7) hogares con menores de 18 años de edad. Las variables independientes tienen como finalidad observar la importancia relativa de las mujeres en la FL para mantener al hogar fuera de la pobreza.

Los signos de los coeficientes del modelo son los esperados y todas las variables explicativas resultaron estadísticamente significativas a un nivel de confianza de 99 por ciento. De acuerdo con la estadística de bondad de ajuste del modelo no se omitieron variables relevantes salvo en el modelo del hogar donde el esposo y la esposa trabajan, por lo que el modelo está especificado de manera correcta y tiene un buen ajuste. Al mantener las variables constantes los resultados de los "Odds ratios" son los esperados, se interpretan solo los resultados estadísticamente significativos (cuadro 6a y cuadro 6b).

El tipo de hogar resulto una variable independiente relevante para mostrar la importancia de la incorporación de las mujeres al mercado laboral. Los resultados del modelo indican que los hogares donde solo el esposo trabaja y la esposa no reducen su razón de probabilidad de ser no pobres hasta en 36.6% respecto de los hogares donde ambos esposos están FL. Mientras que los hogares donde el esposo no trabaja y la esposa sí, reduce su probabilidad de no ser pobre en 85.7% y los hogares en donde ambos, esposa y esposo, no están en la FL reducen su probabilidad relativa en 90.1%. Nuestros resultados concuerdan con otros estudios, cuando ambos esposos están en FL es menos probable que la familia experimente pobreza en comparación con las familias en las que solo los esposos trabajan, Cattan (1998) encontró que las tasas de pobreza para los inmigrantes mexicanos se redujeron en 25.4 puntos porcentuales como resultado de los ingresos de las esposas.

El capital humano institucionalizado desempeña un papel fundamental en la determinación de la naturaliza del empleo que ocupan las mujeres, este a su vez influye en la capacidad de las mujeres para mantener a sus hogares fuera de la pobreza. El nivel de escolaridad y el dominio del idioma inglés entre las mujeres en la fuerza laboral que pertenece a hogares de casados son predictores que favorecen que el hogar se mantenga fuera de la pobreza. Así cuando en el hogar hay al menos una mujer en la FL con licenciatura o posgrado la probabilidad relativa del hogar de no experimentar pobreza es 2.4 veces superior respecto de los hogares donde las mujeres en la FL tienen estudios inferiores a licenciatura o posgrado. De manera similar cuando en el hogar la mujer en FL habla inglés muy bien o bien la probabilidad relativa del hogar de no ser pobre es 1.8 veces superior respecto de los hogares donde no hay mujeres en FL que hablen el idioma inglés. Estos resultados sugieren que dar a las mujeres mayores oportunidades de desarrollo favorece la formación de hogares no pobres.

Cuando en el hogar hay al menos una mujer en FL la probabilidad relativa del hogar de no ser pobre es 2.2 veces superior respecto de los hogares donde no hay mujeres en la FL. De manera similar cuando en el hogar hay mujeres en ocupaciones profesionales la probabilidad relativa del hogar de no ser pobre es 1.5 veces superior respecto de los hogares donde hay mujeres en ocupaciones no profesionales.

Cuando en el hogar de casados hay adultos mayores la razón de probabilidad de que el hogar no experimente pobreza es de 1.7 veces superior respecto de los hogares donde no hay adultos mayores de 65 años o más de edad. Los adultos mayores resultan ser un activo en los hogares de casados ya sea que contribuyan al gasto familiar con algún ingreso vía pensión, ayuda económica gubernamental, trabajo e incluso con trabajo no remunerado. Para confirmar esa situación y la importancia relativa de las mujeres en FL en los hogares de casados estimamos cuatro modelos más, uno para cada tipo de hogar.

Los resultados indican que cuando hay adultos mayores en los hogares con ambos esposos en la FL y en los hogares donde la esposa esta FL y el esposo no, la razón de probabilidad de ser no pobres disminuye. En cambio, para los hogares donde ambos, esposa y esposo no trabajan incrementa la probabilidad de no ser pobre en 1.6 veces, en estos hogares hay un alta corresidencia de los adultos mayores con los hijos y los ingreso vía medios distintos al mercado laboral son superiores. Por otro lado, los resultados del modelo general y los de cada uno de los modelos para cada tipo de hogar confirman que la presencia de menores es un factor de riesgo para que el hogar experimente pobreza, es todos los casos disminuye la probabilidad ser no pobre.

Cuadro 6a. Variables asociadas a la probabilidad de que los hogares de casados con al menos un inmigrante mexicano experimenten pobreza, 2017

Hogares	%	Odds Ratio	b
1: Hogares no pobres	85.15		
0. hogares pobres	14.82		
cr. Con ambos esposos en FL	47.00		
Con esposo en la FL y la esposa no	41.73	0.63371	-0.456***
Con la esposa en la FL y el esposo no	4.30	0.14330	-1.943***
Con el esposo y la esposa fuera de la FL	7.96	0.09874	-2.315***
cr. Con mujeres en la FL que hablan muy bien y bien el idioma inglés	41.43		
Sin mujeres en la FL que hablan muy bien y bien el idioma inglés	58.57	1.79001	0.582***
cr. Con mujeres en la FL con estudios de licenciatura o posgrado	12.80		
Sin mujeres en la FL con estudios de licenciatura o posgrado	87.20	2.44722	0.895***
cr. Con mujeres en la FL	51.13		
Sin mujeres en la FL	48.87	2.17613	0.778***
cr. Con mujeres en la FL en ocupaciones profesionales	15.82		
Con mujeres en la FL en ocupaciones no profesionales	84.18	1.54549	0.435**
cr. Con adultos mayores de 65 año o más de edad	13.34		
Sin adultos mayores de 65 año o más de edad	86.66	1.71292	0.538***
cr. Con menores de 18 años de edad	64.81		
Sin menores de 18 años de edad	35.19	0.22704	-1.483***
_cons		17.51381	2.863***

* $p<0.05$, ** $p<0.01$, *** $p<0.001$
_hatsq : 0.129, ROC curve = 0.7770
Fuente: Estimación de los autores con base en U.S. Census Bureau, American Community Survey (ACS), 2017.

Cuadro 6b. Variables asociadas a la probabilidad de que los hogares de casados con al menos un inmigrante mexicano experimenten pobreza para cada tipo de hogar, 2017

	Tipo de hogar: Pareja casada

Hogares	cr. Ambos en la fuerza laboral (FL)		cr. Esposo en la FL y la esposa no	
	Odds Ratio	B	Odds Ratio	b
Otro tipo de hogar de casados	2.54914	0.936***	2.06039	0.723***
cr. Hogares con mujeres en la FL que hablan muy bien y bien el idioma inglés	1.74588	0.557***	2.09770	0.741***
cr. Hogares con mujeres en la FL con estudios de licenciatura o posgrado	2.41122	0.880***	2.58839	0.951***
cr. Hogares con mujeres en la FL	1.65974	0.507***	4.76566	1.561***
cr. Hogares con mujeres en la FL en ocupaciones profesionales	1.50250	0.407**	1.52339	0.421**
cr. Hogares con adultos mayores	0.80992	-0.211**	0.96694	-0.0336
cr. Hogares con menores de 18 años	0.39965	-0.917***	0.35357	-1.040***
_cons	5.49627	1.704***	3.63518	1.291***
*p<0.05, **p<0.01, *** p<0.001	ROC = 0.7516	_hatsq : 0.000	ROC = 0.7554	_hatsq : 0.244

Hogares	cr. Esposa en la FL y el esposo no		cr. Ambos no están en la FL	
	Odds Ratio	B	Odds Ratio	b
Otro tipo de hogar de casados	0.23820	-1.435***	0.21165	-1.553***
cr. Hogares con mujeres en la FL que hablan muy bien y bien el idioma inglés	1.89178	0.638***	1.85518	0.618***
cr. Hogares con mujeres en la FL con estudios de licenciatura o posgrado	2.52433	0.926***	2.46605	0.903***
cr. Hogares con mujeres en la FL	3.54682	1.266***	2.68308	0.987***
cr. Hogares con mujeres en la FL en ocupaciones profesionales	1.56017	0.445**	1.50542	0.409**
cr. Hogares con adultos mayores	0.80218	-0.220**	1.56441	0.448***
cr. Hogares con menores de 18 años	0.39126	-0.938***	0.30750	-1.179***
_cons	6.03179	1.797***	8.16395	2.100***
*p<0.05, **p<0.01, *** p<0.001	ROC = 0.7509	_hatsq : 0.002	ROC = 0.7565	_hatsq : 0.659

cr: categoría de referencia.
Fuente: Estimación de los autores con base en U.S. Census Bureau, American Community Survey (ACS), 2017.

Las variables independientes de los modelos confirman el valor que tiene el capital humano de las mujeres para mantener al hogar fuera de la pobreza, así como la importancia de que participen en la fuerza laboral. Por otro lado, se puede inferir, de manera indirecta, la importancia de reducir las brechas salariales entre hombres y mujeres, así como la relevancia de equilibrar las tareas domésticas que permitan que hombres y mujeres participen en igualdad de oportunidades en el mercado laboral. Hoynes, Page y Stevens (2005), encuentran que el desempleo y la desigualdad salarial son determinantes significativos de las tasas de pobreza, asimismo indican que la persistencia de la pobreza también depende en gran medida de las características individuales y familiares y que los cambios en la estructura familiar pueden representar un aumento en la tasa de pobreza porque aun con el aumento de las mujeres en FL, el número de hogares encabezados por mujeres se incrementó y sus tasas de pobreza suelen ser 3 a 4 veces más altas que en la población en general.

Conclusiones

En este estudio presentamos un análisis exploratorio de las mujeres en la fuerza laboral y su contribución al hogar, desde la perspectiva de los hogares de mexicanos de parejas casadas en Estados Unidos. En el país vecino del norte de México hay poco más de 5.8 millones de hogares con al menos un inmigrante mexicano. El subconjunto de hogares de parejas casada sin subfamilias en el hogar agrupa al 53.0% de hogares donde al menos hay un inmigrante mexicano en los cuales cohabitan el 53.2% de los 24.3 millones de personas que los conforman. Si contamos los hogares de casados con subfamilias ese porcentaje sería de 60.4% y el conjunto de personas que cohabitan en estos hogares de 65.8%.

Los más de 3 millones de hogares de parejas de casados con al menos un inmigrante mexicano, albergan a casi 13 millones de personas de las cuales 46.5% nacieron en México, 51.3% en Estados Unidos y 2.3% en otro país, la composición por lugar de nacimiento y la relativa al estatus migratorios de sus miembros da una clara idea de la importancia que tienen las decisiones de política migratoria sobre las unidades domesticas que conforman los migrantes mexicanos en la nación vecina, pues esas decisiones no afectan solo a los inmigrantes en situación irregular de residencia también a sus hijos nacidos en Estados Unidos y a los que han tenido la oportunidad de regular su situación migratoria, la separación familiar los afecta a todos.

En el subconjunto de hogares (3 millones de hogares) hay 4.2 millones de mujeres de 16 años o más de edad pertenecientes a alguno de los 4 tipos de hogares propuestos, de ellas más de 2 millones (48.0%) están ocupadas en alguna actividad económica. Las mujeres de estos hogares que contribuyen al ingreso por trabajo del hogar tienen una tasa de ocupación del 93.5%. Su contribución varía según la tipología de hogares propuesta para este estudio. Así, dado que la mayor proporción de mujeres en la FL se encuentran en los hogares donde solo la esposa trabaja y el esposo no (91.2%), su en estos hogares ellas contribuyen con el 84.7% del ingreso por trabajo del hogar, le siguen en orden de importancia los hogares donde el esposo y la esposa trabajan (48.2%) y su contribución al ingreso del hogar es de 40.0%, y en los hogares donde ambos esposos no trabajan ellas representan el 36.7% del total de miembros en la FL y su contribución al ingreso del hogar es de 36.1%.

Los hogares donde el esposo y la esposa están FL acumulan mayores ingresos que los hogares donde solo el esposo está en la FL (76,331 dólares contra 52,668 dólares anuales), 23,663 dólares menos (31.0% menos); y estos a su vez tienen mejores ingresos que los hogares donde la esposa está en la FL y el esposo no (39,759 dólares anuales), 12,909 dólares menos (24.5% menos) y estos a su vez de los hogares donde la esposa y el esposo están fuera de la FL (33,315 dólares anuales), 6444 dólares menos (16.2% menos), este comportamiento es probable que se deba a las brechas salariales entre hombres y mujeres pues con excepción de las mujeres en hogares donde solo la esposa trabaja los ingreso de los varones son superiores al de las mujeres, y a que ellas logran emplearse durante todo el año en menor proporción a los hombres.

Muchas mujeres, aunque no están incorporadas al mercado laboral renumerado, contribuyen al sostenimiento del hogar y la economía de variadas maneras, cuando ellas o algún miembro varón no asumen esas tareas, la familia tiene que contratar los servicios domésticos y pagar un salario. Las mujeres que están en la FL contribuyen con su trabajo remunerado a lo que se suman las tareas domésticas por el cual no reciben remuneración económica pero que tienen un costo implícito. En cada uno de los hogares en estudio hay mujeres que son trabajadoras de la limpieza o cuidado del hogar, las cuales ganan en promedio anual 19,075 dólares, si estos hogares tuvieran que cubrir este tipo de servicios y el pago por ello fuera lo que ganan en promedio al año las mujeres que trabajan en esa ocupación; entonces quienes se dedican al trabajo no remunerado del hogar aportan en promedio el 64.3% de lo que aportan en promedio las mujeres que trabajan (29,680 dólares al año), esa aportación varía según el ingreso laboral de las mujeres en ocupaciones domésticas. Si consideramos el salario medio estimado BLS para esta ocupación (25,570 dólares al año), entonces la aportación de quienes se dedican al trabajo doméstico no remunerado sería el 86.2% del ingreso de las mujeres de estos hogares dedicadas al trabajo doméstico remunerado. Boushey y Vaghul (2016) sostienen que la seguridad económica familiar en Estados Unidos ha disminuido desde la década de los setentas, ello ha obligados a las familias a buscar estrategias para hacer frente a esa creciente inestabilidad y estancamiento de los ingresos familiares. Una de las estrategias es la incorporación de las mujeres al mercado laboral, lo cual ha posicionado los ingresos agregados de las mujeres como un recurso clave para el sostenimiento de las familias y para mantenerlas fuera de la pobreza. Por otro lado, el incremento en los niveles de escolaridad de las mujeres; ha favorecidos cambios en el rol que asumen dentro y fuera del hogar lo que ha traído beneficios enormes a las familias, sin embargo, hombres y mujeres enfrentan conflictos diarios entre el trabajo y la familia.

En los hogares de casados la incorporación de la esposa al mercado laboral tiene una asociación positiva para mantener el hogar y a sus miembros fuera de la pobreza, estos hogares reducen hasta en un 36.6% la razón de probabilidad de caer en pobreza. Mientras que los hogares donde el esposo no trabaja y la esposa sí, reduce su razón de probabilidad de ser pobre en 85.7% y los hogares en donde ambos, esposa y esposo no están en la FL reducen su probabilidad relativa en 90.1%, así en los hogares donde solo el esposo o la esposa trabaja tiene una asociación negativa e incrementan su razón de probabilidad de caer en pobreza. Nuestros resultados concuerdan con otros estudios, cuando ambos esposos están en FL es menos probable que la familia experimente pobreza que las familias en las que solo los esposos trabajan.

El capital humano institucionalizado desempeña un papel fundamental en la determinación de la naturaliza del empleo que ocupan las mujeres, este a su vez influye en la capacidad de las mujeres para mantener a sus hogares fuera de la pobreza. El nivel de escolaridad y el dominio del idioma inglés entre las mujeres en la FL que pertenece a hogares de casados resultaron un buen predictor para mantener el hogar fuera de la pobreza, nuestros resultados sugieren que dar a las mujeres mayores oportunidades de desarrollo favorece la formación de hogares no pobres.

Cuando en el hogar hay al menos una mujer en FL la probabilidad relativa del hogar de no ser pobre es 2.2 veces superior respecto de los hogares donde no hay mujeres en la FL. De manera similar cuando en el hogar hay mujeres en ocupaciones profesionales la probabilidad relativa del hogar de no ser pobre es 1.5 veces superior respecto de los hogares donde hay mujeres en ocupaciones no profesionales.

Cuando en el hogar de casados hay adultos mayores la razón de probabilidad de que el hogar no experimente pobreza es de 1.7 veces superior respecto de los hogares donde no hay adultos mayores de 65 años o más de edad. Cuando los adultos mayores encabezan sus hogares resultan ser un activo ya ellos contribuyen al gasto familiar con algún ingreso vía pensión, ayuda económica gubernamental o trabajo, incluso con trabajo no remunerado. Por el contrario, cuando ellos no encabezan sus hogares los resultados indican que tiene una asociación negativa incrementado la razón de probabilidad del hogar de caer en pobreza. Por otro lado, los resultados del modelo general y los de cada uno de los modelos para cada tipo de hogar confirman que la presencia de menores es un factor de riesgo para que el hogar experimente pobreza. Las variables independientes de los modelos confirman el valor que tiene el capital humano de las mujeres para mantener al hogar fuera de la pobreza, así como la importancia de que participen en la fuerza laboral. Por otro lado, se puede inferir, de manera indirecta, la importancia de reducir las brechas salariales entre hombres y mujeres, así como la relevancia de equilibrar las tareas domésticas que permitan que hombres y mujeres participen en igualdad de oportunidades y permanencia en el mercado laboral. Hoynes, Page y Stevens (2005), encuentran que el desempleo y la desigualdad salarial son determinantes significativos de las tasas de pobreza.

CAPÍTULO 3

MIGRACIÓN DE RETORNO Y ENVEJECIMIENTO DEMOGRÁFICO DIFERENCIADO EN LAS REGIONES DE ALTA MIGRACIÓN INTERNACIONAL EN ZACATECAS, MÉXICO

Introducción

La migración como determinante demográfico del envejecimiento a nivel nacional es reducida, pero a nivel local sus efectos sobre la estructura por edad y sexo de la población son más evidentes (Vega, 2014). De acuerdo con Delgado, García y Márquez, (2006) la migración zacatecana es histórica y data de finales del siglo XIX; en el ámbito nacional Zacatecas no solo ha encabezado los flujos emigratorios hacia Estados Unidos también indicadores clave como despoblamiento y dependencia de remesas. El carácter extractivo de la economía minera, la bancarrota del sistema de subsistencia, la precariedad del empleo formal y la creciente participación de la población en edad laboral en el empleo informal han favorecido la expulsión de la población zacatecana, consolidado a la entidad como una sociedad exportadora de migrantes. La migración de retorno no compensa la histórica pérdida poblacional del estado zacatecano y la de las regiones tradicionalmente expulsoras de migrantes (García y Gaspar, 2019).

Los cambios experimentados en la población zacatecana derivado de los impactos de la migración, interna e internacional son diferenciales por región migratoria. El desigual desarrollo económico y social de Zacatecas dificulta hacer frente a las necesidades de un número creciente de adultos mayores. Datos censales e intercensales de México permiten constar que en Zacatecas el porcentaje de la población de 60 años y más de edad es de 11.1% comparado con el 10.4% a nivel nacional, mientras que el índice de envejecimiento de la entidad pasó de 17.1% en 1990 a 37.6% en 2015, lo que significa un incremento de 20.5 puntos porcentuales más que en 1990.

Estos datos confirman la importancia de indagar sobre los impactos de la migración. En particular, en este estudio nos enfocamos en los impactos demográficos de la migración internacional, por lo que el objetivo es ofrecer un panorama del envejecimiento demográfico en la entidad zacatecana a nivel regional y su vinculación con la migración internacional. Se analiza a la población adulta mayor de 60 años o más de edad según región migratoria. La hipótesis de este estudio es que a mayor antigüedad de los flujos migratorios es mayor el envejecimiento y la feminización de la población.

Procedimiento

Para observar los cambios en la composición de la población zacatecana, regionalizamos los municipios de Zacatecas en cuatro categorías según su intensidad migratoria (mapa 1). La clasificación se basa en la antigüedad del fenómeno migratorio México-Estados Unidos: la región histórica de alta migración (Sur-Occidente), la región intermedia (Norte), la región reciente (Sureste) y la región en transición (Centro), (véase Moctezuma y Gaspar, 2013). Analizamos tres indicadores: la tasa de crecimiento anual, el índice de femineidad, el índice de envejecimiento y los índices de dependencia demográfica y senil. Posteriormente algunas características sociodemográficas y laborales de los adultos mayores. El estudio es de corte cuantitativo se basa en datos censales de 1980, 1990, 2000, 2010 y en la encuesta intercensal 2015. La encuesta Nacional de Ocupación y Empleo (ENOE) II trimestre 2018, Encuesta de Ingreso y Gasto de los Hogares (ENIGH), 2016 y Datos de CONEVAL.

Mapa 1. Zacatecas. Regionalización basada en la antigüedad del fenómeno migratorio México-Estados Unidos

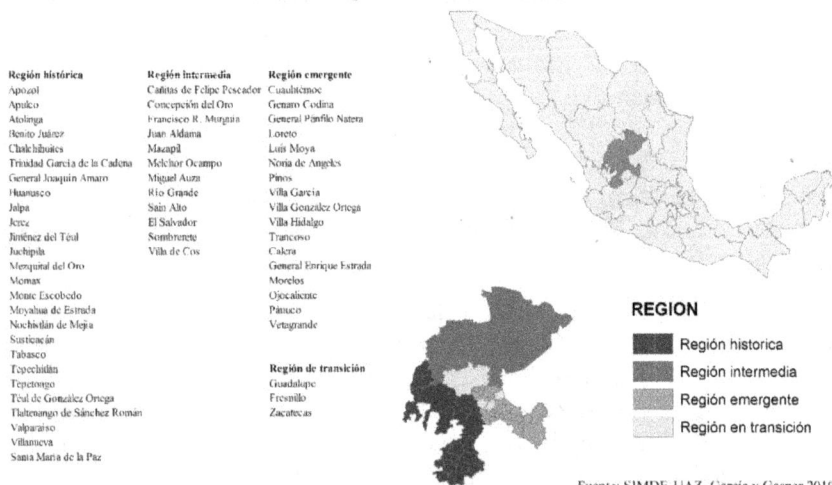

Región histórica	Región intermedia	Región emergente
Apozol	Cañitas de Felipe Pescador	Cuauhtémoc
Apulco	Concepción del Oro	Genaro Codina
Atolinga	Francisco R. Murguía	General Pánfilo Natera
Benito Juárez	Juan Aldama	Loreto
Chalchihuites	Mazapil	Luis Moya
Trinidad García de la Cadena	Melchor Ocampo	Noria de Ángeles
General Joaquín Amaro	Miguel Auza	Pinos
Huanusco	Río Grande	Villa García
Jalpa	Saín Alto	Villa González Ortega
Jerez	El Salvador	Villa Hidalgo
Jiménez del Téul	Sombrerete	Trancoso
Juchipila	Villa de Cos	Calera
Mezquital del Oro		General Enrique Estrada
Momax		Morelos
Monte Escobedo		Ojocaliente
Moyahua de Estrada		Pánuco
Nochistlán de Mejía		Vetagrande
Susticacán		
Tabasco		
Tepechitlán	**Región de transición**	
Tepetongo	Guadalupe	
Téul de González Ortega	Fresnillo	
Tlaltenango de Sánchez Román	Zacatecas	
Valparaíso		
Villanueva		
Santa María de la Paz		

REGION
- Región historica
- Región intermedia
- Región emergente
- Región en transición

Fuente: SIMDE-UAZ. García y Gaspar 2019.

Los hogares zacatecanos por región de residencia

En Zacatecas hay más de 1.5 millones de habitantes congregados en casi 419 mil hogares (cuadro 1). La región histórica, la de mayor tradición migratoria internacional, agrupa al 21.3% de los hogares y al 19.8% de los habitantes, dado que la clasificación responde a la tradición o intensidad migratoria internacional de las regiones, le siguen en orden de importancia la región intermedia y reciente con la menor proporción de hogares y habitantes de la entidad. En cambio, la región que denominamos en transición, la de menor intensidad migratoria concentra al 36.1% de los hogares y al 35.8% de los habitantes de la entidad.

Cabe destacar que en tres de las regiones en análisis y de mayor tradición migratoria internacional, exhiben proporciones cercanas al 50% o superiores en hogares y población asentados en comunidades rurales, es decir en localidades con menos de 2500 habitantes. Para Torres y Padilla (2015) lo que caracteriza a la población rural es su dispersión territorial, lo cual complica su acceso a mercados de trabajo y a servicios públicos; lo que ha sido un incentivo para migrar y cuyo resultado ha sido un constante despoblamiento poblacional, especialmente en las localidades rurales. Delgado, Márquez y Rodríguez (2004) señalan que la contradicción entre una economía extremadamente precaria y los niveles de bienestar moderados se explica por la incidencia de las remesas internacionales, sin embargo, la migración como promotor de desarrollo a través de las remesas de los migrantes es insostenible, en cambio profundiza la insustentabilidad social y provoca un deterioro productivo en los lugares de origen (Márquez, 2007).

Cuadro 1. Zacatecas. Hogares y personas por región migratoria de residencia, 2015

Hogares y población	Total	Región histórica	Región intermedia	Región reciente	Región de transición
Hogares	418,850	89,236	77,950	100,338	151,326
%	100.0	21.3	18.6	24.0	36.1
% hogares rurales	38.5	49.3	51.8	52.1	16.3
Población	1,579,209	312,883	295,472	405,924	564,930
%	100.0	19.8	18.7	25.7	35.8
% Población rural	40.6	50.7	52.7	53.8	17.7

Fuente: Estimación de los autores con base en INEGI, Encuesta Intercensal 2015.

Despoblamiento, feminización y envejecimiento

Uno de los principales efectos de la migración es de tipo demográfico, este fenómeno tiene una influencia importante en la estructura, el tamaño y crecimiento de la población, ya sea en el origen o destino de los migrantes. Zacatecas figura como uno de los principales constructores del circuito migratorio México-Estados Unidos (Delgado, Márquez y Rodríguez, 2004), cuyas raíces corresponden a una dinámica histórica y estructural de la economía mexicana. Los efectos negativos de la migración son más visibles en algunas entidades que en otras, como es el caso de Zacatecas. El desarrollo desigual ha llevado a la entidad a una expulsión poblacional histórica que se ve reflejada en su estructura por edad y sexo, así como en su dinámica de crecimiento poblacional, consolidándose como una entidad de despoblamiento.

La entidad registra, desde 1960, un descenso sistemático de la tasa de crecimiento (TC) poblacional, la cual pasó de una TC anual de 2.1% en 1960-1970 a 0.6% entre 1990-2000. Durante 2000-2010 el retorno de migrantes y la inmigración se intensifico, lo que dio lugar un incremento en la TC de apenas 0.3% en ese periodo. Datos de la encuesta intercensal de México de 2015 indica que la población de Zacatecas experimentó un crecimiento anual del 1.3% entre 2010-2015, pero la región histórica y la región intermedia apenas contribuyeron a ese crecimiento en 1.8% y 7.6% respectivamente. Mientras que la región que denominamos reciente, la cual ha mantenido TC bajas y en descenso contribuyó con el 30.1%. Mientras que la región de transición que ha observado TC positivas y por arriba de la media estatal contribuyó con el 60.6% a ese crecimiento, no obstante, como veremos esta última región no se escapa de los efectos de la salida de sus residentes en edad laboral, pues las causas de expulsión del pasado prevalecen en todo el territorio zacatecano (Gráfica 1).

Gráfica 1. Zacatecas. Tasa de crecimiento anual de la población por región migratoria de residencia, 1980-2015

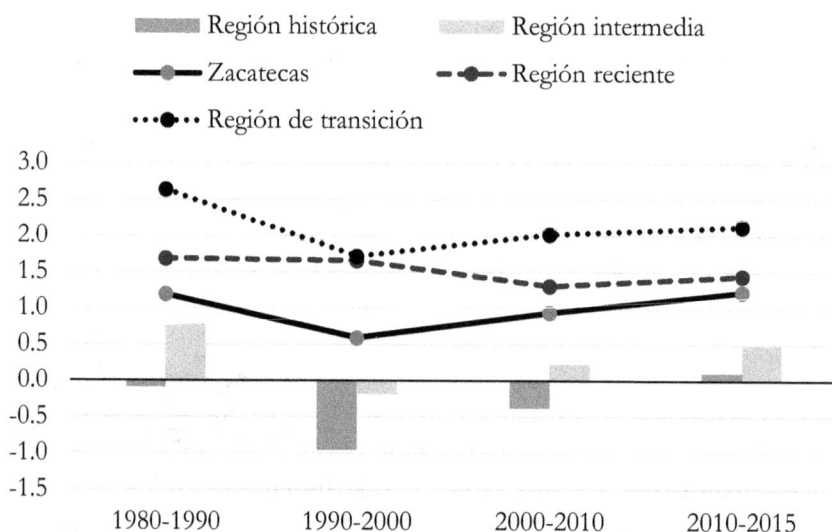

Fuente: Estimación de los autores con datos de INEGI, Tabualdos basicos.

Esta característica se expresa en una tasa de crecimiento social negativa y en la conformación de una pirámide de edades que revela una presencia menor de la población en edad laboral y reproductiva y, a la inversa, un estrechamiento del extremo inferior y un alargamiento del superior. La estructura por edad y sexo de las regiones zacatecanas muestran claramente los efectos de la migración interna e internacional, incluso en la pirámide de población de la región denominada transición, conformada por los municipios de Guadalupe, Fresnillo y Zacatecas que abarca la parte más urbanizada del estado y la de menor intensidad migratoria, se observa una menor presencia de la población en plena edad laboral y reproductiva. Tal como esperamos la región histórica y la región intermedia muestran una estructura más amplia en las edades que corresponde a la población adulta mayor (Gráfica 2).

Gráfica 2. Zacatecas. Estructura porcentual de la población por edad y sexo según región migratoria de residencia, 1990 y 2010

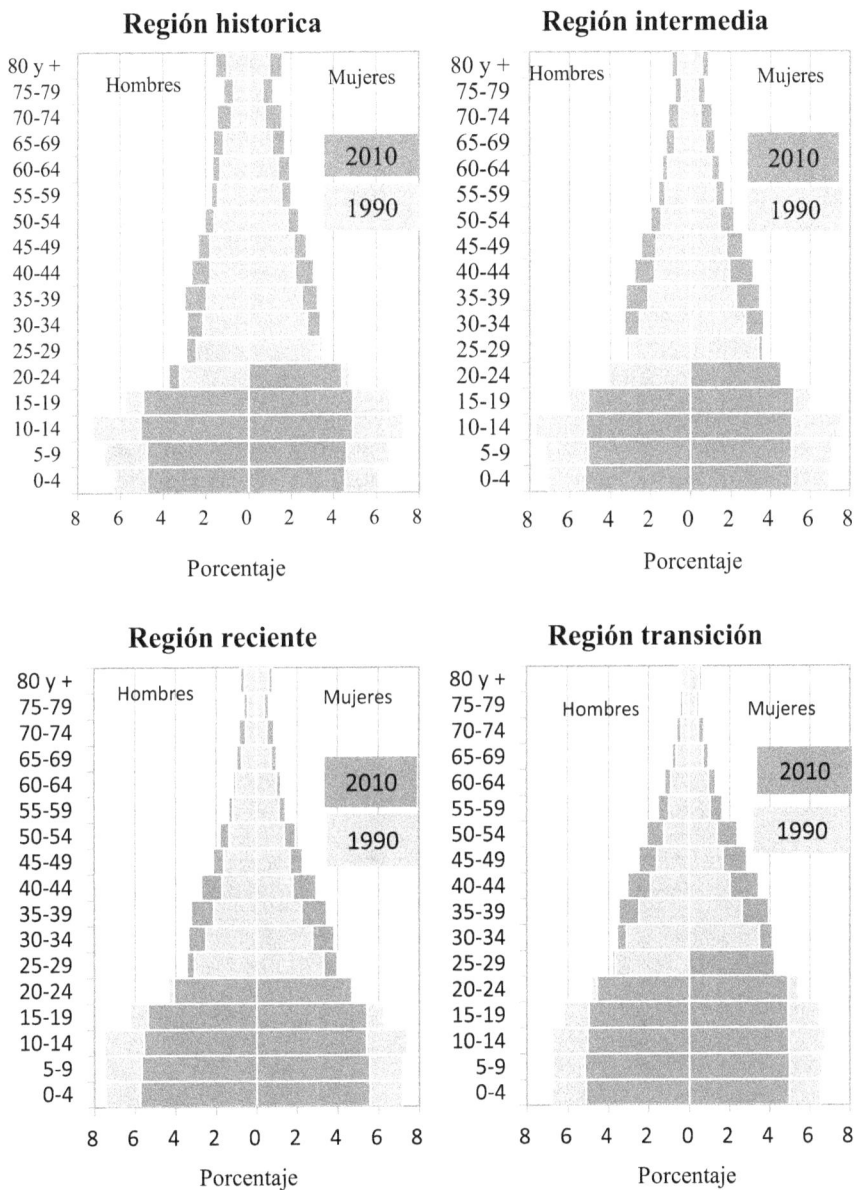

Fuente: Estimación de los autores con base en INEGI, tabulados básicos.

Aún con la mayor intensificación del retorno entre 2005-2010 y 2010-2015, la pirámide de población de la entidad en 2015 mantiene una estructura que muestra una menor presencia de la población de hombres y mujeres en el grupo de 15-34 años de edad y a partir de los 35 años se hace más ancha conforme la edad aumenta, y un mayor estrechamiento del extremo inferior respecto de la que tenía en 2010 (Gráfica 2). Ello obedece a que el número de retornados no supera las salidas, tan solo en 2005 salieron de Zacatecas 35,427 personas para radicar en otra entidad, mientras que llegaron 30,322 personas a vivir a Zacatecas procedentes de otras entidades del país, lo que da un saldo negativo, que sería mayor al considerar la emigración internacional. En 2010 Zacatecas ocupó la primera posición entre las entidades con el porcentaje más alto de emigrantes al vecino país del norte. Márquez (2007), sostiene que tal despoblamiento responde al proceso de abandono paulatino del lugar de origen debido a la falta de empleo, medios de subsistencia y expectativas de vida.

Para los estados de la República Mexicana expulsores de migrantes en plena edad laboral y principalmente de varones, es posible que el efecto de la migración internacional de largo plazo sea mayor, generando un incremento en el índice de envejecimiento y un decremento en el índice de masculinidad y en los niveles de fecundidad. Los datos del cuadro 2 confirman que la entidad zacatecana y sus regiones se han feminizado y que en las regiones de mayor expulsión de población se ha incrementado con mayor intensidad el índice de envejecimiento, sin embargo, todas ellas muestran un incremento del mismo, lo cual tiene importantes efectos económicos, sociales y políticos. Por otro lado, Zacatecas ha disminuido su tasa global de fecundidad, la cual pasó de 4.25 a 2.5 hijos por mujer entre 1990 y 2015.

Cuadro 2. Zacatecas. Índice de envejecimiento e índice de masculinidad por región migratoria de residencia, 1990, 2000, 2010 y 2015

	Índice de envejecimiento (por cien)				Índice de masculinidad (hombres por cada 100 mujeres)			
	1990	2000	2010	2015	1990	2000	2010	2015
Zacatecas	17.1	23.9	33.4	37.6	96	93	95	95
Región histórica	24.2	36.7	54.3	59.3	90	90	94	95
Región intermedia	15.6	23.8	36.0	42.4	99	94	97	96
Región reciente	14.5	19.5	26.6	29.5	99	96	96	96
Región de transición	13.5	18.0	25.3	30.0	96	94	95	94

1/ Índice de envejecimiento considera a la población de 60 años y más de edad.

Fuente: Estimación de los autores con base en INEGI, tabulados básicos.

El indicador de dependencia económica muestra que las regiones de mayor tradición migratoria, regiones histórica e intermedia, tienen que soportar una carga mayor debido a que el porcentaje de población económicamente dependiente es superior al del resto de las regiones. Así, mientras la relación de dependencia juvenil decrece la senil se incrementa, lo que supone para estas regiones un importante desafío económico, social, gubernamental e institucional para hacer frente a los retos que les impone la migración y el envejecimiento (cuadro 3).

Cuadro 3. Zacatecas. Relación de dependencia: económica, juvenil y senil por región migratoria de residencia, 1990, 200, 2010 y 2015

	Relación de dependencia											
	Económica (por cien)				Infantil (por cien)				Senil (por cien)			
	1990	2000	2010	2015	1990	2000	2010	2015	1990	2000	2010	2015
Zacatecas	88.3	74.8	62.3	60.1	78.9	63.9	50.1	47.3	9.4	10.9	12.2	12.9
Región histórica	90.6	79.5	68.0	66.4	77.1	62.5	48.0	45.7	13.5	16.9	20.0	20.7
Región intermedia	92.9	78.6	64.0	62.9	84.1	67.3	50.6	47.9	8.9	11.2	13.4	15.0
Región reciente	94.6	81.0	66.8	65.4	86.0	71.2	55.9	53.7	8.6	9.8	10.9	11.7
Región de transición	78.0	64.7	54.9	52.2	71.6	57.6	46.9	43.5	6.5	7.1	8.0	8.6

Relación de las poblaciones: de 0 a 14 años, 15 a 64 años y 65 años y más de edad.
Fuente: Estimación de los autores con base en INEGI, tabulados básicos.

La migración es un fenómeno presente en prácticamente todo el territorio zacatecano; con territorios en proceso de despoblamiento y otros más consolidados; el perfil transnacional de la población Zacatecana aparece como el rasgo fundamental del estado y se posiciona con el más alto grado organizacional de migrantes de origen mexicano asentados en Estados Unidos. Las remesas se consolidan como el cimiento y la condición estratégica del bienestar social de las comunidades en un contexto de degradación social como el despoblamiento, la insustentabilidad social y el deterioro productivo. Mantiene un esquema de integración asimétrica que genera desarticulación productiva, exclusión económica, precarización laboral y aumento de las desigualdades sociales. Se mantienen políticas asistencialistas que no resuelven de fondo problemas como la pobreza, marginación y migración (Delgado, Márquez y Rodríguez, 2004; Márquez, 2007, García y Pérez, 2008).

Destacan los altos niveles de pobreza, rezago social y desigualdad regional; así como las mejores condiciones económicas y sociales de la región transición que destaca por su mayor desarrollo, bajos niveles de pobreza y rezago social, derivado de la mayor concentración de la riqueza (cuadro 4). Estos indicadores dan cuenta de la situación de los residentes en las distintas regiones de Zacatecas y del porque siguen siendo regiones expulsoras de migrantes en plena edad laboral y reproductiva. De acuerdo con datos de INEGI, Zacatecas es la segunda entidad con el mayor saldo neto migratorio internacional negativo (-115.8 por cada 10 mil habitantes) y con una tasa bruta de emigrantes internacionales de 180.4 por cada mil habitantes, similar a la de Michoacán que figura como la entidad con el mayor saldo neto migratorio internacional negativo (-136.1 por cada 10 mil habitantes).

Cuadro 4. Zacatecas. Indicadores de pobreza, rezago social y económicas según región migratoria de residencia, 2015

		Región			
	Zacatecas	Histórica	Intermedia	Reciente	Transición
Pobreza	51.5%	59.2%	59.3%	63.4%	35.1%
Vulnerables por carencia social	23.6%	24.6%	24.2%	20.4%	25.0%
Rezago educativo	19.1%	23.9%	22.2%	20.7%	13.7%
Carencia por acceso a los servicios de salud	12.4%	13.9%	12.4%	10.7%	12.7%
Carencia por acceso a la seguridad social	61.5%	69.6%	69.9%	71.7%	45.7%
Carencia por acceso a la alimentación	20.0%	16.7%	20.9%	25.2%	17.8%
Población con ingreso inferior a la línea de bienestar	59.2%	65.3%	65.7%	70.5%	44.7%
Población con ingreso inferior a la línea de bienestar mínimo	24.0%	28.5%	27.8%	32.0%	13.9%
Distribución porcentual					
Unidades económicas	100.0%	25.6%	16.2%	18.3%	39.9%
Personal ocupado	100.0%	17.5%	14.8%	16.0%	51.7%
Valor agregado censal bruto	100.0%	7.4%	24.2%	23.8%	44.6%
Total de activos fijos	100.0%	7.0%	34.2%	20.3%	38.6%

Fuente: Elaboración de los autores con datos de CONEVAl, 2015 y datos de INEGI, 2013, Indicadores económicos a nivel municipal (simbad).

Los adultos mayores de Zacatecas

Se estima que hay 175 mil adultos mayores en el Estados de Zacatecas, la región histórica concentra la mayor proporción de adultos mayores (29.1%) de la entidad y ostenta la proporción más alta de adultos mayores respecto de la población total en la región (16.3%). Le sigue en orden de importancia la región intermedia (12.5%, 36,799 adultos mayores), la región Reciente con 9.6% (38,814 adultos mayores) y la región Transición con el 8.6% (48,464 adultos mayores).

Una cuestión importante que se relaciona con el proceso de envejecimiento es la autonomía funcional y económica de las personas adultas mayores, pues de ello depende como se vive la vejez (García y Gaspar, 2019). Los adultos mayores de Zacatecas inmerso en la dinámica migratoria internacional viven de manera diferente la vejez respecto de quienes no están vinculados con ese proceso. Por ejemplo, los autores referidos señalan que como parte del proceso migratorio las mujeres tradicionalmente se quedan al cuidado del hogar, de algunos familiares y de las pertenencias, lo que supone que ellas son dependientes de las remesas que reciben de los migrantes del hogar, cuando estas no se incorporan al mercado laboral local. Otro grupo, lo conforman las personas que a lo largo del tiempo no se incorporan al grupo que emigran pero que se van quedando solos, ambos grupos como parte de los afectos negativos de la migración acumulan desventajas que los hacen aún más vulnerable. La migración también tiene efectos negativos sobre las personas que retornan, muchos de ellos no tienen un hogar al que regresar porque durante su proceso migratorio rompen con lazos afectivos y de comunicación con la familia (García y Gaspar, 2016). Otros más retornan enfermos o con alguna discapacidad después de haber trabajado en condiciones de precariedad y frecuentemente sin pensión por su misma trayectoria laboral adversa.

"La migración disminuye los mecanismos de intervención de las redes familiares, sean locales o transnacionales, y en esa medida hay un progresivo deterioro en la calidad de vida de las personas adultas mayores" (Montes de Oca, Molina y Avalos, 2008). Es común que en la vejez se carezca de medios afectivos e implica mayor dificultad para obtener los recursos necesarios tanto económicos como asistenciales y de cuidado para subsistir (García y Gaspar, 2016).

Gráfica 3. Zacatecas. Stock de migrantes de retorno de 60 años y más de edad que residían 5 años antes en otro país. 2000, 2010 y 2015 (residencia previa en otro país en 1995, 2005 y en 2010)

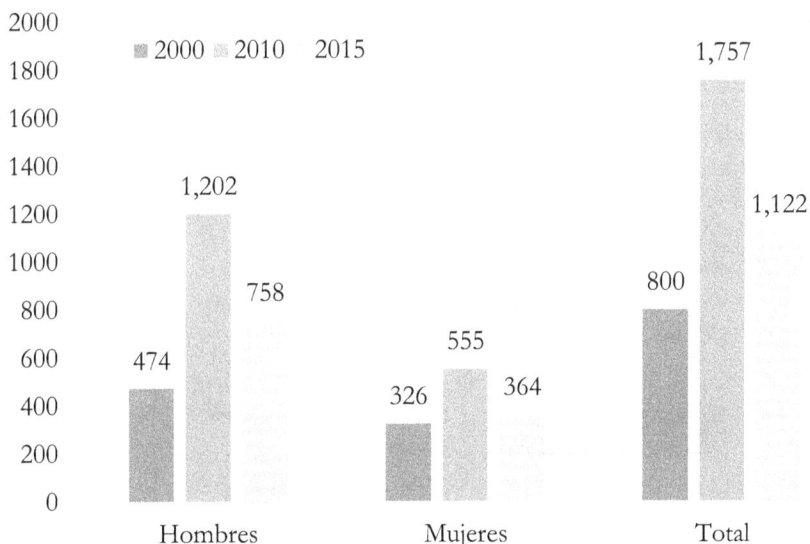

Fuente: Elaboración de los autores con base en datos de INEGI y estimaciones con base en la Encuesta censos Intercensal 2015.

Los adultos mayores migrantes de Zacatecas que retornaron del exterior en 2005 tienen una participación relativamente baja (8.9%) respecto de los otros grupos poblacionales de retorno de menor edad. Sin embargo, durante la última década esta población experimento un incremento del 119.6%. Por otro lado, la intensidad del retorno de las mujeres adultas mayores es baja cuando se les compara con la de los hombres, entre 2000 y 2010 el retorno de los hombres experimento un incremento del 153.6% mientras que el de las mujeres fue de

70.2%, aun si consideramos el intervalo 2000 a 2015 el retorno de los varones fue mayor (Gráfica 3). No obstante, los resultados anteriores, mayor retorno de varones, no compensa las salidas de los hombres en el pasado, feminizando las regiones zacatecanas vinculadas al fenómeno migratorio internacional.

Mercado laboral de los adultos mayores

La capacidad de trabajar de los adultos mayores de 60 años y más de edad se reduce conforme aumenta la edad (CEPAL, 2008), ello merma su capacidad económica y poder de decisión dentro y fuera del hogar. La tasa de participación laboral de los adultos mayores de Zacatecas a nivel regional oscila entre 19.1% y 25.5%, siendo la más alta la de la región de transición. La tasa de desempleo más alta la ostentan los adultos mayores de la región histórica (5.6%). La tasa de inactividad más alta la exhibe la región histórica, 79.7% de los adultos mayores de 60 años o más de edad están inactivo, mientras que, en la región en transición, la más urbanizada, la tasa de inactividad es de 73.4% (cuadro 5).

EL empleo informal lo define INEGI, como aquel trabajo no protegido en la actividad agropecuaria, el servicio doméstico remunerado de los hogares, así como los trabajadores subordinados que, aunque trabajan para unidades económicas formales, lo hacen bajo modalidades en las que se elude el registro ante la seguridad social, es decir jamás se les reconoce sus derechos laborales y aportaciones, este sector agrupa al 62.9% del total de ocupados en Zacatecas. La cifra de la informalidad del empleo no solo da cuenta de la precariedad del empleo en sí mismo, también de la desprotección social y las condiciones en que llegarán en la vejez sin pensión seis de cada diez residentes que laboran en el estado de Zacatecas. Dado que los trabajadores carecen de protección social y acceso a los sistemas de pensiones aumenta la pobreza y la desigualdad asociada al sector, lo que hace aún más distante el objetivo del desarrollo económico (Freije, 2002).

Datos estimados con la Encuesta Nacional de Ocupación y Empleo (ENOE) II trimestre de 2018, muestran que a mayor tradición migratoria de las regiones zacatecanas la incidencia del empleo informal es mayor, así la región histórica tiene la proporción más alta de empleo informal (74.3%), mientras que la región de transición, la más urbanizada, ostenta la proporción más baja de empleo informal (51.6%). Los adultos mayores de 60 años o más de edad, encuentran un mercado laboral formal más excluyente, aun en la región más urbanizada el empleo informal alcanza a siete de cada diez adultos mayores, proporción que es superior en el resto de las regiones en análisis (cuadro 5).

La gran mayoría de los adultos mayores presentan una variedad de estados de vulnerabilidad como puede ser en relación a su estado de salud, de discapacidad o funcionalidad física, seguridad de una vivienda o ingresos económicos, seguridad social y exclusión en el empleo; este conjunto de vulnerabilidades funcionales, sociales, económica y laborales surgen de una problemática económica, social y estructural pasada, en la que los adultos mayores a lo largo de su ciclo de vida acumulan desventajas que los sitúa en diferentes tipos y grados de vulnerabilidad (García y Gaspar, 2019). El 46.3% de los adultos mayores de 60 años y más de edad son pobres, 83.9% son pobres o vulnerables, 42.5% tiene algún tipo de discapacidad, 78.7% no tiene acceso directo a la seguridad social, solo el 16.1% es no pobre y no vulnerable (datos de la ENIGH 2016).

Cuadro 5. Zacatecas. Condición de actividad de los adultos mayores de 60 años y más de edad según región migratoria de residencia, 2015

	Zacatecas	Región			
		Histórica	Intermedia	Reciente	Transición
Tasa de participación económica	21.6%	19.1%	21.3%	20.1%	25.5%
Tasa de ocupación	95.8%	94.4%	96.8%	96.4%	95.8%
Tasa de desempleo	4.2%	5.6%	3.2%	3.6%	4.2%
Tasa de inactividad	77.5%	79.7%	78.0%	79.1%	73.4%
Ocupados	37,636	25.8%	20.7%	20.7%	32.8%
Desempleados	1,669	34.5%	15.6%	17.2%	32.8%
Inactivos	135,160	29.9%	21.1%	22.6%	26.3%
Empleo informal					
Total de ocupados	62.9%	74.3%	69.7%	69.9%	51.6%
Adultos de 60 años o más de edad	75.5%	78.4%	72.0%	84.6%	71.1%

Fuente: Estimación de los autores con base en INEGI, Encuesta Intercensal 2015 y Encuesta Nacional de Ocupación y Empleo (ENOE), II trimestre de 2018.

En el reconocimiento de esa problemática el estado de Zacatecas ya cuenta desde 2006 con un una Ley de Protección de los Derechos de las Personas Adultas Mayores, su última reforma fue en POG 24-02-2018, la Ley contempla de manera general "proteger y hacer valer los derechos de integridad y dignidad, certeza jurídica, la vida en familia, la salud, alimentación, educación, recreación, información y participación, trabajo y asistencia social de las personas adultas mayores, así como reconocer su valor en la base y memoria de lo que hoy es el Estado de Zacatecas". Sin embargo, a 12 años de su aprobación encontramos indicadores que nos muestran la persistencia de las vulnerabilidades que experimentan los adultos mayores en Zacatecas, con diferencias importante a nivel regional.

Conclusiones

Los cambios experimentados en la población zacatecana derivado de los impactos de la migración, interna e internacional son diferentes por región migratoria de residencia, así como el desarrollo social y económico de las mismas para hacer frente a las necesidades de un número creciente de adultos mayores. En Zacatecas el porcentaje de la población de 60 años y más de edad es de 11.1% comparado con el 10.4% a nivel nacional. Mientras que el índice de envejecimiento de la entidad pasó de 17.1% en 1990 a 37.6% en 2015, lo que significa un incremento de 20.5 puntos porcentuales más que en 1990. A lo largo del estudio hemos dado evidencia a nivel regional que muestra que a mayor antigüedad de la migración es mayor el envejecimiento de la población y feminización de la misma. Los adultos mayores económicamente activos encuentran un mercado laboral excluyente y precario, aun en la región más urbanizada el empleo informal alcanza a siete de cada diez adultos mayores, proporción que es superior en el resto de las regiones en análisis.

En Zacatecas como en el resto de las entidades del país, cada año se suman personas al grupo de adultos mayores, en distintas condiciones de vulnerabilidad, precariedad laboral, pobreza e inseguridad social. Si consideramos las cuatro regiones migratorias de la entidad, tres de las cuales han sido históricamente expulsoras de migrantes, con bajo desarrollo social y económico, y común mercado laboral dominado por la informalidad con todo lo que ello implica, con una migración internacional debilitada no es difícil suponer que la migración y las remesas no podrán sostener a los miles de adultos mayores de una entidad cada vez más envejecida.

El Estado no puede seguir eludiendo su tarea y depender de las remesas de los migrantes para dar a su población un nivel de vida adecuado, lo que plantea el reto de aplicar políticas más específicas de protección social hacia ellos, así como mayores oportunidades laborales en el mercado formal. En suma, para el caso zacatecano se requiere, colocar el tema del envejecimiento y la migración verdaderamente en la agenda del gobierno y no sólo en los discursos políticos. Este doble reto institucional se complejiza en 2019 ante la austeridad forzada impuesta a nivel nacional por el nuevo gobierno ante el enorme peso de la deuda de 11 billones de pesos que significó que el presupuesto estatal recibiera 2 mil millones de pesos menos que el año anterior, la reducción presupuestal en el Programa de Egresos de la Federación 2019 en todos los programas vinculados con los migrantes; la ausencia de propuestas claras de desarrollo regional y sectorial que incidan en las causas estructurales de la migración a nivel federal, estatal y local, y una visión extractivista y asistencial sobre los migrantes y sus remesas que no toma en cuenta su costo de despoblamiento, envejecimiento y feminización.

CAPÍTULO 4

EL DESAFÍO DE LAS POLÍTICAS MIGRATORIAS EN MÉXICO ANTE EL CAMBIO DE GOBIERNO 2018-2024

Introducción

Durante más de cuarenta años la migración internacional de los mexicanos a Estados Unidos se convirtió en una "válvula de escape" a los problemas de pobreza, desempleo y marginación desde los años setenta del siglo pasado, que se profundizan con el establecimiento del modelo económico neoliberal a causa de la crisis de la deuda externa en 1982 y con la puesta en funcionamiento del Tratado de Libre Comercio con Estado Unidos y Canadá en 1994, durante ese largo periodo el monto de migrantes mexicanos en Estados Unidos pasa de 780 mil a 12 millones. Frente a las férreas políticas de ajuste económico y de estabilidad macroeconómica a ultranza impuestas desde 1982, cuyas prioridades eran (y son) pagar la deuda pública y controlar la inflación, se abandonan las políticas públicas de desarrollo regional y sectorial y de fortalecimiento del mercado interno que de 1940 a 1982 permitieron tasas de crecimiento del Producto Interno Bruto del 5% anual y se decide orientar la economía mexicana hacia la exportación a los Estados Unidos. Con ello durante más de cuatro décadas México se convierte en una enorme fábrica de pobres y migrantes, cuya dinámica económica depende de las exportaciones de la maquila electrónica y el ensamble automotriz. Estructuralmente la incapacidad de generación de empleo suficiente y bien remunerado alimenta la migración creciente a Estados Unidos durante su largo periodo de crecimiento económico hasta la crisis económica de 2007-2010.

En efecto, los impactos de la crisis económica norteamericana de 2007 a 2010 sobre el mercado laboral y las políticas de seguridad nacional sobre la migración internacional con mayores sanciones y deportaciones crecientes provocan cambios importantes en el sistema migratorio de México y los Estados Unidos que al inicio del siglo XXI se caracterizó por un flujo creciente de migración irregular cercano al medio millón en los años previos a la crisis señalada. Bajo esta perspectiva, Alejandro Canales y Sofía Meza (2016) plantean que en los últimos quince años se ha configurado un nuevo contexto político y económico en el cual es posible enmarcar las nuevas tendencias de la migración

México- Estados Unidos, señalando los dos factores antes expuestos como causantes de cambios en la dinámica migratoria entre ambos países: la política migratoria con enfoque de seguridad nacional y los impactos de la crisis económica sobre el mercado laboral y la migración.

Canales y Mesa (2016) destacan cómo entre 2007 y 2010 la economía de Estados Unidos perdió 5.1% de los puestos de trabajo, que corresponden a casi 7.5 millones de empleos, y se tardó cinco años en recuperarlos. Queda claro como la crisis económica reduce el mercado laboral, en particular en sectores donde se concentran los migrantes mexicanos, como la construcción, la manufactura y los servicios. Entre 2007 y 2010 ambos autores calculan que los mexicanos perdieron 470 mil empleos, equivalentes al 6.5% del total ocupados (Canales, 2014). Lo anterior provoca que para 2009 la tasa de desempleo de los mexicanos alcanza un máximo histórico de 13.3 por ciento de la fuerza de trabajo qué se ha reducido en los últimos años, pero, aún se mantiene por encima del promedio nacional y del promedio histórico para ese grupo étnico (Canales, 2012).

Los impactos de la crisis también se dan en la precarización del trabajo de quienes aún cuenta con él, Ramírez y Aguado (2013) de acuerdo con datos de la Encuesta sobre Migración en la Frontera Norte (EMIF) encuentran que quienes regresan a México por no haber encontrado empleo o no alcanzar los ingresos esperados pasan del 10.1 por ciento en 2006 al 23.2 por ciento en 2009. En el contexto de los impactos negativos de la crisis económica sobre el mercado laboral de los migrantes mexicanos, los más afectados son los trabajadores de menor calificación, quienes enfrentan la reducción del tiempo de trabajo y en sus salarios en un proceso de mayor precarización de sus condiciones laborales.

Queda claro como la crisis económica en Estados Unidos en 2008 termina con la migración como "válvula de escape" a los problemas económicos y sociales de México mediante la expulsión de 11 millones de migrantes de finales de los años setenta del siglo anterior a 2006, cuando ellos mandaron al país 26 mil millones de dólares de remesas familiares. El Consejo Nacional de Población (CONAPO) estima que entre 1995 y 2010 emigraron a Estados Unidos 7.9 millones de mexicanos, pero, fueron deportados 7.2 millones, cifras sin precedentes en ambos casos. Las deportaciones durante la gestión del presidente Obama en 2008-2014, rebasaron los 2 millones de migrantes. Una cacería inhumana de seres impulsados por la necesidad de sobrevivir a un modelo económico depredador que los excluye tajantemente. Causa, efecto y lacra del Tratado de Libre Comercio en gran medida. Vergüenza infinita para ambos países (García Zamora, 2014).

En el contexto anterior de profunda crisis económica, social y de seguridad en México planteábamos que era apremiante una reorientación del modelo económico y en la gestión gubernamental para recuperar la paz del país, la cohesión social y la credibilidad de los ciudadanos en las instituciones públicas colocando en el centro la generación de empleo y la seguridad humana para toda la población. Señalábamos que el reto para México y los demás países latinoamericanos de alta migración internacional radica en construir verdaderas políticas de Estado sobre desarrollo económico y migración, integrales y de largo plazo que fortalezcan el mercado interno, construyendo nuevos proyectos de desarrollo económico nacional, con estrategias específicas para los diferentes sectores económicos y regiones que generen los empleos necesarios para que esto haga viable que todos los latinoamericanos puedan ejercer su derecho a no emigrar, es decir, que a mediano plazo la emigración sea una opción más para vivir mejor y no una necesidad, como sucede hasta ahora (García Zamora, 2010: 309)

Con los impactos de la crisis económica de Estados Unidos sobre la inmigración de mexicanos y sobre el crecimiento económico de México que se desploma se percibe no sólo la enorme vulnerabilidad de la economía mexicana para crecer y generar los empleos necesarios, sino también para poder emplear y reintegrar a los 4 millones de deportados y retornados de 2007 a 2018. Pero, la disfuncionalidad no sólo se presenta en la estructura económica nacional, también en el marco normativo sobre población y migración que resulta obsoleto para normar las múltiples dimensiones migratorias del país como espacio de origen, tránsito, destino, retorno y desplazamiento internos crecientes. Así, en gran medida por la presión creciente de los deportados de Estados Unidos en los primeros años posteriores a la crisis del 2008 y por el incremento de la transmigración de migrantes centroamericanos por México rumbo a Estados Unidos, en 2010 se inicia un debate nacional sobre una nueva Ley de Migración y su Reglamento, que llevo más de dos años, promovida en gran medida por 83 organizaciones de la sociedad civil, las cuales aprovechando la experiencia de interlocución e incidencia con el Estado mexicano para ese objetivo se constituyen como Colectivo Plan Nacional de Desarrollo Migraciones para elabora colectivamente durante un trabajo intenso de varios meses la Agenda Estratégica Transnacional de Migración para el Plan Nacional de Migración y Desarrollo 2013-2018. El Colectivo PND-Migración destaca tres causas estructurales del fenómeno migratorio:

1. La fragilidad económica y social de las comunidades de origen derivada de un modelo económico depredador que aniquila las bases económicas y sociales de arraigo, la vida comunitaria y el medio ambiente.

2. La discriminación y rechazo de diversos sectores de la sociedad hacia los migrantes y los defensores de ellos y los derechos humanos.

3. La violencia creciente hacia las personas migrantes y sus familias tanto por las corporaciones oficiales de seguridad como por parte de las organizaciones criminales que han encontrado en ellos un nuevo sector para ejercer la violencia y extracción dinero por ese medio.

Los objetivos principales de la Agenda Transnacional son los siguientes (Castillo y Burnstein, 2014):

1. Articular una visión integral y multidimensional de la relación entre migración, desarrollo y seguridad humana con los mecanismos que integren la migración de forma transversal en el Plan Nacional de Desarrollo 2013-2018.

2. Incorporación explícita del fenómeno de la migración, la vinculación de la migración y desarrollo, y de las funciones y obligaciones de la administración pública federal para garantizar derechos en un sistema nacional de rendición de cuentas, con sustento en indicadores de gestión, acceso amplio y exhaustivo a información en materia migratoria, mecanismos de control eficaz y sanciones claras.

3. Creación de una estructura de coordinación interinstitucional y entre los tres órdenes de gobierno en materia migratoria, en el que participen la ciudadanía, organizaciones de la sociedad civil y académicos.

4. Creación de una estrategia nacional para la protección, promoción y plena realización de los derechos de las personas migrantes y sus familias.

5. Consideración explícita de la migración en los programas de desarrollo sustentable con base a la noción de bienestar, que finca las estrategias de combate a la pobreza en los principios de inclusión e igualdad, y se orienta a la plena realización de los derechos económicos, sociales, culturales y ambientales.

6. Aumento en la representación y representatividad de las comunidades de personas migrantes en los mecanismos de gestión y coordinación de política migratoria integral.

La propuesta del Colectivo PND-Migración de políticas públicas sobre migración, desarrollo y derechos humanos se entregó al presidente Enrique Peña Nieto el 11 de marzo de 2013 al inicio de los foros de consulta nacional para la elaboración del Plan Nacional de Desarrollo. Finalmente, en este sólo se incluye una pequeña parte de las propuestas, evadiendo reconocer las causas estructurales de la migración internacional masiva de mexicanos en los últimos treinta años debido en gran medida por la falta de desarrollo económico nacional en ese periodo.

Pese a la limitada inclusión de las propuestas en el Plan Nacional de Desarrollo el gobierno mexicano decide promover en 2013 mediante la colaboración de la Secretaría de Relaciones Exteriores, la Secretaría de Gobernación y las organizaciones del Colectivo Plan Nacional de Desarrollo-Migración varios foros regionales de consulta pública para construir el Programa Especial de Migración (PEM), en los cuales incluso participan en su etapa final organizaciones de migrantes de Centroamérica, buscando que en este Programa se integren y expliciten todas las propuestas sobre políticas migratorias del nuevo gobierno. Los objetivos que se plantean son los siguientes:

1. Fomentar una cultura de la legalidad y de la valoración de la migración.

2. Promover que las migraciones formen parte de las estrategias de desarrollo regional y local.

3. Impulsar una gestión migratoria eficaz, fundamentada en criterios de facilitación, corresponsabilidad internacional, seguridad fronteriza y derechos humanos.

4. Favorecer los procesos de integración y reintegración de los migrantes y sus familias a las sociedades de origen y destino.

5. Impulsar el acceso a la justicia y la seguridad de las personas migrantes, sus familias y quienes los asistan.

En el Programa Especial de Migración (PEM) se plantean diez propuestas:

1. Fortalecer la incorporación de la migración en la Agenda Global de Desarrollo. En este tema crucial se destacaba la necesidad de que el gobierno mexicano superara la contradicción de que en los foros internacionales como de Migración y Desarrollo y en espacios de las Naciones Unidas se manifestaba sobre políticas de migración articuladas con el desarrollo y los derechos humanos, mientras en los hechos seguía con políticas migratorias con enfoque se seguridad nacional.

2. Promover que los programas de desarrollo económico y social incorporen el tema migratorio para favorecer el desarrollo local. Lo que es imposible cuando se excluyen a los migrantes y sus comunidades de origen del diseño y aplicación de las políticas públicas sectoriales y regionales.

3. Fortalecer la vinculación entre las personas migrantes mexicanas y sus comunidades de origen o residencia habitual para aprovechar todo el potencial económico, social y cultural para el fortalecimiento de las comunidades transnacionales y su empoderamiento en origen y destino.

4. Impulsar esquemas de migración y movilidad internacional a favor del desarrollo y con pleno respeto a los derechos de las personas migrantes.

5. Diseñar e impulsar acciones para la integración económica, social, cultural y política de las personas migrantes y sus familias.

6. Facilitar y promover el desarrollo educativo de las personas migrantes y sus familias, para favorecer su integración y desarrollo personal.

7. Reducir el costo y promover el aprovechamiento productivo de las remesas de las personas migrantes para el desarrollo local y regional.

8. Facilitar y promover la salud integral con criterios diferenciados para las personas migrantes y sus familias.

9. Promover la inserción laboral de las personas migrantes a partir del reconocimiento efectivo de sus derechos, capacidades, habilidades y perfiles diferenciados.

10. Revisar y fortalecer los esquemas para el reconocimiento de los derechos y garantías laborales de los migrantes.

Pese a que el PEM es publicado en el Diario Oficial de la Federación el 30 de abril de 2013 con la firma presidencial y de 12 secretarios de Estado, presenta dos enormes limitaciones: la ausencia de una visión integral y transversal de políticas de desarrollo económico migración y derechos humanos para poder incidir en las causas estructurales de los movimientos de población y el carácter no vinculante del Programa. Sin obligatoriedad de aplicación federal y estatal, ni de respaldo presupuestal y técnico necesario. El desdén gubernamental se expresa a nivel presupuestal en 2015 cuando se asignan al PEM 50 millones de pesos, año en que los migrantes mexicanos enviaron a su país 26 mil millones de dólares de remesas familiares.

Paradójicamente frente a la marginalidad del tema migratorio en la agenda del gobierno mexicano, durante la reunión de Diálogo del Alto Nivel sobre Migración en las Naciones Unidas en octubre 2013, de los 34 puntos de su declaración final, seis fueron aportes de las organizaciones migrantes y de la sociedad civil mexicana:

1. Reconocer la importancia de la migración internacional en el desarrollo de los países de origen, tránsito y destino, razón por la cual se requieren políticas integrales y coherentes que integren las dimensiones económicas, sociales, ambientales y de derechos humanos.

2. Reconocer el aporte de los migrantes y de las migraciones al desarrollo d ellos países de origen, tránsito y destino, así como las complejas relaciones entre migración y desarrollo que obligan al diseño de políticas públicas que reconozcan su peculiaridad.

3. Integrar un enfoque de derechos humanos en las políticas de migración y desarrollo modificando los marcos normativos y el funcionamiento de las instituciones responsables de las nuevas políticas públicas.

4. Se propone que todos los países de origen, tránsito y destino asuman el compromiso del diseño y aplicación de las nuevas políticas públicas sobre migración, desarrollo y derechos humanos.

5. Se propone que todos los países colaboren en resolver el reto de las

migraciones irregulares para construir una estrategia conjunta que permita establecer estrategias que garanticen migraciones regulares, ordenadas y seguras.

6. Se ratifica la necesidad de promover y proteger los derechos humanos y las libertades fundamentales de todas las personas migrantes, en particular, niños y mujeres, con un enfoque integral, la cooperación y corresponsabilidad internacional.

Al final de la elaboración del PEM, pese a sus dos limitaciones centrales, considerábamos que las organizaciones migrantes y de la sociedad civil, por lo menos habíamos obtenido tres productos muy valiosos (García Zamora, 2019:107): una amplia alianza de redes de organizaciones sociales transnacionales; una Agenda Transnacional compartida, con visión estratégica de desarrollo integral, migración y seguridad humana, y un proceso de creciente aprendizaje, colaboración y apoyo transnacional entre las organizaciones sociales y las comunidades de origen y destino de los migrantes con múltiples aliados. Los integrantes del Colectivo PND-Migración, incrementado con varias organizaciones sociales de Centroamérica y Estados Unidos, deciden cambiar el nombre a Colectivo Migraciones para las Américas (COMPA) y continúan con sus actividades en defensa y protección de los migrantes, estrategias de incidencia ante el gobierno mexicano, estudios e investigaciones sobre las tendencias migratorias en la región y en el diseño de propuestas de política pública migratoria con enfoque de derechos humanos.

Al término del gobierno de Peña Nieto en 2018, pese a las diferentes propuestas de las organizaciones migrantes y de la sociedad civil para la elaboración de políticas públicas sobre desarrollo, migración y derechos humanos, muchas de las cuales se incluyeron en el Programa Especial de Migración en abril de 2014 con las limitaciones señaladas, se avanza muy poco y en ese contexto México se encuentra hoy con cinco dimensiones migratorias como país de origen, tránsito, destino, retorno y desplazamientos internos ante las cuales la política de seguridad nacional y asistencialismo binacional para los mexicanos en Estados Unidos resulta insuficiente y la normatividad y capacidad institucional del país es cuestionada de forma creciente.

Resalta la enorme incoherencia en la actuación del gobierno mexicano por más de cuarenta años que frente a la gran importancia y aporte de los migrantes mexicanos al funcionamiento del país y sus evidentes cinco dimensiones de flujos poblacionales no se han promovido los cambios institucionales para atenderlas de forma adecuada con las políticas públicas respectivas. Pese a la existencia en 2019 de 38.8 millones de personas mexicanas en Estados Unidos, 12.4 millones de mexicanos que radican permanentemente en ese país, entre los que se encuentran 5.9 millones de migrantes mexicanos indocumentados con 640 mil "dreamers", que en su conjunto transfirieron a México en ese año 36 mil millones de dólares en remesas familiares, el flujo financiero más grande proveniente del exterior se sigue sin incluir las migraciones en sus cinco dimensiones como prioridad en la agenda nacional (Gráfica 1).

Frente al aporte de los migrantes mexicanos al desarrollo nacional y regional del país y el mayor protagonismo de los flujos de población de retorno de Estados Unidos y de transmigrantes de Centroamérica se sigue sin avanzar en el diseño de las políticas públicas que se requiere para avanzar en el manejo regular, ordenado y seguro de los mismos como se propone en los foros internacionales en los últimos años. Desafortunadamente, persiste una política de seguridad nacional hacia los migrantes en tránsito por México, una política asistencialista y corporativa hacia las organizaciones migrantes mexicanas en Estados Unidos, apoyos escasos y fragmentarios a los migrantes mexicanos retornados y abandono de los más de 40 mil desplazados por violencias criminales y megaproyectos en el país. Tristemente, el gobierno mexicano actúa como la policía migratoria de Estados Unidos para frenar la migración de Centroamérica a partir de los compromisos del Plan Mérida. De esta manera, desde 2016, con el proceso electoral presidencial en Estados Unidos, Donald Trump inicia su guerra económica y política contra México y Centroamérica, colocando a los migrantes mexicanos, las fronteras y sus exportaciones como un peligro para la seguridad nacional de su país. Ante lo cual el gobierno de México no ha sido capaz de diseñar una propuesta de corresponsabilidad de los flujos migratorios regionales entre Estados Unidos, México y Centroamérica bajo una estrategia de desarrollo económico integral y con enfoque de derechos humanos. El gobierno mexicano se subordinó a la campaña electoral de Trump y ya como presidente en funciones a aceptar la modificación del Tratado de Libre Comercio de acuerdo a sus dictados y a enfrentar una caída radical en la emigración de mexicanos (80%), el retorno creciente, el drama de miles de menores detenidos en Estados Unidos, la separación de miles de familias, la amenaza de deportación masiva de "dreamers" y las sanciones a las exportaciones mexicanas.

El tema de las migraciones internacionales fue un tema marginal durante el proceso electoral por la presidencia de México en 2018 y cuando se realizó en Tijuana, Baja California, un debate entre los candidatos sobre esa problemática llamó la atención el escaso conocimiento estructural de los flujos de población en México y la región, la visión funcionalista de los candidatos de derecha de aceptar las migraciones como un fenómeno económico y social positivo y en el caso del ahora presidente de México, Manuel Andrés López Obrador, destacan cuatro pronunciamientos generales progresistas, pero, que luego de 9 meses no han pasado de ese nivel: respeto y colaboración con Estados Unidos; la gente emigra por necesidad y hay que promover el desarrollo para que se quede en sus regiones de origen y ejerza su derecho a no emigrar; hay que promover grandes proyectos de desarrollo en el Sur de México (Tren Maya, Tren del Istmo de Tehuantepec) y en la Frontera Norte y promover un Plan "Marshall" para Centroamérica con 30 mil millones de dólares aportados por Estados Unidos,

Canadá, México y los países de aquella región. De los cuatro planteamientos, sólo el primero ha estado funcionando, pero, más que una colaboración binacional o multinacional para la gestión internacional de los flujos migratorios con enfoque de derechos humanos. México se ha plegado a todas las decisiones del gobierno del Norte en términos de deportaciones, encarcelamiento de menores, separación de familias mexicanas en Estados Unidos, mayor vigilancia de los migrantes en Frontera Sur de México, presión para mayores deportaciones de Centroamericanos y aceptación de nuestro país como "tercer país seguro", que acepte a todos los migrantes que habiendo iniciado un proceso de asilo político o refugio son expulsados de ese país hasta que se resuelva su solicitud en el sistema legal norteamericano.

Gráfica 1. Stock de inmigrantes mexicanos en Estados Unidos, 2000-2019

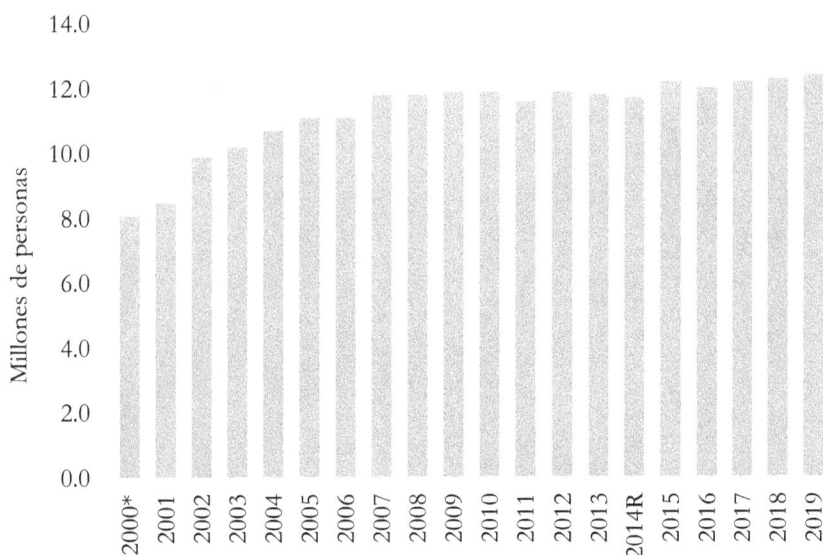

*9.3 millones en 2000 con datos censales.

Fuente: Estimación propia con base en U.S. Census Bureau, Current Population Survey (CPS) 2000-2019.

En los meses de octubre y noviembre de 2018 justo cuando está por terminar el gobierno de Peña Nieto se anuncian y se llevan a cabo tres grandes movilizaciones de migrantes centroamericanos indocumentados por México para llegar a la frontera de Estados Unidos con el objetivo de buscar asilo político como medida desesperada ante la enorme violencia económica y criminal que ha azotado la región durante más de veinte años y la aparente noticia de que eran los últimos meses en que si llegaban los migrantes con hijos pequeños podrían recibir tal refugio. El momento político de cambio presidencial en México, el momento político de cuestionamiento creciente en

Estados Unidos hacia Trump y una mayor beligerancia de este hacia los migrantes y mayores tensiones políticas y económicas fundamentalmente en Honduras, Guatemala y en menor medida en El Salvador explica los montos de las llamadas "caravanas migrantes". En conjunto más de 10 mil personas y los impactos en términos de cuestionar todo el modelo económico en la región, la capacidad institucional y de colaboración internacional para la gestión de esos flujos y una guerra de narrativas entre todos los actores nacionales e internacionales vinculados con esos flujos de transmigrantes.

Gráfica 2. Stock de migrantes de retorno de 5 años y más que residían 5 años antes en otro país. 1990, 2000, 2010 y 2015 (residencia previa en otro país en 1985, 1995, 2005 y en 2010)

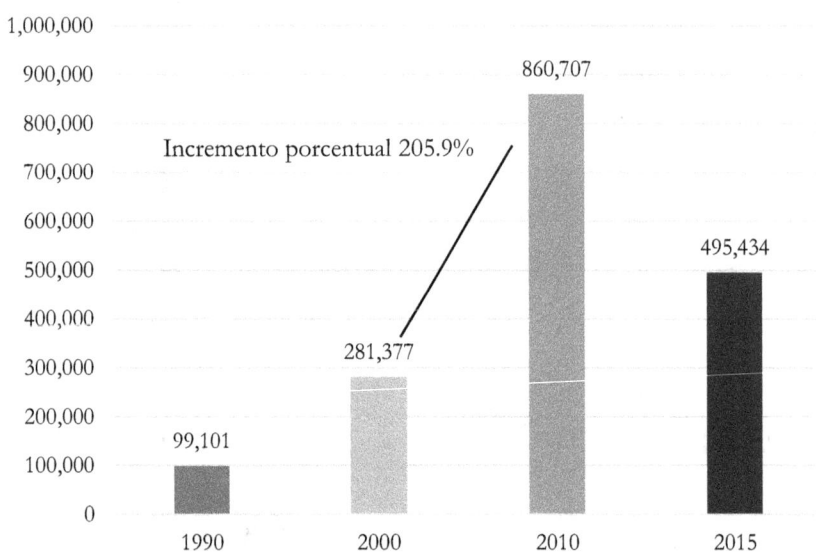

Fuente: Estimación de los autores con base INEGI, datos censales y estimaciones con base en la Encuesta censos Intercensal 2015.

Jorge Durand en su trabajo "Crisis migratoria, humanitaria, política y mediática" (8 noviembre 2018) señala como la narrativa del Gobierno de Honduras hacia sus migrantes es que se trata de un asunto de política interna y se utiliza ideológicamente en su contra por sus enemigos políticos. Argumento que choca con la explicación generalizada de los migrantes de ese país que ubican la pobreza y las violencias como las causas fundamentales de su éxodo. Desde Estados Unidos, sus altos funcionarios como Michael Pence, señalan que esos flujos son estrategias izquierdistas financiadas por Venezuela para desafiarlo y atentar contra sus fronteras. El mismo Donald Trump expresa que si México no para las caravanas no habrá TLCAN II, y presiona para que acepte actuar como "tercer país seguro" de los migrantes deportados en proceso de solicitud de trámites de asilo político. En el caso de los países Centroamericanos los amenaza con quitarles la ayuda financiera si no frenan tales flujos migratorios. El gobierno mexicano saliente asume una actitud legalista de que los inmigrantes deberán solicitar una visa de ingreso temporal en los Consulados mexicanos respectivos bajo el fallido programa "Estas en tu casa", que es marginado ante la definición presidencial de permitir el libre y caótico acceso de las caravanas poniendo en jaque a los municipios y gobiernos estatales por donde pasan sus integrantes ante la escasa y tardía coordinación con el gobierno nacional saliente y el entrante.

Cuadro 1. Migrantes centroamericanos devueltos por las autoridades migratorias, 2009-2016, según tipo de autoridad migratoria

	Autoridades migratorias mexicanas, 2009-2016			Autoridades migratorias estadounidenses, 2009-2016		
	Total	Hombres	Mujeres	Total	Hombres	Mujeres
2009	60,941	51,729	9,212	79,409	68,828	10,581
2010	60,696	52,647	8,049	74,662	67,281	7,381
2011	55,790	48,714	7,076	68,923	63,881	5,042
2012	73,065	64,259	8,806	91,533	85,023	6,510
2013	71,721	60,592	11,129	100,717	90,659	10,058
2014	90,780	72,144	18,636	114,333	97,535	16,798
2015	131,665	103,525	28,140	70,662	61,210	9,452
2016	113,515	87,817	25,697	78,169	68,498	9,671

Fuente: Elaboración de los autores con base en datos de El Colegio de la Frontera Norte, Secretaría del Trabajo y Previsión Social, Consejo Nacional de Población, Unidad de Política Migratoria, Secretaría de Relaciones Exteriores, Consejo Nacional para Prevenir la Discriminación, Secretaría de Desarrollo Social, Encuesta sobre Migración en la Frontera Norte de México.

El discurso de López Obrador como presidente entrante de México es retomar sus propuestas de diálogo y colaboración respetuosa con Estados Unidos, poniendo como ejemplo los avances en el TLCAN II, llamado Tratado de Libre Comercio México, Estados Unidos y Canadá (T-MEC) después de más de un año de estancamiento y la promoción de los megaproyectos económicos en el Sur del país, mediante los cuales según él, se podrá generar suficientes empleos para mexicanos y migrantes temporales de Centroamérica.

Jorge Durand, en el trabajo referido, señala que este éxodo migrante representa un nuevo patrón migratorio de Centroamérica caracterizado por: migración masiva, en varias caravanas; visible y mediática; componente muy importante de niños, jóvenes y familias como nuevo patrón migratorio; espontáneo y organizado, con redes sociales y voceros. Todos esos rasgos son según Durand reflejo de una profunda crisis económica, social, política, institucional y de sobrevivencia en Centroamérica, especialmente en Honduras, Guatemala y El Salvador, por ello su caracterización de crisis humanitaria, política, migratoria y mediática. Los cuales cuestionan las estructuras económicas, sociales e institucionales de toda la región, incluido Estados

Unidos y sus diversas formas de intervención en la misma como causa de tales flujos migratorios y los efectos que tendrá sobre el sistema migratorio en su conjunto y en particular que impactos tendrán en las políticas del nuevo gobierno mexicano que reitera la oferta de colaboración y respeto con el gobierno de Estados Unidos, mientras este endurece sus acciones contra todos los migrantes y su discurso y estrategia en contra de las exportaciones mexicanas, sus migrantes y a favor de la construcción del muro en la frontera norte.

Para Jorge Santibáñez Romellón (LJ 28 noviembre 2018) la presencia de las caravanas migrantes en México ha demostrado la incapacidad del gobierno mexicano para negociar con Estados Unidos y el presidente Trump. Él señala como durante su paso por el país la caravana ha generado reacciones contradictorias de apoyo y de rechazo y en Estados Unidos, Trump la ha aprovechado para atacar a los demócratas por su falta de apoyo a la construcción del muro y medidas extremas contra los migrantes. En ese contexto señala que sería ideal la colaboración entre ambos países para una gestión migratoria conjunta de los flujos migratorios con un enfoque de derechos humanos, pero, lamenta que el gobierno mexicano ha aceptado unilateralmente recibir a todos los migrantes centroamericanos expulsados de aquel país mientras se procesa su solicitud de asilo político. Plantea que México perdió la oportunidad de negociar los fondos para asumir los gastos de ese nuevo flujo de retorno de Estados Unidos obligado a regresar a nuestro país, negociar fondos para el desarrollo de las zonas fronterizas donde se asientan esos nuevos "retornados" y el desarrollo en sus países de origen y negociar la regularización definitiva de más de dos millones de "dreamers" amenazados con su expulsión. Santibáñez plantea que hay enormes espacios de oportunidad para hacer mejor las cosas en el campo de la gestión de los flujos migratorios entre ambos países.

El 5 de diciembre, Jorge Santibáñez (La Jornada) en su trabajo "López Obrador y la migración centroamericana" critica lo débil y superficial del acuerdo internacional firmado por el nuevo gobierno mexicano con Honduras, Guatemala y El Salvador para promover un Plan de Desarrollo Regional que promueva el crecimiento económico, el empleo e incida en las causas estructurales de la migración. Santibáñez señala tres limitaciones centrales de dicho acuerdo: la grave de ausencia de Estados Unidos en dicho acuerdo, cuando es el eje del sistema migratorio regional y de muchas de las causas estructurales de los flujos migratorios; junto a la pobreza y falta de empleos las violencias e inseguridad con causa fundamental del éxodo centroamericano y no se menciona responsabilidades, un funciones y compromisos sobre ambos factores de los países de Centroamérica, y el desfase de la información migratoria de AMLO de hace diez años con los flujos mexicanos a la baja y los segundos en ascenso constante. Desconocimiento ratificado en el discurso de toma de posesión de AMLO como presidente de México cuando señala que en

Estados Unidos hay 24 millones de mexicanos, cuando es pública la cifra de 36 millones de mexicanos en ese país; 12 millones nacidos en México y 24 millones estadounidenses de origen mexicano. Con prudencia, Santibáñez señala que es apenas el inicio del nuevo gobierno. Concedamos el beneficio de la duda y sobre todo contribuyamos para que en el desgarrador proceso de salida de los países del llamado Triángulo del Norte, México, juegue un liderazgo positivo para los centroamericanos y no sólo para sus gobernantes.

Como indicamos antes, desde la campaña presidencial, AMLO reiteraba la necesidad de un gran plan de desarrollo económico para Centroamérica para incidir en las causas estructurales de la migración internacional de pobreza y ausencia de empleo, con financiamiento de Estados Unidos, México, Canadá y los países de esa región. El problema radica en que no existe ninguna propuesta equivalente para las zonas de alta migración internacional de México, pese a proyectos diversos de organizaciones sociales, migrantes y de académicos en los últimos veinte años, no existe ningún proyecto concreto para la región mencionada, no hay ningún compromiso de financiamiento para ese objetivo y en el acuerdo mencionado se excluye al país más importante del sistema migratorio regional.

Al inicio de 2019 un nuevo flujo migratorio de Centroamérica anuncia y realiza su ingreso a México con López Obrador al frente del nuevo gobierno y con cuatro rasgos diferentes respecto a la experiencia previa de los flujos de octubre y noviembre: el nombramiento del Dr. Tonatiuh Guillen, distinguido investigador social al frente del Instituto Nacional de Migración que anuncia una reorientación de ese Instituto de la visión de seguridad pública hacia la gestión migratoria con enfoque de derechos humanos, el ingreso regulado y ordenado al país mediante el otorgamiento de una visa temporal a cerca de 13 mil migrantes y el esfuerzo de colaboración de los tres niveles de gobierno, ayuntamientos, gobiernos estatales y gobierno federal para acompañar de mejor manera institucional a ese flujo durante su tránsito hacia la frontera norte, y el menor respaldo popular que tuvo este flujo respecto a los anteriores. La mayor parte de este flujo llega a Piedras Negra, Coahuila, y ante el muy limitado acceso a los trámites de asilo político en Estados Unidos, su permanencia en la frontera norte de México se convierte en un factor de tensión institucional entre los gobiernos locales y el gobierno federal y obliga a que el nuevo gobierno acelere la lucha contra la corrupción en el Instituto Nacional de Migración y anuncie cambios normativos e institucionales para hacer frente a la gestión de ese flujo, su estancia y demandas de empleo y servicios sociales en México y las nuevas y crecientes solicitudes de ingreso de transmigrantes en la frontera sur.

Al igual que las caravanas de los meses previos, la de inicios de 2019 generó la reactivación discursiva de Trump en Estados Unidos como un nuevo peligro para las fronteras y la seguridad de su país para fortalecer su lucha en el Congreso por mayores fondos para la construcción del muro y lanzar la campaña para su reelección en 2020. A nivel de México se destaca la capacidad de colaboración nuevamente de diversas organizaciones de la sociedad civil de las diferentes regiones del país por donde paso la caravana con dependencias gubernamentales, en particular, con el nuevo gobierno de la Ciudad de México y el reclamo de los gobiernos estatales de la frontera norte de falta de apoyo financiero y técnico del gobierno federal para poder enfrentar la llegada y estancia de los trece mil integrantes de la caravana 2019.

A nivel del gobierno federal, ante las declaraciones del presidente de Estados Unidos y frente a las reacciones en México de los flujos transmigrantes de 2019, los secretarios de Relaciones Exteriores Marcelo Ebrad y de Gobernación Olga Sánchez Cordero expresan (El Universal, 18,12, 2018) que México cuenta con una nueva política migratoria que se basa en una estrategia de no contención y respeto de los derechos humanos. El subsecretario de Gobernación, Alejandro Encinas, señala que la política migratoria es de Estado y responde estrictamente a los intereses de México "Vamos a hacer nuestra propia política migratoria: ordenada, regulada y segura, en pleno ejercicio de soberanía de nuestro país". Los primeros dos funcionarios expresaron que en México se terminará con la política de criminalización al migrante y se hará una reestructura "desde sus entrañas" al Instituto Nacional de Migración para que cambie esta visión. La política migratoria del nuevo gobierno, según, ambos funcionarios, estará regida por dos ejes: el respeto y la promoción de los derechos humanos y el desarrollo social y económico en las regiones que los expulsan, además de que se trabajará de forma estrecha con la sociedad civil. Olga Sánchez destacó el nuevo diálogo que se está dando con los países de Centroamérica en temas migratorios y la renovación de las relaciones con Estados Unidos, con quien por primera vez en la historia se llega a un acuerdo que abarque las causas de la migración y no sólo políticas de contención de este fenómeno.

El 13 de marzo el secretario de Relaciones Exteriores, Marcelo Ebrard, anuncia el decálogo para apoyo a migrantes mexicanos en Estados Unidos, que busca empoderar a la comunidad mexicana y la ampliación de programas de educación, salud y deportes (La Jornada, 28 de febrero, 2019). En general, se trata de medidas que buscan mayor información sobre los programas del gobierno mexicano hacia los migrantes, mayor colaboración entre las propias dependencias del gobierno, mejorar el funcionamiento de esas dependencias en el exterior con mayor eficiencia y enfoque de derechos humanos, aumentar la defensa legal de los migrantes mexicano en el exterior y fortalecer la cultura nacional. Prácticamente, no hay nada nuevo, tampoco acciones concretas hacia la enorme comunidad en Estados Unidos y menos, el anuncio de mayores recursos humanos, técnicos y financieros que posibiliten esos diez objetivos.

El 28 de febrero en Washington, Olga Sánchez Cordero, secretaria de Gobernación, en la Conferencia Una Nueva Política Migratoria para una Nueva Era, ratifica la nueva visión de la política migratoria del gobierno mexicano, que reconoce que las causas de las migraciones son la necesidad, la pobreza, la falta de empleo y las violencias y ello implica incidir en sus causas estructurales y garantizar una gestión migratoria en la región con enfoque de derechos humanos. Bajo esa nueva visión se erradica la estigmatización hacia los migrantes de Centroamérica como delincuentes, ya que sólo el 1% tiene antecedentes penales. Pero, si es necesario reconocer que el monto actual de inmigrantes se puede duplicar a 700 mil migrantes irregulares anuales por la frontera Sur de México, con 370 puntos de ingreso irregular, que reflejan una auténtica catástrofe humanitaria en la región que no puede resolverse sólo con la política migratoria de un país y requiere del apoyo logístico y financiero internacional, como sucede en los campos de refugiados construidos en Turquía y Líbano, sin olvidar la degradación de las condiciones de vida de quienes viven en esas instalaciones construidas de forma emergente (La Jornada, 1 marzo, 2019).

Sánchez Cordero resaltó en su gira en Washington ante la Secretaria de Seguridad Nacional de Estados Unidos, Kirjsten Nielsen, funcionarios del Banco Interamericano de Desarrollo e investigadores del Instituto de Política Migratoria, que México no es la "causa" del incremento migratorio de centroamericanos hacia aquella nación y, al contrario, busca ser parte de la solución a partir de promover una migración ordenada y segura, con base en el respeto a los derechos humanos de los extranjeros mediante una nueva política migratoria que no trata de contener, detener y deportar, sino registrar y regular el flujo de personas con el respeto de los derechos humanos como eje.

Desde el verano de 2018, una vez que las elecciones presidenciales de forma abrumadora dieron el triunfo a MORENA y López Obrador como responsables del gobierno mexicano, diversas organizaciones de la sociedad civil integrantes del Colectivo Migraciones para las Américas (COMPA) que durante más de diez años han estado trabajando en apoyo y defensa de múltiples sectores de migrantes en México y en el diseño de políticas migratorias con enfoque de derechos humanos, desarrollo, migración, cambio institucional y temas afines, incrementan sus convocatorias y reuniones de trabajo con diversas organizaciones y sectores para colaborar en el diseño de un nuevo marco normativo para los flujos de movilidad poblacional en México y nuevas políticas migratorias, integrales, transversales, de Estado y con enfoque de derechos humanos. Dentro de estas organizaciones destaca el Grupo de Trabajo sobre Política Migratoria (GTPM) que promueve diversas acciones con el Poder Legislativo, con múltiples organizaciones sociales, de migrantes, organizaciones religiosas y académicas para colaborar en la construcción de las propuestas antes mencionadas, el GTPM en febrero 2019 da a conocer su propuesta "Hacia una política migratoria de respeto a los derechos humanos en México", en la cual expresa que a pesar de los avances en marcos normativos y políticas públicas sobre derechos humanos y migración, como fue la Reforma Constitucional en materia de Derechos Humanos y la promulgación de la Ley de Migración y la Ley sobre Refugiados, Protección Complementaria y Asilo Político y sus respectivos reglamentos, aún existen dos retos centrales en su aplicación(p.64).

Por un lado, la política migratoria en México debe plantear marcos normativos y políticas públicas con perspectiva de seguridad humana que garanticen los derechos humanos de las personas en diferentes contextos de movilidad y de sus familiares. Entre otras cosas, eliminando la detención de personas migrantes en estaciones migratorias como práctica generalizada, así como la deportación expedita sin la evaluación individual de cada caso que permita identificar necesidades de protección debido a las circunstancias por las que las personas emigraron o la ponderación de los derechos sociales como el derecho humano al trabajo, la seguridad social, salud, vivienda entre otros.

Por otro lado, cada Secretaría de Estado y entidad en los tres niveles de gobierno deberá cumplir con su mandato de respeto a los Derechos Humanos de las personas migrantes partiendo del principio de no discriminación, y el Instituto Nacional de Migración (INM) debería ser una entidad que opere los procedimientos administrativos de manera eficiente y con apego irrestricto a los derechos humanos. En términos generales, esto significa para el GTPM, lo siguiente:

1. Diseñar y poner en marcha una Política de Estado, que apueste a la seguridad humana, asegurando la parte programática que permita contribuir a garantizar el goce efectivo de los derechos humanos de personas en contextos de migración internacional en México.

2. Armonizar el marco normativo en México a nivel federal y estatal, bajo los más altos estándares de protección de derechos humanos, tomando en cuenta diversas recomendaciones de órganos de las Naciones Unidas y el Sistema Interamericano de Derechos Humanos.

3. Diseñar de la mano con la sociedad civil, agencias de Naciones Unidas y Organismos Públicos de Derechos Humanos, mecanismos de rendición de cuentas, participación ciudadana y transparencia.

4. Garantizar el acceso a la justicia a personas víctimas de delitos y de violaciones a derechos humanos y el establecimiento de garantías de no repetición.

Durante el mes de febrero 2019, aparece una muy importante propuesta de política migratoria para el nuevo gobierno mexicano de parte de numerosas organizaciones civiles integrantes del Grupo de Trabajo sobre Política Migratoria (GTPM), que como indicamos antes, tienen más de diez años trabajando los temas de migración internacional, protección, derechos humanos y otros inicialmente bajo el nombre de COMPA. Dicha propuesta elaborada por Karina Arias, Rodolfo Córdoba y Alexandra Delano, con el título "Personas migrantes y refugiadas como prioridad para el Gobierno: un Sistema Integral para Personas en Movilidad en México, en su primera parte de Contexto resalta las múltiples causas estructurales de la migración, las cuatro dimensiones migratorias de México de origen, tránsito, destino y retorno (no incluyen los desplazamientos internos), la falta de voluntad política del gobierno mexicano por más de cuatro décadas para construir un verdadero Sistema, desde el ejecutivo federal, para que coordine de forma transversal con todas las dependencias y niveles de gobierno las nuevas políticas migratorias que se requieren para responder adecuadamente a las diferentes dimensiones de ese fenómeno en el país hoy.

Bajo los señalamientos anteriores, los autores (p. 1) plantean el reto de que México se posicione a nivel mundial con cambios institucionales en políticas migratorias relevantes de acuerdo a las propuestas de avanzada que se han planteado en los diferentes foros mundiales sobre el tema con una visión integral, transversal y de largo plazo. Este cambio institucional coincide con los señalamientos del nuevo presidente de México, Andrés López Obrador, de diseñar políticas de cambio estructural, de desarrollo integral, que incidan en las causas de fondo de la migración y que hagan viable a mediano plazo el derecho a no emigrar o hacerlo como alternativa y no como necesidad, como sucede hasta ahora.

Los autores del documento referido proponen una nueva visión migratoria con los siguientes rasgos (p.2): integralidad, derechos humanos, género, transversalidad, justicia, desarrollo sustentable, cultura de inclusión, hospitalidad y apertura intersectorial; transnacional y regional; transexenal. Para hacer viable su propuesta, ellos plantean la creación de una estructura de coordinación de alto nivel institucional llamada Sistema Integral para Personas en Movilidad (SIPM), que articule todas las dependencias del gobierno mexicano, los Poderes de la Unión con un Consejo multiactor a nivel de Estado en materia de Movilidad Humana, con las siguientes características:

1. El sistema debe ser convocado desde la Oficina de la Presidencia de la República. El presidente estaría al frente del Consejo de Estado multiactor, cuya Secretaría Técnica este a cargo de la Unidad de Política Migratoria (UPM), ahora ubicada en la Subsecretaria de Población, Migración y Asuntos Religiosos, de la Secretaria de Gobernación, pasando a la Oficina de la Presidencia, elevando sus capacidades y mandato.

2. Lo anterior permite construir y establecer un nuevo Programa Nacional de Movilidad humana con la participación de todos los actores institucionales y de la sociedad civil transnacional vinculados con la movilidad humana en México bajo sus diferentes dimensiones.

3. El Sistema debe contar con un Consejo de Estado multiactor en movilidad humana que retomaría el Consejo Consultivo de Política Migratoria ubicado hasta ahora en la Secretaria de Gobernación, ampliado con nuevos actores, propuestas y potenciales. Este Consejo de hecho se propone como el verdadero motor articulador, promotor y coordinador en la materialización de la nueva política de movilidad

humana, al cual le asignan ocho funciones estratégicas de vinculación permanente con los organismos internacionales de migración y derechos humanos, la negociación de acuerdos internacionales sobre movilidad laboral con derechos plenos, la promoción de cambios normativos, creación del sistema de desempeño y evaluación presupuestal, la articulación permanente con las Secretarias del gobierno mexicano, la CONAGO y la CONOFAM.

4. Es necesario realizar cambios puntuales en la estructura institucional actual y las funciones que desempeñan instancias como la Unidad de Política Migratoria, el Consejo Nacional de Población, el cambio de la Comisión de Ayuda a Refugiados (COMAR) a Instituto Mexicano de Ayuda a Refugiados (IMAR), el Instituto Nacional de Migración. Se propone, además, modificar funciones en los Oficiales de Protección a la Infancia, quedando a cargo de la Procuraduría Federal para tal fin; el Programa Paisano se ubica en la Dirección General de Protección a los Mexicanos en el Exterior de la Secretaría de Relaciones Exteriores y los Grupos Beta se propone sean incluidos como un programa de Protección Civil. Se plantea que tanto el INAMI como el IMAR dependan de la Subsecretaría de Población, Migración y Asuntos Religiosos de la Secretaria de Gobernación.

En el documento señalado, Arias, Córdoba y Delano (p.4), proponen 19 acciones prioritarias para los primeros 120 días al expresar que el Consejo de Estado multiactor impulsaría a través del Sistema acciones y reformas institucionales y normativas por sector y dependencia de conformidad con la nueva visión migratoria, comenzando en los primeros 100 días de gobierno, que responda a cada una de las dimensiones migratorias de México. Queda claro a cualquier lector de esta muy importante propuesta de política pública sobre movilidad humana en México, que específicamente sus acciones de los primeros 100 días deben ubicarse en los tiempos de que el nuevo gobierno mexicano lleva dos meses en funciones cuando esta propuesta se hace pública, que existe un gran debate y lucha política nacional, en los foros públicos, el Congreso y el Senado sobre la problemática actual de México, sobre el modelo de país ,de instituciones, de políticas gubernamentales aplicado durante 40 años: la lucha por el futuro de México. Esta lucha se expresó desde diciembre pasado con el debate presupuestal para 2019, la "guerra" contra el robo masivo de petróleo, las pugnas con el Poder Judicial por las enormes percepciones, el debate sobre la guerra contra crimen de más de 12 años y la creación de la Gendarmería en el país. Todo este proceso en los tiempos políticos reales del país, complejizado por las presiones de las calificadoras financieras internacionales sobre su baja evaluación del crecimiento económico del país en 2019 y 2020 ubicándolo entre 0.5 y 1% y la narrativa de ellas en contra de la inversión pública en el rescate de la industria petrolera y eléctrica del país, que de hecho, significa un condicionamiento de los grandes inversionistas privados, nacionales y extranjeros, de apoyar los megaproyectos regionales del nuevo gobierno a no cambiar la política macroeconómica de austeridad, bajo crecimiento y a favor del capital financiero internacional.

Bajo el ríspido debate sobre la política macroeconómica en México para los siguientes cinco años, la crisis fiscal crónica del país por la persistencia del modelo económico de la muerte por más de 36 años y la ausencia de una reforma fiscal integral, la persistencia de las violencias y la guerra contra la industria del crimen en todo el país y la continuidad de la guerra económica, comercial, migratoria y declarativa de Trump contra México, es que debemos valorar y contextualizar las muy valiosas propuestas que hemos descrito antes y en particular las acciones para los 100 días una vez que esta propuesta pudiera ser aprobada en el Congreso mexicano, aprovechando la capacidad de generar consensos con la oposición en los próximos meses. Los autores de la propuesta explícitamente indican que las 19 acciones prioritarias propuestas para esos primeros 100 días son producto de procesos de trabajo de años de organizaciones de la sociedad y es posible implementarlas en ese periodo, para lo cual existe una ficha técnica para cada uno de ellos. Quizá por la complejidad que enfrenta el gobierno mexicano ante los poderes facticos fuera y dentro de México habría que plantearse esas acciones a dos velocidades o a dos tiempos, las que se pueden iniciar ya con las modificaciones que se están haciendo en varias dependencias del gobierno federal, que no requieren de cambios legislativos y diferir aquellas que si implican su debate y aprobación. Las acciones mencionadas para los polémicos y complejos 100 días por las razones expuestas son:

1. Incorporar en el Plan Nacional de Desarrollo 2019-2025 un Programa Nacional de Movilidad.

2. Diseñar un Plan de Acción Regional con Centroamérica desde una perspectiva de desarrollo que incluya empleo, justicia y acceso a derechos. Ese Plan debe ser construido de manera participativa y debe incluir: movilidad laboral regulada, mediante programas con corresponsabilidad y derechos plenos; flexibilizar y difundir los criterios de visado hacia Centroamérica, incluidas visas de trabajo y residencia; acceso a la justicia y protección a las víctimas del delito; cooperación regional y cooperación con organismos internacionales.

3. Responsabilidad compartida con Estados Unidos y Canadá.

4. Fortalecer sustantivamente a la Comisión Mexicana de Ayuda a Refugiados (COMAR)

5. Diseñar y publicar el protocolo para prevenir y atender la separación familiar por motivos migratorios entre México y Estados Unidos.

6. Eliminar las detenciones de niñas, niños y adolescentes en contextos de movilidad humana.

7. Garantizar el acceso a la justicia y a la verdad a personas migrantes y refugiados.

8. Revisar y modificar lineamientos y Reglas de Operación de los programas sociales para asegurar la inclusión de las personas migrantes, refugiadas y deportadas como beneficiarias de esas políticas.

9. Fortalecer el trabajo consular en materia de protección e inclusión en el exterior y territorio mexicano.

10. Crear espacios de participación directa para las comunidades en el exterior y comunidades de origen, una nueva visión y acción de las comunidades transnacionales mexicanas que requieren de un rediseño del consejo Consultivo para las Comunidades Mexicanas en el Exterior.

11. Garantizar la validez de los diferentes documentos de identidad que expiden las diferentes dependencias del gobierno mexicano.

12. Garantizar el reconocimiento de la nacionalidad mexicana.

13. Diseñar el plan de acción y etiquetar presupuesto para garantizar la digitalización de todos los actos registrados en las más de 5 mil oficialías de registro civil en el país y los consulados en el exterior.

14. Garantizar el acceso a la educación a las personas en movilidad.

15. Sobre movilidad laboral nacional e internacional, regulada y no regulada, modificar la legislación laboral pertinente para erradicar el fraude, cobros excesivos y otros abusos en el reclutamiento de trabajadoras y trabajadores.

16. Garantizar el acceso y protección plena de los derechos económicos, sociales, culturales y ambientales, así como el acceso a la justicia de la población en contextos de movilidad interna, especialmente jornaleras y jornaleros.

17. Garantizar la seguridad de las personas migrantes en México y disminuir el índice de violencia que enfrentan a lo largo de su tránsito por el territorio nacional.

18. Actualizar y fortalecer todo el marco normativo nacional que tiene que ver con la movilidad de las poblaciones por México.

19. Para hacer viable todo lo anterior fortalecer de forma constante la coordinación interinstitucional que garantice la aplicación de las nuevas políticas migratorias con respeto pleno de los derechos humanos bajo las diferentes dimensiones de movilidad humana en el país.

Finalmente, Arias, Córdoba y Delano (p.9) respecto al método de trabajo de su propuesta explicitan que ella requiere de los siguientes componentes para poder ser aplicada cabalmente:

1. Un proceso correcto, colectivo e interinstitucional, de diseño, implementación, monitoreo y evaluación.

2. Coordinación de todas las instancias de la administración pública federal, los tres niveles de gobierno y los tres Poderes de la Unión.

3. Participativo. Mediante los mecanismos adecuados que garanticen la participación de todos los sectores y todos los actores con espacios capaces de generar acuerdos y propuestas que sean vinculantes en el diseño de las políticas públicas.

4. Transparente.

5. Rendición de cuentas.

6. Marco normativo adecuado.

7. Presupuesto suficiente.

8. Contar con los sistemas de información e indicadores adecuados.

9. Con enfoque y articulación a nivel global, regional y nacional.

Conclusiones

Luego de cuarenta años, México y Centroamérica sufrieron profundas transformaciones económicas, sociales, políticas, institucionales y ambientales en gran medida a causa del atraso estructural, graves conflictos políticos internos, el establecimiento del neoliberalismo, la firma de tratados de libre comercio y desastres ambientales. Todos esos factores alteran radicalmente las economías nacionales, sus mercados internos, las estructuras gubernamentales e institucionales que se manifiesta en la destrucción de la capacidad de arraigo de sus respectivas poblaciones y provocan que las migraciones se conviertan en un nuevo rasgo estructural en la región, especialmente la migración internacional, que articula a los países crecientemente como proveedores de mano de obra barata, como receptores de montos crecientes de remesas familiares y de importaciones de todo tipo de Estados Unidos.

El proceso anterior de reinserción económica de México y Centroamérica en la economía y el mercado laboral de Estados Unidos parecía funcional para sus respectivos gobiernos y clase política quienes creían que la migración internacional y las remesas crecerían de forma permanente y nunca se preocuparon por el diseño de políticas públicas de desarrollo económico regional y sectorial, de fortalecimiento del mercado interno y la capacidad de generar empleo, para cuando dicha movilidad internacional no pudiera seguir creciendo. La crisis económica de 2007-2008 en Estados Unidos significó el "choque con el futuro" de todos los gobiernos de la región al reducirse significativamente el empleo de sus migrantes, el ingreso a ese país y las remesas familiares enviadas a sus comunidades de origen. Con esa crisis económica se endurecen las políticas antimigrantes y crecen las deportaciones y retorno de migrantes por los problemas en el mercado laboral. Esta situación se exacerba a partir de 2016 con la campaña presidencial de Donald Trump y su posterior gobierno con la lucha contra los migrantes mexicanos y latinos como su principal oferta política.

En el contexto anterior, 2018 marca un hito con la elección presidencial en México cuyo resultado significa un amplio rechazo al modelo económico y de conducción del país a favor del gran capital financiero internacional, lo que obliga al nuevo gobierno de López Obrador a plantear una nueva estrategia de desarrollo nacional que erradique la corrupción, genere empleo y bienestar y haga viable el derecho a no emigrar de la población nacional. Por su parte, las llamadas caravanas de migrantes de Centroamérica en 2018 y 2019 reflejan la profunda crisis estructural y humanitaria que ha provocado la salida masiva de la población, ante lo cual surge la posibilidad de promover un gran plan de desarrollo económico regional que pudiera revertir las causas estructurales de esos flujos migratorios forzados.

Como mostramos en este texto, desde 2010 las organizaciones de la sociedad civil en México que integran el COMPA y al Grupo de Trabajo sobre Política Migratoria han sido las principales promotoras en defensa de los derechos de todos los migrantes que salen, transitan y regresan al país y de propuestas de nuevas políticas públicas sobre migración, desarrollo y derechos humanos. Fueron sus propuestas las que permitieron que el tema apareciera por vez primera en el Plan Nacional de Desarrollo 2013-2018 y en el Programa Especial de Migración, como la propuesta más avanzada de políticas migratorias, que se aprueba en abril 2014, pero, que al no ser vinculante se convirtió en simple retorica oficial. A cuatro meses en funciones del nuevo gobierno de López Obrador, en marzo de 2019, las cinco dimensiones migratorias de México como país de origen, destino, tránsito, retorno y desplazamientos internos son fuente de conflictos crecientes por la profunda crisis de la economía mexicana y las violencias en todo el país, las agresiones económicas y políticas de Donald Trump contra el país y los flujos crecientes de migrantes de Centroamérica. Ante ello urge en México y la región el diseño y aplicación de verdaderas políticas de Estado sobre desarrollo económico regional, integral, migración y derechos humanos. Ahora, nuevamente en 2019 son las organizaciones de la sociedad civil articuladas en la red de redes sociales que es el Grupo de Trabajo sobre Política Migratoria las que están presentando ya importantes propuestas de cambios normativos e institucionales sobre movilidad humana, de políticas públicas migratorias integrales, transversales y de largo plazo que permitan gestionar los flujos migratorios de forma regular, ordenada, segura y con pleno respeto de los derechos humanos.

El nuevo gobierno de México declara reiteradamente su intención por construir y aplicar una nueva estrategia de desarrollo nacional y una nueva política migratoria con enfoque de derechos humanos y desarrollo. Sin embargo, existen fuertes opositores y limitaciones para cumplir ese compromiso como son la profunda crisis fiscal y la austeridad forzada en todo el país; la presión del gran capital financiero internacional, el Fondo Monetario y el Banco Mundial para impedir la reorientación del modelo neoliberal vigente; las presiones económicas, políticas, bélicas y migratorias de Estados Unidos que respaldan la estrategia anterior, las contradicciones del nuevo gobierno mexicano con los partidos políticos perdedores que fueron soporte de la oligarquía y del modelo de la muerte que siguen defendiendo a ultranza y las contradicciones al interior del propio Estado mexicano, no sólo en el Legislativo, sino en especial con el Poder Judicial, defensores y beneficiarios del sistema anterior que los ha llevado a confrontar permanentemente al gobierno de López Obrador.

El nuevo presidente mexicano, que ganó las elecciones el pasado 1 de julio con 30 millones de votos, al cumplir 100 días al frente del país, las encuestas le otorgan el 80% de aceptación a su gestión presidencial, es decir, 90 millones de personas. Este dato y la mayoría en el Congreso y el Senado son elementos estratégicos para avanzar con firmeza y prudencia en la nueva estrategia de desarrollo económico nacional y la aplicación de una política de Estado sobre migración y derechos humanos que progresivamente y con corresponsabilidad de los propios gobiernos de Centroamérica se pueda construir y aplicar en sus propias condiciones nacionales, reconociendo que todos formamos parte del Sistema Migratorio de Centroamérica y México hacia Estados Unidos y Canadá y que colectivamente de forma corresponsable debemos redefinir nuestras múltiples relaciones con ellos de aspectos migratorios, económicos, sociales y energética en una visión de 2020 2050.

Específicamente en el caso de México, ante la riqueza de las propuestas de políticas migratorias y las presiones y problemas que representan para la gobernabilidad del país las cinco dimensiones migratorias se puede definir una estrategia de dos velocidades: avanzar en acciones y propuestas concretas que está haciendo ya el gobierno en colaboración con múltiples organizaciones de la sociedad civil en frontera sur, frontera norte y zonas de tránsito y retorno migrante, así como en la emergente colaboración con algunos gobiernos estatales y la lucha contra la corrupción en las diferentes instituciones vinculadas con la migración y, por otra parte, promover toda una estrategia de incidencia y cabildeo en el Congreso y el Senado para promover los cambios normativos, modificaciones institucionales federales y nuevos presupuestos, que posibiliten la construcción de la nueva institucionalidad para el desarrollo económico integral del país, coherente con la creación de una nueva arquitectura institucional para la aplicación de políticas de movilidad humana, integrales, transversales y de largo plazo con enfoque de derechos humanos.

CAPÍTULO 5

MÉXICO. CRISIS ECONÓMICA Y CRISIS MIGRATORIA AL INICIO DEL NUEVO GOBIERNO DE LÓPEZ OBRADOR 2018-2024

La crisis económica mexicana en 2018

Desde 1982 y hasta 2018, el grupo dirigente de la burocracia mexicana neoliberal plantea fallidamente tres propuestas de modernización económica, basadas en los mecanismos del mercado, la privatización y la apertura del mercado nacional, en 1982 con el establecimiento del modelo neoliberal mismo; en el periodo 1988-1994 con la firma del Tratado de Libre Comercio (TLC) con Estados Unidos y Canadá y en 2012 con las reformas estructurales en los sectores energéticos, de telecomunicaciones y de todo el territorio nacional. En una perspectiva de 36 años con el grupo neoliberal al frente del país, con la aplicación de su política de austeridad fiscal, de apertura acelerada, privatizaciones obscuras, reducción del mercado interno y de los salarios, el resultado ha sido la muerte de la estructura productiva nacional, de sectores estratégicos de la manufactura, del campo, del empleo y del bienestar de la población.

Se ha perdido el control de la economía nacional, del diseño de políticas públicas y del control de la moneda y del crédito al privilegiar una política macroeconómica a favor de los intereses de las grandes corporaciones exportadoras y del capital especulativo. Se trata de un modelo de la muerte que aniquila la economía nacional, el mercado interno, las cadenas productivas regionales, el empleo, la cohesión social y la independencia del país. Así, se va convirtiendo crecientemente a México en una fábrica de pobres y migrantes que por las violencias económicas estructurales son obligados a huir a Estados Unidos de forma creciente como lo muestran 12.4 millones de migrantes mexicanos que emigraron a aquel país de 1980 a 2019 (García Zamora, 2019:9).

En el contexto anterior, Eduardo Vega (2018:12) plantea la urgencia de un cambio de rumbo en el funcionamiento de la economía nacional; resalta tres rasgos característicos de los últimos 35 años como prioridades de la política económica seguida por los gobiernos sucesivos: el estricto control de la inflación, la búsqueda deliberada del superávit en el balance primario de las finanzas públicas, y la disminución del cociente de la deuda sobre el producto interno bruto; ello bajo la influencia de poderosas presiones externas e internas, en un contexto de profundos cambios estructurales de apertura comercial, liberalización financiera y privatización económica aunado a una crítica permanente contra toda intervención pública en la vida económica nacional.

Desde el inicio del siglo XXI, la economía mexicana ha registrado bajos niveles de inflación (alrededor de 4% de crecimiento anual), superávit primario en el balance de las finanzas públicas durante 2001-2008 y déficit superior al 1% de 2009 a 2016, al tiempo que el endeudamiento público ha resurgido como problema desde 2008-2009 y, con mayor vigor, a partir de 2013 hasta la fecha al colocarse en poco más del 54% del producto interno bruto (OCDE, 2017). De los datos anteriores podría deducirse que dos de las prioridades de política se han cumplido y sólo la deuda pública representa un grave problema nacional. Pero, es importante considerar el costo en términos de bajo crecimiento económico nacional para lograr tales objetivos en lo que va de este siglo, ya que al menos en 10 de los 17 años que van, se han registrado tasas negativas o muy bajas de crecimiento económico medio anual de la economía mexicana, durante 2001-2003 (0.5%), 2008-2009 (-1.7%) y 2013-2017 (2.1%). Ello ha significado graves consecuencias en el empleo y el mercado laboral, caída drástica en los salarios generales mínimos, profesionales y manufactureros, el incremento masivo de la pobreza, la significativa pérdida de bienestar general y la abismal desigualdad reinante en México (Vega, 2018:15).

Para Eduardo Vega es imprescindible un cambio sustancial en el rumbo económico de México, de lo contrario seguiremos inmersos en el estancamiento económico general, con algunas regiones y cadenas productivas muy dinámicas globalizadas que profundizarán, aún más, las ya considerables dislocaciones sectoriales y regionales, así como las asimetrías existentes entre los mercados interno y externo del país, que sólo genera una débil innovación tecnológica en la estructura productiva nacional y rezago inercial de nuestra infraestructura básica y del equipamiento urbano y rural. Esta tendencia hacia el estancamiento económico general afianza la indiferencia, desatención e ineficacia institucional sobre la pobreza de la población, la creciente desigualdad social, la importancia creciente de las remesas familiares de los millones de migrante mexicanos en Estados Unidos, los mayores problemas energéticos y ambientales en el país tanto en las zonas urbanas como rurales.

La reorientación de la economía nacional implica reconocer y superar como con el nuevo modelo establecido en 1982 a causa del problema de la deuda externa el motor del crecimiento económico del país se asignó a las exportaciones y a la inversión extranjera directa ante la creciente desregulación y la marginación del Estado en la conducción de la económica y la desaparición de políticas públicas de desarrollo regional y sectorial. Se creía que ambas serían la clave de la modernización del país y ello no se ha cumplido. De hecho, son causa central del bajo crecimiento económico del país y de las distorsiones regionales y sectoriales de la estructura productiva nacional. Los flujos del capital del exterior más que venir a fortalecer la estructura productiva regional se ha orientado a los círculos de especulación financiera internacional y a la compra de empresas y la mayoría de los bancos existentes en el país, el comercio exterior ha venido a distorsionar la estructura productiva nacional y a generar una enorme dependencia del comercio internacional con los Estados Unidos al fomentar las exportaciones de ensamble automotriz y maquila informática y electrónica, las cuales han incrementado significativamente las importaciones de ese país lo que ha generado déficit comercial y en cuenta corriente que obliga a depender de los flujos financieros internacionales para su equilibrio. Las exportaciones de las empresas transnacionales han desplazado a las empresas nacionales, no han construido ni redes ni mercados regionales y la política monetaria, crediticia y salarial se ha subordinado a ese modelo de lento crecimiento exportador sin bases endógenas de acumulación de capital, sin políticas públicas de desarrollo regional e industrial en el país. Para Eduardo Vega debe modificarse la definición de las prioridades nacionales de la política económica para sustentarse en lo dispuesto en nuestra Constitución Política. El cumplimiento cabal de nuestros derechos económicos, sociales, culturales y ambientales (DESCA) debe ser la columna vertebral que articule y promueva el funcionamiento sistémico de los mercados, sus agentes, instituciones y procesos, que ponga en el centro de la definición y ejecución de la política económica al desarrollo económico, social y ambiental (Vega 2018:33).

Por su parte, José Romero (2018:51) considera como muchos economistas en México, que el crecimiento económico del país ha sido decepcionante desde 1983, sobre lo cual existen diversas explicaciones sobre su bajo crecimiento. Los defensores del statu quo sostenían que las reformas económicas iniciadas en 1983 no fueron completas y que, por lo tanto, había que complementarlas con reformas estructurales de segunda generación para que finalmente se liberaran los mercados laborales, energético, de comunicaciones, etc. Sólo con eso se lograría acelerar el crecimiento económico nacional. Así, los esfuerzos del gobierno de Enrique Peña Nieto de 20123 a 2018 se encaminaron a realizar tales reformas para "mover a México" con el apoyo de algunos partidos de oposición como el PAN y el PRD. Romero, por su parte, expresa como él y muchos economistas mexicanos somos escépticos de esa línea de pensamiento y mantenemos que son precisamente las reformas iniciadas en 1983 las que explican el estancamiento e inhiben el crecimiento del país. Destaca como las aperturas comerciales y de capitales, así como los compromisos adquiridos con Estados Unidos a través del Tratado de Libre Comercio de América del Norte (TLCAN) y la Organización Mundial de Comercio (OMC) generaron importantes problemas sociales y constituyen una camisa de fuerza para nuestro desarrollo.

Para él, la estrategia económica iniciada en 1983 estuvo encaminada a la reestructuración del campo mexicano y al desmantelamiento industrial que existía antes de ese año, y a poner toda la confianza en atraer inversión extranjera directa (IED), pensando que con ello se lograría el crecimiento en forma automática(ya que habría entrada masiva de capitales y tecnología); el TLCAN, fue en términos concretos, una forma de expandir el régimen de maquila a nivel nacional para atraer IED en la exportación, aunque también se promovió la entrada de IED en todos los sectores, incluyendo el comercial, el financiero, el de comunicaciones y, más recientemente, el energético.

Gráfica 1. Evolución del Endeudamiento Externo del Sector Público Federal (1994-2018), Millones de dólares (flujo anual acumulado) Consulta Actual: 11/5/2019

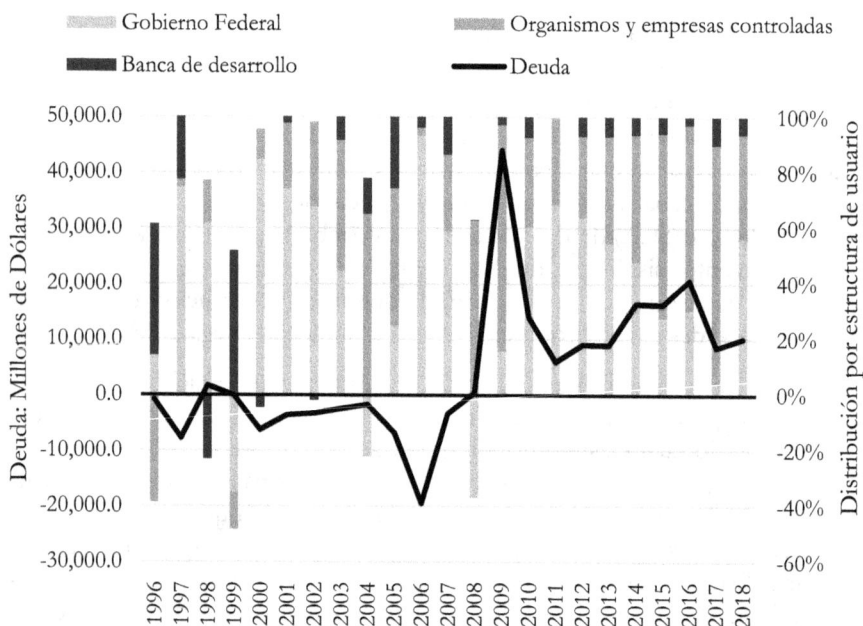

Fuente: Elaborado por los autores con datos de Área: Dirección General de Deuda Pública. Unidad de Crédito Público.

Finalmente, Alejandro Álvarez (2018) plantea como México transita de un Estado-Nación soberano a neocolonial norteamericana en la región de América del Norte, mediante reformas estructurales pactadas con el Fondo Monetario Internacional y el Banco Mundial a partir de la crisis de la deuda externa en 1982 construyendo una jaula económica, social y geopolítica, que luego se consolida con la firma del Tratado de Libre Comercio de América del Norte (TLCAN) en 1994, con la Alianza para la Seguridad y Prosperidad de América del Norte (ASPAN), la Iniciativa Mérida y las reformas estructurales de segunda generación aplicadas durante el gobierno de Peña Nieto 2012-2018. Álvarez Bejar concluye señalando la necesidad de reconocer la crisis civilizatoria que enfrenta el planeta ubicando en ese contexto a México, la jaula neoliberal y de seguridad imperial impuesta por Estados Unidos y la clase dominante nacional para mediante la participación mayoritaria de los mexicanos romper dicha jaula y construir un nuevo proyecto de país, de nación, bajo la perspectiva de una alternativa de ecosocialismo democrático.

Gráfica 2. PIB (US$ a precios actuales), 1960-2017

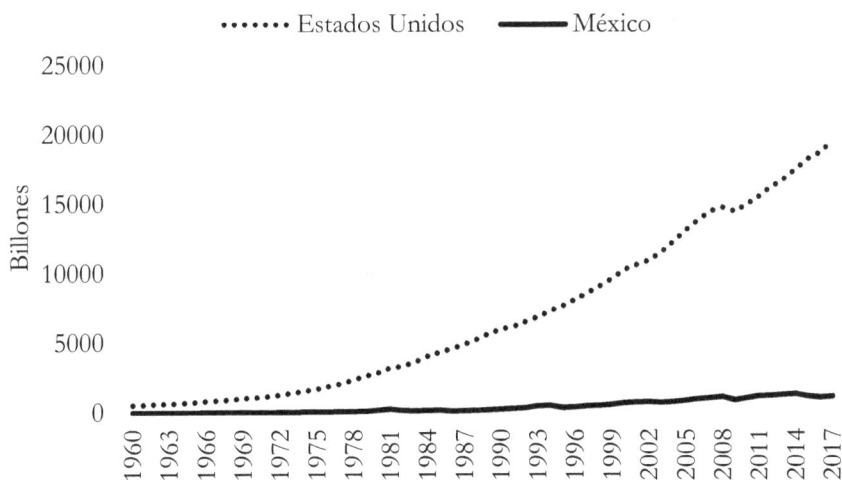

Fuente: Elaborado por los autores con base en datos de la Banco Mundial.

Crisis migratoria, de fronteras y con Estados Unidos

La contracara de las debilidades estructurales de la economía mexicana, especialmente en términos de generación de empleo, se manifiesta desde los años setenta del siglo anterior al final de la etapa del modelo sustitutivo de importaciones, cuando la migración internacional a los Estados Unidos crece de forma constante a causa de la emergente crisis del campo nacional y se incrementa con las crisis económicas de 1976, 1982 y 1994. La migración internacional mexicana ha sido proporcional a las dimensiones e impactos de dichas crisis y de las consecuencias del neoliberalismo impuesto en 1982 y el funcionamiento del TLCAN durante 24 años con la expulsión de 11 millones de mexicanos al país vecino, ya que al final de la década de los años setenta había casi 900 mil migrantes mexicanos residiendo allá y para 2006 asciende a 11.1 millones de paisanos.

A nivel del gobierno mexicano, durante cuarenta años el gobierno y la clase política en su conjunto vieron a la migración internacional al Norte como una "válvula de escape", casi como una "bendición", para enfrentar los problemas estructurales de limitada capacidad de generar empleos, las consecuencias del neoliberalismo y de los impactos económicos y sociales del TLCAN. La percepción política y gubernamental era que dicha migración era funcional a la conducción del país pese a sus graves consecuencias de todo tipo porque se exportaban las tensiones laborales y políticas al país vecino con la emigración, se recibían remesas y además, por una larga historicidad de las organizaciones migrantes mexicanas en Estados Unidos y su filantropía transnacional se financiaba una cantidad creciente de proyectos de desarrollo comunitario. De esta manera se percibía como positiva a la migración internacional, se desconocía su enorme costo social de enorme pérdida del bono demográfico, de despoblamiento, feminización y envejecimiento de las comunidades y regiones de alta intensidad migratoria del país. Al inicio del siglo XXI, junto con el manejo ideológico hecho por el Fondo Multilateral de Inversiones del Banco Interamericano de Desarrollo de las remesas y de la migración internacional se llegó a plantear que ambas eran capaces de promover el desarrollo de esas regiones e incluso de Centroamérica, sin necesidad de aplicar políticas públicas de desarrollo regional y sectorial articuladas con la migración y los proyectos migrantes.

Gráfica 3. Evolución de la inmigración mexicana en Estados Unidos 1960-2019 (millones de personas)

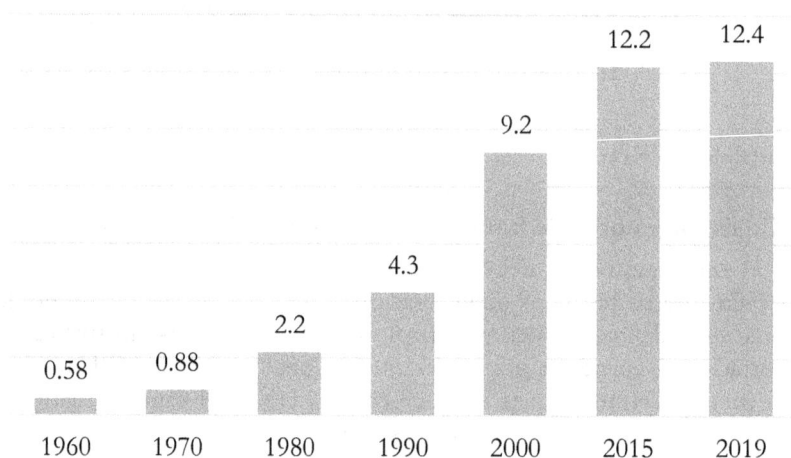

Fuente: Estimación de los autores con base en U.S. Census Bureau 1990-2019.

Al inicio del siglo XXI escribimos sobre la vulnerabilidad de México y Centroamérica al desmantelar o no construir las instituciones del desarrollo económico regional y nacional, apostando al neoliberalismo como panacea y creer que siempre habría migración y remesas en forma creciente (García Zamora, 2003). Llamábamos la atención sobre reconocer que la economía mundial se mueve por ciclos económicos, que las crisis económicas son consustanciales al capitalismo y que habría que generar las políticas de desarrollo económico necesarias para reducir las migraciones y cuando estas tuvieran problemas a futuro contar con estructuras económicas y de empleo sólidas para enfrentarlos de forma adecuada. Con la crisis económica de finales de 2007 de Estados Unidos y sus consecuencias se pasó del sueño a la pesadilla neoliberal de los gobernantes de la región cuando se reduce de forma dramática la migración a ese país, caen las remesas y se incrementan las políticas anti-inmigrantes frente a sus economías presas de la jaula neoliberal, de los tratados comerciales con Estados Unidos y su estrategia de control y seguridad en la región.

Los impactos del proceso anterior fueron diferenciales entre México y los países de Centroamérica (Guatemala, Honduras y El Salvador) por las enormes diferencias en sus estructuras económicas, institucionales y los procesos de violencias económicas, sociales, políticas y ambientales que en los últimos cuatro lustros generan una tipología migrante diferente. Mientras en México se trata de migrantes económicos, con frecuencia con fuertes redes sociales, en el caso de esos países de Centroamérica se trata de migraciones forzadas por la pobreza extrema, la violencia creciente de las organizaciones criminales y los desastres naturales. Esta situación era ya evidente en el incremento en los flujos crecientes de migrantes de Centroamérica desde finales de los años noventa y que tiene su expresión más dramática en la masacre de San Fernando, Tamaulipas, en 2010 con el asesinato de 73 migrantes mayoritariamente centroamericanos, que fue uno de los detonantes para reconocer como en México crecían la inseguridad y las violencias en ambas fronteras y sobre las diferentes rutas migratorias que enlazan los movimientos migratorios de Guatemala con el Rio Bravo en Estados Unidos.

Gráfica 4. Centroamericanos en tránsito por México, 2005-2015 (dato en miles)

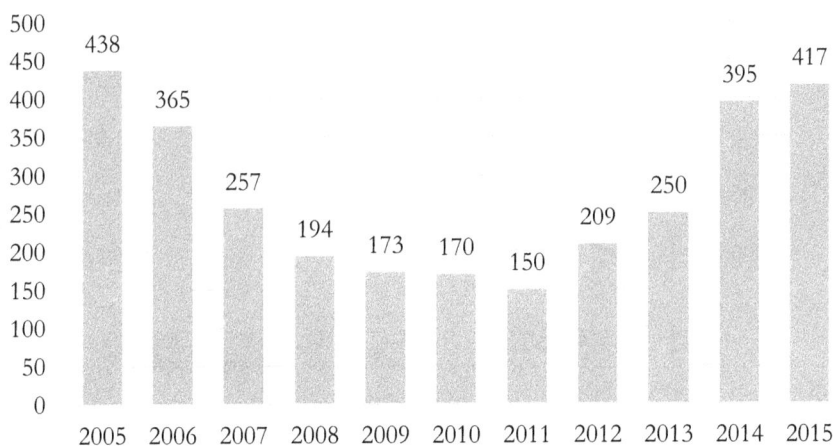

Fuente: Elaborado por los autores con datos estimados de Canales Cerón y Rojas Wiesner (2018) con base en American Community Survey, 2005 a 2016; US, DHS. Yearbook of Immigration Statistics, 2005 a 2016; México, SEGOB, Boletín Estadístico, 2005 a 2016.

En el año 2010 en México se llegó a plantear el debate sobre una etapa de migración cero entre un retorno creciente de migrantes y una migración reducida a su máxima expresión, el consenso fue que era una situación temporal y que la migración volvería a crecer a una vez que se recuperara el crecimiento de la economía de Estados Unidos, como efectivamente sucedió a partir de 2014. Sin embargo, la migración mexicana que cayó a cerca del 80% ha tenido una pequeña recuperación muy lejana de los 500 mil migrantes característica del periodo del 2000 al 2006, llegando a 120 mil migrantes en los últimos años. Llama la atención como pese a ese modesto crecimiento en la migración mexicana a Estados Unidos las remesas han tenido un crecimiento explosivo que en 2018 ascendieron a 33 mil millones de dólares y a 36 mil millones de dólares en 2019, paradoja que se explica en gran medida por el comportamiento de 6 millones de migrantes mexicanos indocumentados en ese país, quienes ante la guerra económica y política contra México y los migrantes promovida por el presidente con deportaciones crecientes en todo el país mandan sus ahorros a México previendo una posible deportación para evitar la pérdida de sus recursos y planear una reintegración en mejores condiciones económicas y sociales en sus comunidades de origen (Gráfica 5).

Gráfica 5. Mundial y México. Remesas familiares 1994-2019

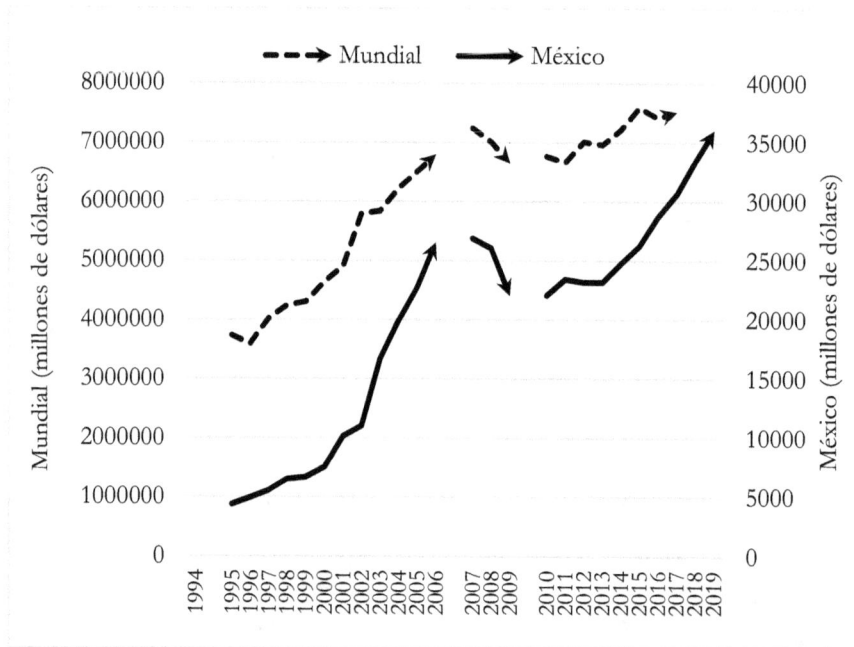

Fuente. Elaborado por los autores con base en Banxico y Banco Mundial.

La situación en Centroamérica ha sido mucho más complicada por lo atrasado de su estructura económica rural, los impactos de su tratado comercial con Estados Unidos, la enorme dependencia de las remesas que llega representar alrededor del 20% del PIB en países como Honduras (20%) y en El Salvador (20.7%), la inestabilidad política permanente y una violencia generalizada que obliga a migraciones crecientes en los últimos años como se evidencia con las famosas "caravanas de finales de 2018 y primeros meses de 2019 (Cuadro 1).

Cuadro 1. Centroamérica y República Dominicana: importancia relativa de las remesas familiares en el PIB, las exportaciones y la importaciones, 2018[a]. Porcentaje

Región / País	PIB	Exportaciones	Importaciones
Centroamérica y República Dominicana	8.2	44.1	26.5
Centroamérica [b]	8.2	40.9	25.2
Costa Rica	0.8	4.3	3.1
El Salvador	20.7	113.9	50.5
Guatemala	11.8	83.8	50.6
Honduras	20.0	54.9	39.0
Nicaragua	11.4	36.0	25.9
Panamá	0.7	3.4	1.9
República Dominicana	8.0	59.5	32.1

Fuente: Comisión Económica para América Latina y el Caribe (CEPAL), sobre la base de cifras oficiales. Tomado de Estudio económico de Centroamérica y la Republica Dominicana n 2018 y perspectivas para 2019.
https://repositorio.cepal.org/bitstream/handle/11362/44708/1/S1900618_es.pdf
[a] Cifras preliminares.
[b] Promedio ponderado.

La sincronía de la crisis económica en México y la región con los problemas migratorios y de fronteras de nuestro país hacen que Gustavo Mohar (Excélsior, 14 abril 2019) considere que México vive una encrucijada sin precedente en la historia de nuestra política migratoria, en las fronteras y de seguridad. Para él, tres factores la explican: por vez primera el Presidente de Estados Unidos utiliza la migración desde la frontera con México con retórica y mentiras para su estrategia electoral de reelección; la masividad y diversidad de la migración mayoritariamente forzada por las violencias proveniente de Centroamérica y la posición del nuevo gobierno mexicano de asumir como eje de su política migratoria la defensa de los derechos humanos de los migrantes, facilitando el tránsito por el territorio nacional con una visa humanitaria.

Todos los elementos anteriores permiten comprender como el nuevo gobierno mexicano presidido por Andrés Manuel López Obrador (AMLO) en los primeros cinco meses de su gestión enfrenta una profunda crisis económica heredada del gobierno anterior, la deuda pública más alta de la historia del país de 11 billones de pesos, una austeridad fiscal obligada en las finanzas públicas que limita el pobre crecimiento económico del país a 1% del PIB para 2019, una creciente agresión económica, política y migratoria del presidente Trump contra las exportaciones, la frontera sur y los migrantes, que se incrementa a finales de 2018 cuando las llamadas caravanas migrantes de Centroamérica con más de 12 mil integrantes llegan a la frontera de Estados Unidos pidiendo asilo lo que genera fuertes impactos sociales y políticos en México y mayores amenazas económicas y políticas de tal personaje si México no frena tales flujos migratorios.

El mes de abril de 2019 muestra una profundización de la crisis migratoria, de fronteras y de las relaciones de México con Estados Unidos. La afluencia masiva de migrantes en situación irregular que ingresan a México con la intención de llegar a Estados Unidos y la política cada día más hostil del gobierno estadounidense contra ellos, configuran un escenario de enorme complejidad y consecuencias potencialmente trágicas dentro de nuestro país. Por un lado, las estaciones migratorias de la frontera sur se encuentran al borde del colapso por el volumen de solicitantes de asilo, en su mayoría provenientes de Honduras, Guatemala, El Salvador y Venezuela. De acuerdo con el Alto Comisionado de Naciones Unidas para los Refugiados (ACNUR), sólo en los primeros tres meses del año han ingresado 12 mil 716 migrantes y a finales de este año pueden ascender a 60 mil los solicitantes de refugio, y el Instituto Nacional de Migración (INM) reporta que 5 mil 366 migrantes permanecen en distintos centros del área fronteriza, en espera de documentos que les permitan regularizar su estancia en México (La Jornada, 20 abril 2019).

El 20 de mayo en el Palacio Nacional, ante el presidente Andrés Manuel López Obrador, legisladores federales y embajadores de los países centroamericanos, Alicia Bárcenas, secretaria ejecutiva de la Comisión Económica para América Latina y el Caribe (CEPAL), presenta el Plan para el Desarrollo Integral de México y Centroamérica, con la propuesta de que la solución para el problema migratorio consiste en colocar el desarrollo económico en el centro, priorizando la inversión pública y privada. Ella sostiene que el Plan tiene como meta incrementar la inversión total de los cuatro países (México, Guatemala, Honduras y El Salvador), del actual 19% a 25% de producto interno bruto (PIB); identificando cinco proyectos estratégicos de inversión en energía e infraestructura para lograr una integración regional logística, eléctrica, en gas natural, ferroviaria y comercial. Según ella, para resolver los problemas de la región se requiere 25% del PIB en inversión, y sólo el 6% en infraestructura. Pero, México está en 20.9% y Guatemala en 14.2%. La CEPAL hace 30 recomendaciones en cuatro ejes programáticos: desarrollo económico, bienestar social, sustentabilidad ambiental y gestión integral del ciclo migratorio, pero "todo enfocado en la seguridad humana, no en la seguridad nacional" (La Jornada, 21 de mayo 2019).

La propuesta desarrollista de la CEPAL para el sur de México, Guatemala, Honduras y El Salvador como estrategia de fondo ante la problemática migratoria de la región es correcta teóricamente, con una visión holística de que sólo el desarrollo humano integral, equitativo y sustentable, puede erradicar las causas estructurales de la migración. Sin embargo, la propuesta enfrenta enormes problemas para su aplicación como las desigualdades económicas y sociales estructurales entre los diferentes países; las enormes divergencias institucionales entre ellos, el dominio implacable de las políticas neoliberales de austeridad forzada y su resultado de deuda creciente, la ausencia de recursos financieros necesarios y de políticas públicas de desarrollo regional y sectorial, que hacen ahora inviable la aplicación de una propuesta como la señalada en México y la región.

A los problemas anteriores hay que sumar la estrategia imperial de Estados Unidos de control territorial, comercial, energético y de seguridad, contraria a una inversión masiva para el desarrollo económico en la región que choca contra su propio proyecto. Frente a todos esos obstáculos y otros más, el riesgo es que la propuesta progresista de la CEPAL se pueda convertir en una nueva versión de la estrategia fallida de Peña Nieto de las "Nuevas Zonas Económicas Especiales", aprovechando las transnacionales de la energía, los transportes, comunicaciones, el comercio y los megaproyectos para explotar de forma masiva y a gran escala todos los recursos naturales de la región mediante un extractivismo que subordine a los cuatro países aún más a la acumulación por desposesión del gran capital internacional, que en lugar de promover el desarrollo humano integral, equitativo y sustentable, profundice todas las violencias del modelo neoliberal de la muerte, incrementando las migraciones masivas que inicialmente se buscaba resolver y que hoy son fuente de conflicto creciente entre los países emisores y los Estados Unidos.

Las contradicciones entre los discursos sobre las metas de desarrollo económico y bienestar y la realidad impuesta por el neoliberalismo de seis lustros aplicado en México y ratificado en los hechos por el nuevo gobierno se manifiesta claramente con la publicación del Plan Nacional de Desarrollo 2019-2024, que entre otras metas plantea el crecimiento del PIB en 6% para el último año de gobierno y el fin de la migración por necesidad. Dichas metas, frente a la enorme deuda nacional, la austeridad, la recesión y despidos crecientes en todo el país genera diversidad de opiniones. José Luis Calva (La Jornada, 8 de mayo 2019) sostiene que si no se cambia el modelo neoliberal no se alcanzarán las metas establecidas en el Plan Nacional de Desarrollo 2019-2024. En particular es urgente una reforma fiscal integral en el país para dotar a Estado de mayores recursos, porque sin ella no son factibles los objetivos planteados por la actual administración. Por su parte, Arturo Huerta sostiene que el Plan Nacional de Desarrollo 2019-2024 en realidad defiende la austeridad fiscal, el TLC con Estados Unidos y Canadá y la inversión extranjera. Mientras siga el sector financiero trazando la política económica a su favor, no tenemos viabilidad alguna de crecimiento económico, ni de recuperación de un proyecto de Nación (La Jornada, 20 de mayo 2018).

Conclusiones

Frente a la crisis económica nacional, de la migración y mayores tensiones con Estados Unidos, conocidas las ambiciosas metas del Plan Nacional de Desarrollo 2019-2024, la pregunta de fondo es si el gobierno mexicano podrá romper la "jaula neoliberal" de la deuda pública, la austeridad forzada, los despidos masivos y mayor endeudamiento y si realmente busca recuperar el control de la política económica nacional, de la moneda y el crédito para promover mediante una reforma fiscal integral una fuerte inversión pública como palanca de una estrategia de desarrollo económico regional y sectorial integral, que permita lograr las metas de crecimiento del PIB, de empleo y bienestar para hacer viable el derecho a no emigrar por necesidad o violencias en 2024 al final del sexenio, como se plantea en el Plan Nacional de Desarrollo 2019-2024.

La propuesta de la CEPAL es un buen diagnóstico de oportunidades de inversión, de crecimiento económico y de integración regional, pero, no reconoce los profundos problemas estructurales e institucionales de los cuatro países, omite el enorme poder de Estados Unidos en la región y la falta de interés en su desarrollo ; olvida la dictadura de las políticas de austeridad del FMI y el BM con su secuela de deuda creciente, recesión, desempleo, mayor crisis social, políticas y finalmente migraciones masivas forzadas.

Si el gobierno mexicano no aprovecha la presencia mayoritaria de su partido y aliados en el Congreso y el Senado para promover una nueva estrategia de desarrollo nacional, se fortalecerá la jaula neoliberal impuesta durante 36 años como modelo de la muerte con todas sus secuelas de destrucción de la economía nacional, de la cohesión social, de la soberanía del país y profundización de todas las violencias en México y una mayor subordinación al Imperio del Norte junto con Centroamérica.

CAPÍTULO 6

CRISIS MIGRATORIA, CRISIS DE FRONTERAS Y EL PLAN DE DESARROLLO PARA CENTROAMÉRICA COMO DÉBIL PROPUESTA COYUNTURAL DE MÉXICO

Al final del gobierno de Peña Nieto, en diciembre 2018, se vivía un complicado escenario de movilidad humana en el país con seis dimensiones migratorias: como país de origen, de tránsito, destino, retorno, desplazamientos internos y creciente asilo y refugio de migrantes. Lo anterior a pesar de las múltiples propuestas de las organizaciones de migrantes y de la sociedad civil para la elaboración de políticas públicas sobre desarrollo, migración y derechos humanos; algunas de las cuales fueron incluidas en el Programa Especial de Migración, publicado el 30 de abril de 2014 en el Diario Oficial de la Federación, sin ser vinculante y con un presupuesto de 50 millones de pesos. Aún ahora la política migratoria vigente de seguridad nacional y el asistencialismo binacional para los mexicanos en Estados Unidos resulta insuficiente y la normatividad y la capacidad institucional del país es superada y cuestionada de forma creciente ante las nuevas dimensiones de la movilidad humana (García Zamora, 2019b).

En una perspectiva, de más de 40 años, resalta la incoherencia del gobierno mexicano que frente a la gran importancia y aporte de los migrantes para el funcionamiento del país y la presencia de las seis dimensiones de la movilidad humana en todo el territorio nacional no ha construido políticas públicas y el marco normativo adecuado para atender la migración de forma adecuada. No obstante la existencia en Estados Unidos de más de 38.8 millones de habitantes de origen mexicano, 12.4 millones de mexicanos que viven permanentemente en ese país en 2019, entre los que se encuentran 5.9 millones de mexicanos indocumentados, incluidos los 640 mil "dreamers", que en su conjunto transfirieron 36 mil millones de dólares de remesas familiares en 2019 y el creciente aumento de los flujos de transmigrantes por la frontera sur, se sigue sin incluir la movilidad humana en la agenda nacional y los presupuestos como prioridad (García Zamora, 2019a).

El gobierno mexicano enfrenta, desde 2016 una guerra económica, comercial, migratoria, cultural y política del presidente Trump que el gobierno de López Obrador ha enfrentado de forma pasiva y subordinada durante su gestión y su segunda campaña electoral en Estados Unidos. Las autoridades mexicanas actúan como la policía migratoria de aquel país para frenar la migración de Centroamérica como parte de los compromisos del Plan Mérida. Pese a que los grandes flujos migratorios de México a Estados Unidos benefician a ambos países, el gobierno de México no ha sido capaz de diseñar una estrategia de corresponsabilidad de los mismos, durante más de tres décadas y tampoco lo ha logrado respecto a los flujos de trasnmigrantes que benefician fundamentalmente a ese país y son fuente de conflicto creciente entre ambos países.

El gobierno mexicano se subordinó en 2016 a la campaña electoral de Trump y a su agenda de gobierno al aceptar pasivamente las modificaciones del Tratado de Libre Comercio y su cambio a TMEC, a aceptar la deportación y retorno de más de 4 millones de migrantes mexicanos de 2008 a 2018, aceptar el drama de miles de menores detenidos, la separación de familias por el gobierno de Trump, la amenaza de deportación masiva de "dreamers" y las amenazas crecientes contra todas las exportaciones mexicanas.

Para el 2018, durante el proceso electoral en México, el tema de las migraciones fue marginal entre los candidatos, en el debate que sostuvieron en Tijuana, Baja California, ahí quedó al descubierto el escaso conocimiento de la problemática sobre movilidad humana en el país y la región, la visión funcionalista y frívola de los candidatos de derecha de aceptar las migraciones de forma acrítica como un fenómeno económico y social positivo ("se van y mandan remesas"). En el caso del actual presidente, Andrés Manuel López Obrador, destacaron cuatro pronunciamientos progresistas, que luego de nueve meses de gobierno no han pasado de ese nivel: 1. respeto y colaboración con Estados Unidos; 2. la gente emigra por necesidad, 3. hay que promover el desarrollo para que la gente se quede en sus regiones de origen y ejerza el derecho a no emigrar y por último 4. hay que promover grandes proyectos de desarrollo en el Sur de México (Tren Maya, Proyecto del Istmo de Tehuantepec) y cerca de la Frontera Norte y promover un Plan como "La Alianza para el Progreso" para Centroamérica con 30 mil millones de dólares aportados por Estados Unidos, Canadá, México, Honduras, El Salvador y Guatemala.

De los planteamientos anteriores, sólo el primero ha funcionado en los primeros cinco meses de 2019, pero, más que una colaboración binacional o multinacional para la gestión de la movilidad humana como corresponsabilidad de los países antes señalados con un enfoque de desarrollo y derechos humanos, México se ha plegado a todas las decisiones del gobierno vecino del Norte en términos de deportaciones, encarcelamiento de menores, separación de familias mexicanas en Estados Unidos, realizar mayor vigilancia sobre las migraciones en Frontera Sur, presión para realizar mayores deportaciones en esa zona y para que se acepte la función como "Tercer País Seguro", receptor de los miles de centroamericanos que habiendo hecho su trámite de solicitud de asilo político y refugio son expulsados a México hasta que se resuelva su solicitud en el sistema legal norteamericano.

En los meses de octubre y noviembre de 2018, justo cuando está por terminar el gobierno de Peña Nieto, se producen grandes movilizaciones de migrantes centroamericanos indocumentados por la Frontera Sur para llegar a los Estados Unidos a solicitar refugio, provocadas por las enormes violencias económicas, sociales y criminales en su región de origen y una aparente noticia regional que decía que el año 2018 era la última oportunidad para lograr refugio en ese país y que si viajaban con niños el proceso sería más exitoso. En ese contexto geopolítico regional, las llamadas "Caravanas" de Centroamérica se dan en una sincronía de crisis profunda, descomposición institucional y violencias estructurales en Centroamérica, crisis económica, política, social e institucional en México con cambio de gobierno y nuevo presidente en Estados Unidos con una agenda de gobierno en contra de México y todos los migrantes del Sur.

Inicialmente, el gobierno saliente mexicano intento frenar la entrada de los transmigrantes pidiendo un visado, pero ante las dimensiones del flujo migratorio de más de 10 mil personas, se permitió el libre acceso que fue fomentado por un discurso de apoyo y bienvenida del nuevo gobierno de López Obrador que alimentó nuevos flujos migratorios en 2019 con un discurso de solidaridad y libre acceso que posteriormente generó múltiples reacciones, contradicciones y problemas con los tres niveles de gobierno en el país, zonas de tránsito y en los estados mexicanos de la frontera norte y en particular con Estados Unidos, que lo obliga a un cambio radical de forma de actuar hacia esos migrantes al inicio de junio de 2019.

Para Jorge Durand, en un Seminario Internacional sobre Migraciones realizado en Mazatlán, Sinaloa (8 noviembre, 2018) ese éxodo migrante representa un nuevo patrón migratorio de Centroamérica caracterizado por: migración masiva, en varias caravanas; visible y mediática; con un componente muy importante de niños, jóvenes y familias; espontáneo, organizado, con redes sociales y voceros. Todos esos rasgos, según Durand, son reflejo de una profunda crisis económica, social, política e institucional y de sobrevivencia en Centroamérica, especialmente en Honduras, El Salvador y Guatemala, por ello la caracteriza como crisis migratoria, humanitaria y mediática. La cual cuestiona todas las estructuras económicas, sociales e institucionales de toda la región, incluido Estados Unidos y sus diversas formas de intervenir en ella por décadas, que explica en gran medida la existencia de tales flujos migratorios, la conformación del sistema migratorio Centroamérica-México-Estados Unidos y los impactos que tendrá en la actuación y políticas migratorias, de seguridad y fronteras de todos los países referidos que enfrentan las agresiones y amenazas crecientes de su gobierno.

Para Jorge Santibáñez (2018) la presencia de las caravanas migrantes en México ha demostrado la incapacidad del gobierno mexicano para negociar con

Estados Unidos y el presidente Trump. Él señala como durante su paso por el país las caravanas han generado reacciones contradictorias de apoyo y de rechazo y en Estados Unidos, Trump las ha aprovechado para atacar a los demócratas por su falta de apoyo a la construcción del muro y a medidas extremas contra los migrantes. En ese contexto, señala él, sería ideal la colaboración entre ambos países para una gestión conjunta de los flujos migratorios con enfoque de derechos humanos. Pero, lamenta que el gobierno mexicano ha aceptado unilateralmente a todos los migrantes centroamericanos expulsados de aquel país mientras se procesa su solicitud de asilo político. Plantea que México perdió la oportunidad de negociar los fondos para asumir los gastos de ese nuevo flujo de retorno de Estados Unidos obligados a regresar a nuestro país, negociar fondos para el desarrollo de las zonas fronterizas donde se asientan esos "retornados" y el desarrollo en sus países de origen y negociar la regularización definitiva de más de dos millones de "dreamers" amenazados con su expulsión. Santibáñez plantea, en ese momento, que hay enormes espacios de oportunidad para hacer mejor las cosas en el campo de la gestión de los flujos migratorios entre ambos países.

A inicios de diciembre de 2018 (La Jornada, 5 de diciembre) Jorga Santibáñez critica lo débil y superficial del acuerdo internacional firmado por el nuevo gobierno mexicano con Honduras, Guatemala y El Salvador para promover un Plan de Desarrollo Regional que promueva el crecimiento económico, el empleo e incida en las causas estructurales de la migración. Santibáñez señala tres limitaciones centrales de dicho acuerdo: la grave ausencia de Estados Unidos en el mismo, cuando es el eje del sistema migratorio regional y de muchas de las causas estructurales de los flujos migratorios; junto a la pobreza, la falta de empleos las violencias e inseguridad son causa fundamental del éxodo centroamericano y no se mencionan responsabilidades, ni funciones ni compromisos sobre ambos factores de los países de Centroamérica, y el desfase de la información migratoria del presidente López Obrador en los últimos diez años que no considera la caída de los flujos mexicanos a Estados Unidos y el incremento en las migraciones centroamericanas en forma constante.

Como indicamos antes, desde la campaña presidencial, AMLO planteaba la necesidad de un gran plan de desarrollo económico para Centroamérica y el Sur de México para incidir en las causas estructurales de la migración internacional de pobreza y ausencia de empleo, con financiamiento de Estados Unidos, México, Canadá y los países de esa región. El problema radica en que no existe ninguna propuesta de ese tipo por parte del nuevo gobierno para las zonas de alta migración internacional de México, pese a numerosas propuestas hechas por las organizaciones de migrantes, organizaciones sociales y de académicos en los últimos veinte años para Zacatecas, Michoacán, Jalisco, Guanajuato, Oaxaca, Puebla, Chiapas y otros estados. No existe ninguna propuesta de desarrollo regional y migración, ningún compromiso de apoyo técnico y financiero para esas iniciativas que pudiera servir como referente a las propuestas de Centroamérica (García Zamora, 2019b).

Para el mes de abril de 2019 con la entrada de nuevas caravanas migrantes de Centroamérica la crisis de la gestión migratoria de las mismas y de las fronteras Norte y Sur es evidente con mayores tensiones y amenazas del gobierno de Estados Unidos. Las estaciones migratorias de la frontera sur se encuentran al borde del colapso por el volumen de solicitantes de asilo no sólo de Honduras, Guatemala y el Salvador, sino de otros 39 países, con contingentes importantes de cubanos y africanos, entre otros. De acuerdo con el Alto Comisionado de Naciones Unidas para los Refugiados (ACNUR), sólo en los primeros tres meses del año han ingresado 12 mil 716 migrantes y a finales de año pueden ascender a 60 mil los solicitantes de refugio, y el Instituto Nacional de Migración (INAMI) reporta que 5 mil 366 migrantes permanecen en diferentes centros del área fronteriza, en espera de documentos que les permitan regularizar su estancia en México. Una situación semejante se encuentra en la frontera norte donde más que las estaciones migratorias oficiales son el apoyo de las redes sociales solidarias las que han enfrentado de forma insuficiente la llegada masiva de migrantes en busca de asilo político en Estados Unidos. Las tensiones en esta zona se acrecienten por el constante arribo de migrantes, la lentitud deliberada de las autoridades migratorias de Estados Unidos en la recepción de las solicitudes de asilo y el retorno obligado creciente a México de los migrantes que entregaron su solicitud para que esperan aquí su respuesta (La Jornada, 20 abril, 2019).

Durante los primeros cinco meses de 2019 continúan las caravanas migrantes provenientes de Centroamérica rumbo a la frontera norte. Jorge Durand expresa (La Jornada, 3 de marzo) que la política migratoria está en crisis en Estados Unidos, no saben qué hacer con los nuevos flujos migratorios, especialmente con los que incluyen familias completas y menores de edad. Incluso, la medida más cruel y despiadada, la de separar a los padres de sus hijos no ha dado el resultado esperado y ha creado problemas mucho mayores. Argumento ratificado por la jefa de la Patrulla Fronteriza de Estados Unidos, Carla Provost, cuando declara el 8 de mayo ante el Senado de ese país que por segundo mes consecutivo detuvieron 100 mil migrantes en su frontera sur y no pueden atender esa crisis desviando más recursos (La Jornada, 9 mayo 2019).

La crisis migratoria regional y la propuesta de desarrollo de la CEPAL

En el contexto anterior de mayor crisis en la gestión migratoria y de fronteras, el 20 de mayo en Palacio Nacional, la secretaría ejecutiva de la Comisión Económica para América Latina y el Caribe (CEPAL) Alicia Bárcenas, presenta ante funcionarios mexicanos, legisladores y embajadores de Centroamérica la propuesta de Plan para el Desarrollo Integral de Centroamérica. Planteando qué para solucionar el problema migratorio, debe colocarse el desarrollo económico en el centro de la solución y priorizar la inversión pública y privada. Ella sostiene que el Plan tiene como meta aumentar la inversión total de los cuatro países del actual 19% a 25% de producto interno bruto (PIB) identificando cinco proyectos estratégicos: energía e infraestructura para lograr una integración regional logística, eléctrica en gas natural, ferroviaria y comercio. La CEPAL hace 30 recomendaciones en cuatro ejes programáticos: desarrollo económico, bienestar social, sustentabilidad ambiental y gestión integral del ciclo migratorio. Pero, "todo enfocado en la seguridad humana, no en la seguridad nacional". Este es el verdadero cambio de paradigma; nos vamos a ir por la seguridad de las personas, sus derechos, sus medios de vida y no seguridad de las fronteras en términos de seguridad nacional…Para que la migración sea una opción y no una necesidad, explica Bárcenas de la propuesta presentada (La Jornada, 21 de mayo, 2019).

La presentación de la propuesta anterior elaborada por la CEPAL y no por el gobierno mexicano, indica como en la agenda del nuevo gobierno no estaba el tema de migración y desarrollo como prioridad y que no cuenta con el equipo técnico capaz para elaborar una propuesta como esa. Llama la atención que en la misma no hay referencia al importante antecedente del Plan Puebla Panamá que se propuso con objetivos similares al inicio del gobierno de Vicente Fox en marzo 2001 y que durante diez años formó parte de los discursos diplomáticos en la región. Es importante señalar que en junio de ese año el Banco Interamericano de Desarrollo realizó una reunión con posibles financiadores de esa iniciativa como el Banco Mundial, el Fondo Monetario Internacional, la Corporación Andina de Fomento, el Programa de las Naciones Unidas para el Desarrollo, la CEPAL, la Agencia para el Desarrollo Internacional de Estados Unidos y el Banco Japonés para la Cooperación Internacional. Las principales iniciativas planteadas fueron: desarrollo sustentable, desarrollo humano, promoción del turismo, prevención y mitigación de desastres naturales, facilitación del intercambio comercial, integración vial, integración energética e integración de los servicios de telecomunicaciones. De todos ellos fueron tres proyectos los que tuvieron mayor importancia: red de carreteras, integración energética y telecomunicaciones.

Para Daniel Villafuerte (2016) el Plan Puebla Panamá (PPP) tenía dos propósitos fundamentales: 1) contribuir al proceso de integración de la región y de ésta con el sur de México y 2) mejorar la calidad de vida de la población que habita en la región. Para él, en su primera etapa los beneficios para la integración regional no fueron muy evidentes, incluso la expectativa inicial se fue diluyendo a partir de las negociaciones del Tratado de Libre Comercio entre los países centroamericanos, Estados Unidos y República Dominicana (CAFTA). El PPP llegó a su primera etapa al terminar la administración del presidente Fox en 2006. Fue un período difícil, de crisis económica, escasez de recursos financieros y falta de precisión sobre los propósitos y prioridades de la iniciativa. El gobierno mexicano intento convertirse en el agente financiador de los proyectos, pero, luego vio la enorme dificultad que esto implicaba y le encargo al BID la responsabilidad de conducir el aspecto financiero y dar seguimiento técnico a la cartera de proyectos. Sin embargo, dicho organismo en 2008 señala los problemas de realizar una evaluación de los apoyos brindados al PPP por la ausencia de datos básicos de referencia y falta de indicadores para medir resultados.

A trece años de la presentación del PPP, posteriormente denominado Proyecto Mesoamérica, diez años del CAFTA, veinte años del Tratado de Libre Comercio con México y diez con Estados Unidos, el cambio en la calidad de vida prometida todavía está muy lejos de alcanzarse. La pobreza, el hambre, la migración internacional y la violencia son características de este periodo de apertura económica. Centroamérica sigue siendo una de las subregiones con mayor pobreza con 68.9% de la población en Honduras, Guatemala con 54.8% y El Salvador con 47.9%.

Desde la década de 1990 Centroamérica entró en una nueva fase de integración desde arriba y con muchas tensiones, pese a que los países comparten diversos problemas. La economía de la región ha transitado de un modelo primario exportador tradicional a un esquema de economía que conjuga elementos del modelo anterior, con los llamados "productos no tradicionales" como los productos agrícolas para la exportación a países asiáticos, el turismo y la industria maquiladora. Sin embargo, en el presente la principal fuente de divisas son las remesas generadas por la migración internacional, convirtiendo la "exportación" de mano de obra en la primera generadora de divisas en la región. En 2013 las remesas de los cinco países centroamericanos sumaron 13 mil 957 millones de dólares y las exportaciones ascendieron a 20 mil 065 millones de dólares, las remesas representaron el 48% del valor del comercio exterior. Comparativamente, la inversión extranjera directa en la región para el mismo año fue de 6 mil 040 millones de dólares, esto es, 43.3% de las remesas familiares. Por país las remesas representaron el 73.2% respecto a las exportaciones de Guatemala; en el caso de El Salvador representaron el 91.6% y en Honduras el 78.9%.

Según Daniel Villafuerte (2016) el PPP- Proyecto Mesoamérica ha contribuido a consolidar el modelo neoliberal en la región, que se encamina hacia una nueva etapa de dicho modelo, caracterizado por el neoextractivismo que implica la explotación a gran escala de los recursos naturales y la energía a gran escala por las corporaciones transnacionales con enormes daños ambientales y en las comunidades. Crecen los proyectos hidroeléctricos, parques eólicos, explotaciones mineras, producción de agrocombustibles y creciente acaparamiento de tierras. Todo ello muestra que no se logró cumplir la promesa de mejorar la calidad de vida de la mayoría de los habitantes de la región y promover el desarrollo económico con empleo e ingresos suficientes para toda la población con un manejo equilibrado y sustentable de los territorios. Para él, a lo largo de 13 años de vida de esa iniciativa, la migración internacional se convirtió en la principal generadora de divisas para los países participantes; la pobreza, la exclusión social y el hambre siguen caracterizando a la región, y el modelo maquilados de precarización y sobreexplotación del trabajo depende de las empresas de Estados Unidos y China y sus propios proyectos de permanencia o traslado a otras regiones del planeta.

Para los investigadores del Equipo de Estudios Comunitarios y Acción Psicosocial (ECAP), el Centro de Derechos Humanos Fray Matías de Córdoba y Voces Mesoamericanas, Acción de Pueblos Migrantes (2019), la migración, aunque es un derecho, devela todas las injusticias sociales de Guatemala, El Salvador, Honduras, y el Sur de México. Así mismo devela como los diferentes sistemas de opresión (neoliberalismo, patriarcado, colonialismo) operan como escenarios habilitadores para el ejercicio de dominación de los diferentes actores económicos, nacionales, transnacionales, militares, estatales, para estatales y crimen organizado coludido con instancias estatales.

Para esos investigadores la región centroamericana y el sur de México se debaten hoy en día entre el resquebrajamiento de la soberanía de los estados y los retos a las formas existentes de ciudadanía e identidad nacional; entre las pretensiones de homogeneización cultural y la reivindicación de las diversidades; entre la aplicación de políticas migratorias cada vez más restrictivas y la movilización multitudinaria de migrantes en defensa de sus derechos humanos; entre el reforzamiento de los roles de género y las luchas de las mujeres por su reconocimiento como humanas plenas.

Conocida la propuesta de la CEPAL para el desarrollo económico del Sur de México, Guatemala, Honduras y el Salvador como estrategia de fondo ante la problemática migratoria de la región señalamos que teóricamente era correcta, con una visión holística de que sólo el desarrollo humano integral, equitativo y sustentable puede erradicar las causas estructurales de la migración. Pero, además, de la falta de integrar los antecedentes del PPP, avances y limitaciones, indicamos que esta propuesta enfrenta enormes problemas para su aplicación como las desigualdades económicas y sociales estructurales entre los diferentes países; las enormes divergencias institucionales entre ellos, el dominio de las políticas neoliberales de austeridad forzada y su resultado de deuda creciente y la ausencia de políticas públicas de desarrollo regional y sectorial, que hacen ahora inviable una propuesta como la señalada en México y la región. La ausencia de una estrategia integral para enfrentar la inseguridad y la violencia en la región que junto con la pobreza son los detonantes de las migraciones masivas forzadas representa una gran limitación de la propuesta elaborada por la CEPAL. La cual tampoco considera la actuación imperial de Estados Unidos en la región de control territorial, energético, militar, contrario a una inversión masiva para promover el desarrollo económico integral y revertir la pobreza y las violencias.

Frente a las limitaciones anteriores y muchos otros obstáculos geopolíticos e institucionales, la mencionada propuesta puede profundizar los impactos del neoliberalismo y mega-extractivismo en los países centroamericanos que menciona Daniel Villafuerte y puede replicar la estrategia fallida de Peña Nieto de "Nuevas Zonas Económicas Especiales", aprovechada por las transnacionales de la energía, los transportes, la comunicación y el comercio para explotar todos los recursos naturales y económicos del sur de México bajo un extractivismo masivo y a gran escala. Que en lugar de generar desarrollo humano integral, equitativo y sustentable, puede profundizar las violencias del modelo neoliberal de la muerte incrementando las migraciones masivas forzadas, que inicialmente se buscaba resolver y que hoy son fuente de conflicto creciente entre los países emisores y el gobierno de Estados Unidos (García Zamora, 2019c).

Las contradicciones entre los discursos sobre metas de desarrollo económico y bienestar del gobierno mexicano en 2019 y la realidad impuesta por la continuación del neoliberalismo de más de seis lustros en su actuación se manifiesta claramente con la publicación del Plan Nacional de Desarrollo 2019-2024, que entre otras metas plantea un crecimiento del PIB del 6% para el último año de gobierno y el fin de la migración por necesidad para la misma fecha. Dichas metas ambiciosas parecen difícil de cumplir frente a la enorme deuda de 11 billones de pesos (50% del PIB nacional), el bajo crecimiento del 0.3% del PIB en 2019, despidos masivos en el sector público, lento crecimiento en la generación de empleos, el retorno constante de migrantes de Estados Unidos y especialmente conocida la propuesta de egresos del gobierno federal para 2020 nuevamente recesiva, con una muy baja inversión pública en infraestructura, en el campo, el desarrollo regional y sectorial y recortes en las transferencias a los estados. Esto lleva a plantear a José Luis Calva que si no se cambia el modelo neoliberal no se alcanzarán las metas establecidas en el Plan Nacional de Desarrollo 2019-2024. Para él, es urgente una reforma fiscal integral en el país para dotar al Estado de mayores recursos financieros, porque sin ella no son factibles los objetivos planteados por la actual administración (La Jornada, 8 mayo 2019).

En la misma perspectiva crítica sobre el manejo de la economía nacional por parte del gobierno de López Obrador, Arturo Huerta sostiene que en el PND 2019-2024 en realidad se defiende la austeridad fiscal, el T-MEC y la inversión extranjera. Mientras siga el sector financiero trazando la política económica nacional a su favor, no tendremos viabilidad alguna de crecimiento, ni de recuperación del proyecto de Nación. "Yo no sé de qué cuarta transformación está hablando el nuevo gobierno, porque lo económico no es viable. Aunque se erradicara la corrupción en México, los problemas seguirían precisamente porque se preserva la misma política económica que lo ha generado" (La Jornada, 20 mayo 2019, Zacatecas).

Es importante destacar como una vez que se presenta la propuesta de la CEPAL para el desarrollo económico del Sur de México, Honduras, El Salvador y Guatemala, Marcelo Ebrard viaja a Washington para darla a conocer al gobierno de Estados Unidos y es recibido por funcionarios de bajo nivel del mismo, mostrando la falta de interés por esa propuesta. A finales del mes de mayo, el presidente Trump amenaza al gobierno de México de qué si no frena radicalmente el flujo de migrantes de Centroamérica rumbo a Estados Unidos, el impondrá aranceles del 5 al 24% a las exportaciones mexicanas en la segunda semana de junio. El pánico llega al presidente y el gobierno mexicano y deciden enviar nuevamente a Marcelo Ebrard para que "negocie" con el gobierno de aquel país la forma de reducir esos flujos migratorios y evitar las sanciones a las exportaciones mexicanas sin tener el canciller capacitación en migración, en relaciones internacionales, en economía, ni en acuerdos comerciales internacionales y lo más grave sin incluir al titular del Instituto Nacional de Migración, el Dr. Tonatiuh Guillen, primer académico al frente de ese Instituto y experto en políticas públicas y desarrollo local, quien por la exclusión y falta de apoyo fue obligado a renunciar a ese cargo. La primera semana de junio se realizan las reuniones de los funcionarios de Estados Unidos con el raquítico equipo de Relaciones Exteriores y culminan el 7 de junio con la subordinación y aceptación total del gobierno mexicano de todas las exigencias sobre control migratorio, control de fronteras y aceptación de los migrantes centroamericanos expulsados de Estados Unidos una vez que entregaron su solicitud de asilo político en aquel país. En efecto, Marcelo Ebrard y el presidente López Obrador, festinaron públicamente la victoria pírrica de que habían evitado la aplicación de aranceles a las exportaciones mexicanas, pero, evadiendo reconocer que aceptaron los dictados de Estados Unidos de contención migratoria, militarización de fronteras y aceptación de facto de actuar como "Tercer País Seguro" al recibir a los migrantes expulsados de ese país una vez que realizaron su trámite de asilo. Así, de inmediato, más de 6 mil integrantes de la Guardia Nacional fueron movilizados a la Frontera Sur, lo mismo se hizo en la frontera norte, se incrementan las deportaciones e incluso se encarcela a los líderes migrantes de las caravanas con falsas acusaciones para mostrar a Trump la subordinación y cumplimiento de sus dictados por parte del gobierno mexicano.

Las grietas de la política migratoria y económica del gobierno de López Obrador

La ausencia de la movilidad humana como tema relevante en la agenda del nuevo gobierno, la ausencia de funcionarios capacitados en Relaciones Exteriores, Secretaría de Economía, Comercio, Migración, Desarrollo Social y en áreas afines y el gran poder discrecional de AMLO de encargarle a Marcelo Ebrard como súper ministro o vicepresidente en funciones los acuerdos con Estados Unidos el 7 de junio de 2019, sin considerar las funciones y responsabilidades del Senado respecto a las relaciones internacionales de México, a pesar de sus enormes limitaciones, explican como las "negociaciones" sobre las exportaciones mexicanas, los aranceles, el control migratorio, las fronteras y la seguridad nacional, finalmente vinieron a constituir una nueva dependencia y relación neocolonial con aquel país. En seis meses el gobierno mexicano pasó de una retórica de solidaridad y apoyo a los transmigrantes a un discurso de control, persecución y criminalización de los migrantes en nuestro país con más de 20 mil integrantes de la Guardia Nacional ubicados en ambas fronteras para cumplir los dictados de Estados Unidos. Los temas de políticas migratorias con enfoque de derechos humanos quedaron en el olvido y lo mismo sucedió con la propuesta de la CEPAL para el desarrollo económico del sur de México, Honduras, El Salvador y Guatemala.

Paradójicamente, la titular de la Secretaría de Gobernación, que meses previos hacia encendidos discursos de solidaridad y apoyo a los transmigrantes centroamericanos en su paso por México, a finales de junio, el día Mundial del Refugiado, expresa que "no se permitirá utilizar el territorio nacional sólo para llegar a Estados Unidos". Estas declaraciones son respaldadas por información del INAMI quien declara que luego del acuerdo con Washington el 7 de junio han detenido a más de mil migrantes por día (La Jornada, 21 de junio 2017).

La prensa mexicana registra al inicio del mes de julio la satisfacción del presidente Trump por la subordinación del gobierno de López Obrador a sus dictados de reducción de flujos migratorios, criminalización de la migración, deportaciones crecientes y militarización de las fronteras con la Guardia Nacional. Por "el gran trabajo" que está haciendo el gobierno de Andrés López Obrador para detener a los flujos de migrantes hacia los Estados Unidos (aumentó del 32.7% de deportaciones durante el mes de junio), la gente de México "esta tan feliz como yo", aseguró el presidente Trump, quien aclaró que la amenaza de imponer aranceles al vecino país del sur, por el momento ya no está a discusión (Milenio, 2 julio 2019).

La subordinación del gobierno mexicano a Estados Unidos en la reducción de los flujos de transmigrantes, control de fronteras, seguridad nacional, recepción de centroamericanos expulsados de Estados Unidos, aceptada por el canciller mexicano el 7 de junio, incluía además aceptar la fiscalización y evaluación cada 45 días de los resultados de la contención migratoria y demás dictados para no aplicar las sanciones a las exportaciones mexicanas. La tercera semana de julio el secretario de Estado de aquel país Mike Pompeo en actitud imperial y neocolonial vino a pedir el informe sobre los resultados en la contención migratoria. Marcelo Ebrard y el gobierno mexicano no lo defraudaron y en forma eufórica le informaron que desde el acuerdo referido el flujo migratorio se redujo 36.2%, asegurando el presidente López Obrador que se seguirá con esa estrategia (La Jornada, 23 de julio, 2019).

Ante tal subordinación y claudicación en la soberanía nacional en el diseño de las políticas migratorias, control de las fronteras, de la política de seguridad nacional por parte del nuevo gobierno hacia las exigencias de Trump, diversas organizaciones de la sociedad civil en México con larga trayectoria en la lucha por los derechos humanos, la defensa y apoyo de los migrantes, la actualización del marco normativo sobre movilidad humana y diseño de estrategias de desarrollo y migración, declaran que la política migratoria de México está supeditada a los intereses de Trump con enormes costos humanos, violación a los derechos de los migrantes, deportaciones masivas y la detención de 50 mil niños(La Jornada, 24 de julio, 2019).

La actitud de subordinación de la política migratoria de México y de la Cancillería al presidente Trump es reiterada en Washington el 10 septiembre cuando Marcelo Ebrard acude a informarle al "Imperio" que el plan de contención migratoria ha sido un éxito con una reducción del 56% del flujo migratorio hacia los Estados Unidos del 7 de junio al 31 de agosto por nuestra frontera norte. (La Jornada, 7 septiembre 2019). Nuevamente diversas organizaciones de la sociedad civil denuncian el alto costo en términos de derechos humanos, deportaciones, criminalización de la migración y costos financieros para el país del plan de reducción migratoria impuesto por Estados Unidos. Ana Saiz, directora de Sin Fronteras, destaca el costo para el país de ubicar a más de 25 mil agentes de la Guardia Nacional en las fronteras cercano a 500 millones de pesos por mes, agentes que no cuentan con la capacitación para realizar funciones de control migratoria con enfoque de derechos humanos; lo que ha generado deportaciones masivas y violencia creciente a los derechos humanos cuestionando el discurso del gobierno mexicano que supuestamente estaría aplicando los principios del Pacto Global de las Migraciones de diciembre de 2018 basado en migraciones regulares, seguras y ordenadas con base al respeto a los derechos humanos(La Jornada, 7 septiembre, 2019). Esta denuncia es ratificada por más de 100 organizaciones de la sociedad civil que cuestionan como los "avances" en la reducción del flujo migratorio han significado un gran retroceso en los derechos humanos de todos los migrantes en el país. Durante 90 días del acuerdo binacional en materia migratoria, México "se ha convertido en el muro fronterizo" del presidente Trump, pues a partir de dicho convenio se han desprendido múltiples violaciones a los derechos humanos de los migrantes indocumentados en el territorio nacional al implantar una política de criminalización de los migrantes y de militarización en la estrategia de control y deportaciones masivas de los migrantes (La Jornada, 11 septiembre 2019).

Para encubrir la subordinación del gobierno mexicano a los dictados de Estados Unidos de contención migratoria, criminalización de la migración, deportaciones crecientes y militarización de las fronteras, el Canciller mexicano sigue con la retórica de que están promoviendo los acuerdos del Pacto Global de las Migraciones de diciembre del 2018 en Marruecos por una migración regular, ordenada y segura y difundiendo supuestos apoyos de los gobernadores del sur -sureste al plan de desarrollo para frenar la migración(La Jornada, 13 julio 2019) y de organismos internacionales como la Organización de las Naciones Unidas (ONU), la Secretaría General Iberoamericana y la Unión Europea(La Jornada 21 de junio 2019). En el afán de arropar la difusa propuesta de desarrollo para el sur de México y el "Triángulo del Norte" de Centroamérica, la Cancillería mexicana difunde sin prueba alguna que 35 países, cinco agencias de cooperación y ocho organismos internacionales se han sumado a esa iniciativa (La Jornada, 21 agosto 2019). Sin embargo, no existe ningún compromiso formal de apoyo técnico y menos aún ningún compromiso formal de financiamiento por ninguno de los países y organismos mencionados. Ante la ausencia de apoyos financieros concretos de los organismos internacionales y de los propios países de Centroamérica, el gobierno mexicano se ve obligado a "exportar" el programa Sembrando Vida a El Salvador y a Honduras como supuesta primera acción de apoyo al desarrollo regional con donaciones de 30 y 21 millones de dólares de las finanzas mexicanas para promover la siembra masiva de árboles frutales y maderables como mecanismo de retención de la población en las comunidades de origen, las famosas "redes de contención" de la migración de López Obrador. El 19 de junio en El Salvador, el canciller mexicano informa de la donación a ese país para la siembre de 50 mil hectáreas de árboles y la generación de 20 mil empleos hacia diciembre y expresa que esperan la inversión de Estados Unidos contra la migración forzada que podría ser de 2 mil millones dólares por el tamaño de su economía. Ebrard acota respecto a la donación referida que no es porque a México le sobre dinero y seamos un país rico, porque nosotros también tenemos pobreza con 52 millones de habitantes en esa situación. Se trata de mostrar a los pueblos más ricos del mundo que si se podría acabar con la pobreza en esta generación si se quisiera (La Jornada, 20 julio 2019).

Conocidas las dos donaciones del gobierno mexicano a El Salvador y Honduras para la exportación del Programa "Sembrando Vida" y el anuncio que también les exportarán el Programa Jóvenes Construyendo el futuro (La Jornada, 27 de julio 2019) se reiteran las debilidades de la propuesta de desarrollo del gobierno mexicano para esos países, Guatemala y el sur de nuestra nación. Jorge Santibáñez (La Jornada, 8 de julio 2019) señala dos limitaciones centrales. No ve como llevarán a la realidad el plan de desarrollo de esta región, no hay recursos suficientes ni un proyecto macroeconómico y de estrategia regional con objetivos, instrumentos, indicadores y mecanismos de evaluación que incluya a todos los países señalados. La segunda es que la retórica desarrollista, sin instrumentos técnicos concretos ni financiamiento, distrae la atención de la crisis humanitaria que trágicamente se sintetiza en la imagen del padre salvadoreño Oscar Martínez y su hija Angie Valeria que recientemente se ahogaron en el rio Bravo en su intento de cruzar a Estados Unidos, como consecuencia directa de los mecanismos de control que tiene Estados Unidos en la frontera y las del gobierno mexicano instrumentadas por los dictados del gobierno estadounidense (La Jornada, 2 julio 2019).

Para este investigador no existe un plan concreto para la región ni compromisos y mecanismos de financiamiento concretos más allá de los anuncios de Tren Maya y sus eventuales impactos turísticos y la promoción de negocios de Estados Unidos en la región, lo que explica la exportación de los programas sociales, de transferencias de ingresos, no de desarrollo económico regional, a los países mencionados. Lo más preocupante para Santibáñez es que cuando AMLO habla del tema migratorio nunca hace referencia a la crisis humanitaria que se vive en el país, al hacinamiento en los albergues de la frontera norte de los que huyen los migrantes e intentan cruzar por donde y como sea a Estados Unidos, como sucedió con el padre e hija salvadoreña que murieron ahogados. Tampoco habla de los miles de migrantes centroamericanos que son detenidos violentamente y contra su voluntad son deportados a sus países de donde huyen para poder sobrevivir.

Es importante reconocer como Jorge Santibáñez le ha dado seguimiento de forma crítica y propositiva a la crisis migratoria y de fronteras de México con Estados Unidos desde finales de 2018, resaltando la ausencia de una equipo profesional y capacitado dentro del gobierno mexicano para enfrentarlas de forma responsable, proactiva y en defensa de la soberanía nacional y la protección de los derechos humanos de todos los migrantes que transitan por México, lo que ha llevado a que finalmente sea Estados Unidos quien el 7 de junio pasado haya impuesto la política de contención migratoria, criminalización, deportaciones masivas y militarización de las fronteras de México y la obligación de recibir a los centroamericanos expulsados de aquel país luego de entregar la solicitud de asilo, de largo procesamiento y difícil respuesta positiva. Santibáñez cuestiona al gobierno mexicano ¿Por qué ante la amenaza de la imposición de aranceles no se estableció un diálogo de alto nivel con el gobierno estadounidense y ante la amenaza de las deportaciones masivas de mexicanos ni siquiera se buscó ese diálogo? Dicho cuestionamiento refleja la ausencia de la movilidad humana como prioridad en la agenda del actual gobierno mexicano como prioridad y la enorme ignorancia y debilidad de la Cancillería para defender a 12.4 millones de mexicanos y 26.4 millones de personas nacidas en Estados Unidos de origen mexicano (CPS-2019) que representan un gran potencial económico, social, político y cultural hasta ahora desaprovechado por todos los gobiernos mexicanos. Para él, el presidente López Obrador perdió la oportunidad de demostrar que le importan más los mexicanos que el comercio. Ni los gobiernos anteriores, ni el actual, han diseñado una estrategia diplomática binacional orientada a regularizar a los más de 6 millones de mexicanos indocumentados y a los más de 600 mil "dreamers" que viven en Estados Unidos, para que tengan las mismas oportunidades que cualquier otro grupo poblacional para acceder a educación superior, a servicios de salud, a créditos para desarrollar negocios, y que se genere un modelo de gestión de la frontera que fomente la convivencia y no división como ahora.

Para dicho autor integrar a 38.8 millones de personas de origen mexicano en Estados Unidos como prioridad de la agenda nacional son la mejor inversión para México, no solamente por que enviaron 36 mil millones de dólares de remesas familiares en 2019 que mantienen 1.6 millones de hogares en el país y porque sus transferencias, viajes e inversiones familiares tiene importantes impactos multiplicadores regionales, sino además porque potencialmente representan una línea de defensa de los intereses de México en Estados Unidos, hasta ahora desperdiciada. Por si no son suficientes estas razones, hay que recordar al gobierno mexicano y la clase política que estos paisanos podrán representar 10 millones de votos en futuras elecciones mexicanas (La Jornada, 22 de julio 2019).

El abandono de la gran comunidad mexicana en Estados Unidos por parte del gobierno actual tiene su explicación para el mismo investigador anterior en la ausencia del tema migratorio como prioridad en su agenda nacional, la debilidad institucional con que funciona con un enfoque de seguridad nacional y las tres estrategias definidas en las relaciones con Estados Unidos: no engancharse en las provocaciones declarativas de Trump y justificar el abandono de la comunidad mexicana porque se trata de un asunto interno del gobierno de ese país y no se quieren conflictos con él; seguir aplicando el dictado de contener las migraciones con deportaciones masivas para lograr el beneplácito de ese gobierno y, finalmente, lograr la aprobación del T-MEC. Esta relación bilateral para ese investigador es insostenible, cuestiona ¿Cuánto tiempo podrá tener México 27 mil agentes de la Guardia Nacional deteniendo migrantes mientras crecen las violencias en todo el país? ¿Cuánto tiempo seguirán las deportaciones masivas y la violación de sus derechos humanos de miles de migrantes centroamericanos hacia el infierno y la muerte en sus países de donde vienen huyendo? El tema migratorio ya lo metió nuevamente Trump en su agenda electoral y el gobierno mexicano está contribuyendo a su triunfo de forma extraordinaria al subordinarse a sus dictados de migración y seguridad. Si gana nuevamente, crecerá la subordinación del país y la situación neocolonial en curso, si pierde; también pierde México, porque ante el triunfo de los demócratas, ellos ya vieron que México cede y acepta todo. Este gobierno está hipotecando por mucho tiempo la relación con Estados Unidos, y todo por una palmadita en la espalda acompañada de un "good job" o un twitter de Trump sobre su felicidad por la reducción migratoria y la subordinación del gobierno mexicano a sus dictados (La Jornada, 2 de agosto, 2019).

Previamente, el mismo Santibáñez cuestiona si más allá del inmediatismo, la improvisación de Cancillería y del gobierno mexicano en su conjunto sobre la crisis migratoria, de fronteras y de la relación con Estados Unidos están actuando junto con el Senado (responsable de las relaciones internacionales del país) y el Congreso para construir una nueva institucionalidad para todos los problemas que genera la movilidad humana en el país con sus seis dimensiones señaladas previamente, en particular, sobre los flujos de migrantes centroamericanos y los acuerdos tenidos el pasado 7 de junio en Washington. El hace los siguientes cuestionamientos (La Jornada, 13 de julio 2019):

1. ¿Generó el gobierno mexicano un sistema de información que registre los efectos de las medidas adoptadas, que permita conocer cuántos migrantes han sido detenidos en la frontera sur de México, de que nacionalidad, cómo fueron detenidos, que pasó con ellos y cuál ha sido

el costo de todas las detenciones y deportaciones masivas?

2. ¿Se tiene un sistema de información para la frontera norte que consigne el monto de migrantes centroamericanos en esa zona y el retorno de los mexicanos, los problemas, las acciones y costos de las acciones gubernamentales y el apoyo realizado por la red de organizaciones civiles y religiosas? La información de este doble sistema de registro es fundamental que se dé acceso público para poder hacer una evaluación del costo, de los impactos y el futuro de las nuevas funciones de control migratorio y deportaciones masivas que acepto el gobierno de México el pasado 7 de junio.

3. ¿Se ha evaluado el costo para México de haber recibido hasta el 30 de junio pasado 19 mil migrantes centroamericanos expulsados de Estados Unidos luego de entregar su solicitud de refugio y que el gobierno mexicano se ve obligado a proporcionar alimentación, salud, vivienda y hasta empleo (se estima en 40 mil migrantes expulsados a inicios de septiembre)?

4. ¿Se tiene la información financiera del costo de haber desviado más de 20 mil agentes de la Guardia Nacional (una tercera parte de su personal) de las funciones de vigilancia y protección de la población mexicana hacia las detenciones y deportación de migrantes y como ello ha incidido en un marcado incremento de las violencias en todo el país?

En el mes de agosto de 2019, cuando el gobierno norteamericano ha incrementado las visitas de sus funcionarios de seguridad a Guatemala, Honduras y El Salvador para presionar a sus gobiernos de seguir el ejemplo de México de control de los flujos migratorios en origen y tránsito por ellos y que incluso acepten la función de "Tercer País Seguro", cuando la cantidad de 40 mil migrantes centroamericanos solicitantes de asilo han sido expulsados a México una vez entregada su solicitud se equipara a 42 mil 849 solicitudes de refugio según la información de la Comisión Mexicana de Ayuda a Refugiados(La Jornada,10 de agosto 2019) y cuando Marcelo Ebrard después de la masacre del Paso Texas contra los mexicanos integra a su discurso la supuesta colaboración de Estados Unidos en la lucha por restringir el tráfico de 200 mil armas al año a México, surge la pregunta de fondo si realmente la propuesta de supuesto desarrollo económico regional para los llamados países del "Triángulo Norte" y el sur de México del gobierno de López Obrador va a detener el flujo migratorio hacia los Estados Unidos. Lo que implica reconocer las profundas causas económicas, sociales, demográficas, políticas, institucionales, culturales, ambientales y geopolíticas estructurales que lo provocan en las últimas tres décadas y los aceleran a niveles históricos en los últimos nueve meses. Ante la complejidad estructural en la región de atraso, marginación, pobreza, la destrucción de los mercados internos y los sectores económicos tradicionales de arraigo de sus poblaciones con la implantación del neoliberalismo como modelo de la muerte de sus economías, mercados, sectores productivos y cohesión social, que provoca un proceso de violencias crecientes derivadas en gran medida por el fracaso de los Estados respectivos y su complicidad con las corporaciones del crimen internacional, no se ve que se eliminen las causas estructurales de esa movilidad humana del sistema migratorio Centroamérica, México y Estados Unidos. No existe ningún reconocimiento de los gobiernos de la región de la responsabilidad del modelo económico promovido por Estados Unidos y sus agencias financieras del control mundial, el Fondo Monetario y el Banco Mundial, como responsables de la expulsión masiva de las poblaciones de sus comunidades y países de origen. Si existe dicho reconocimiento no pasa de discursos y en el mejor de los casos promueven programas asistenciales y de transferencia de ingresos para ancianos y jóvenes, como lo hace el gobierno mexicano. Pero, siguiendo con el mismo modelo neoliberal de la austeridad que obedece a los intereses y dictados de los mercados financieros internacionales, las calificadoras y las grandes corporaciones del capitalismo mundial. Sobre esta pregunta de fondo, Jorge Santibáñez plantea que el flujo migratorio desde Centroamérica no se detendrá, por lo menos durante algún tiempo por cinco razones: exceso de jóvenes en la región en busca de oportunidades, la pobreza extrema, la violencia estructural, la falta de jóvenes en Estados Unidos y las redes familiares en Estados Unidos que funcionan como facilitadoras de la migración. La población joven representa el 21% en los países centroamericanos y 18% en México, en Estados Unidos representa el 13%. Este país requiere de jóvenes para realizar los trabajos rudos y de baja calificación y en un futuro cercano, para pagar las pensiones de los estadounidenses que se retiran y dejan de producir. Respecto a la violencia extrema en la región, la información la corrobora todos los días y en cuanto a las redes familiares, el ejemplo lo representan los salvadoreños, uno de cada cinco vive en aquel país, para ellos la migración es un proceso de reunificación familiar y social (La Jornada, 30 de agosto, 2019).

Para Santibáñez, bajo la lógica anterior la idea de inyectar recursos en la región es buena, pero, no nos engañemos, no está ocurriendo y no ocurrirá mientras en Estados Unidos el discurso antimigrante siga siendo rentable políticamente. Ese país no va a poner un dólar para el desarrollo de la región. Lo que México y los países centroamericanos plantean suena bien, pero, es poco realista y finalmente, como ocurrió en México, la salida de centroamericanos la detendrá la demografía ¿O de verdad alguien cree que la salida de mexicanos se detuvo porque hay mejores condiciones de desarrollo? En ese escenario y reconociendo que la migración, la movilidad humana, no ha sido ni es prioridad del gobierno mexicano y la clase política por más de 50 años, resalta como esa tendencia sólo puede ser revertida a mediano plazo con una sólida organización política independiente de los migrantes, en México y Estados Unidos, que voten en las elecciones de ambas naciones promoviendo la ciudadanización masiva y la participación electoral con su propia agenda, sus propias plataformas y candidatos. Son un enorme tigre dormido. Es el momento de que despierte.

Los migrantes organizados transnacionalmente como nuevos actores políticos de las agendas públicas en México, Estados Unidos y Centroamérica, incidiendo en las políticas públicas y los presupuestos a favor de sus propuestas y demandas, siendo correcto como una visión estratégica de organización, de lucha y de alianzas con otros actores sociales, a corto plazo enfrenta graves limitaciones en Centroamérica por la destrucción del tejido económico, social y político, por la deteriorada situación institucional de los gobiernos, por la poca maduración como Estados, la corrupción y la subordinación a los poderes fácticos regionales, en particular, Estados Unidos y sus empresas transnacionales. En el caso mexicano con cerca del 10% de la población que habita en Estados Unidos organizada fundamentalmente por estados y comunidades de origen para la promoción de obras comunitarias enfrenta varios problemas que les ha impedido convertirse en un verdadero actor social transnacional: el corporativismo que sufren del Estado mexicano para organizarse y promover sus proyectos solidarios en las comunidades de origen ("la toma de nota en los consulados" y los representantes estatales y su instrumentación por los gobiernos municipales y de los estados para hacer la mayor cantidad de proyectos), la partidización, el escaso nivel de formación ciudadana que fortalece el corporativismo y las acciones asistencialistas hacia ellos del gobierno federal y los gobiernos estatales con un paternalismo transnacional refuncionalizado en los últimos veinte años; la ausencia de políticas públicas de desarrollo regional y sectorial en sus regiones de origen y el asumir como misión central de sus actividades organizativas, su agenda y agencia, la solución de los problemas que no cumple el gobierno mexicano, federal y estatal, de obras públicas de infraestructura básica como agua, drenaje, electricidad, calles, carreteras y servicios básicos como salud y educación con el financiamiento de miles de becas cada año. Esta filantropía transnacional ha consumido casi totalmente toda la energía organizativa, de trabajo y de relación de más de 2 mil organizaciones de migrantes mexicanas en Estados Unidos durante cuarenta años y ahora está en un proceso de envejecimiento, sin generación organizativa de remplazo, y con una grave tensión política con el gobernó actual que mutiló gravemente todas las partidas migrantes en el presupuesto 2019, desapareció el Fondo de Apoyo Migrante(FAM) de apoyo al autoempleo de los migrantes retornados, desmanteló el Programa 3x1, que era el programa que institucionalizó la filantropía transnacional por más de 20 años financiando más de 25 mil proyectos comunitarios en el país y que para el presupuesto 2020 no tiene ningún apoyo pese a los reclamos, presiones y luchas de las organizaciones migrantes por la incoherencia del gobierno mexicano cuando el año pasado mandaron al país 34 mil millones de dólares.

La realidad del México hoy, como lo muestran los presupuestos 2019 y la propuesta del presupuesto 2020, es que los migrantes, sus demandas y propuestas no están como prioridades en la agenda del gobierno federal, del Congreso, del Senado, ni de los gobiernos estatales y ningún partido político. Por ello ante la complicada coyuntura actual del decrecimiento económico del país del PIB este año, desempleos constantes, anuncio de mayor austeridad y el cuestionamiento por diferentes sectores sociales del campo y la ciudad a la permanencia del mismo modelo neoliberal que durante 18 años critico el presidente actual, la realidad plantea la necesidad de promover alianzas estratégicas de las organizaciones migrantes con las organizaciones campesinas, organizaciones indígenas, organizaciones de mujeres, sindicatos independientes y de colonos de las zonas urbanas para mediante la lucha organizada darle vida a la Cuarta Transformación construyendo realmente una agenda nacional alternativa , una agenda diferente a favor el bien común, del empleo, del bienestar de la mayoría de la población de la Nación mexicana, incluidos los 38.8 millones de habitantes de origen mexicanos en Estados Unidos. Introduciendo las propuestas de apoyo al fortalecimiento de las organizaciones migrantes en México, Estados Unidos y sus comunidades transnacionales, el diseño de políticas de verdadero desarrollo integral y sustentable en sus regiones y comunidades de origen y retorno, con sus demandas en el centro y la articulación de los tres niveles de gobierno. El "Tigre transnacional" de los migrantes debe ponerse de pie, en lucha, en marcha, con una amplia alianza social que integre a la mayoría de los sectores sociales de los 162 millones de mexicanos que constituimos la Nación mexicana más allá de las fronteras. De lo contrario, el dinosauro de la clase política nacional, hoy camuflado de "moreno", lo seguirá oprimiendo y aplastando como lo ha hecho hasta hora o en el mejor de los casos le llevara la caridad pública asistencial a cambio de seguir encadenado a los mecanismos corporativos y clientelares en México y Estados Unidos.

Las grietas de las políticas públicas y los retos del gobierno mexicano 2018-2024

La ausencia de políticas públicas explícitas de desarrollo regional y sectorial en el Plan Nacional de Desarrollo 2019-2024, la continuación de "la estabilidad macroeconómica y certidumbre financiera" como prioridad económica nacional, al igual que en los últimos 37 años, reiterada por el Secretario de Hacienda y Crédito Público al entregar a la Cámara de Diputados el paquete económico para 2020 (La Jornada, 9 de septiembre, 2019) y la austeridad y recortes en la inversión pública nacional anunciada para el año próximo hacen inviable que realmente el nuevo gobierno logre los aumentos anunciados en el PND 2019-2024 en el crecimiento del PIB nacional del 6% y el prometido desarrollo nacional y la desaparición de la migración internacional por necesidad. En efecto, con una propuesta de egresos de 6.1 billones de pesos para 2020 con las prioridades del gasto social, fortalecimiento de Pemex y seguridad nacional, con la expectativa de un crecimiento del 2% del PIB, inflación del 3%, un tipo de cambio de 20 pesos por dólar y un precio de 49 dólares por barril de petróleo, queda descartada la posibilidad de una verdadera política pública de desarrollo sectorial y regional con la inversión pública como detonante, como plantean los diversos expertos en políticas económicas del desarrollo en la primera parte de este trabajo. De hecho, el 82% del presupuesto de egresos referidos ya está comprometido, el 60% del mismo, 3 billones 598 mil millones de pesos, se destina a tres rubros: pago de pensiones y jubilaciones del sector público (965 mil 200 millones de pesos), costo financiero de la deuda (732 mil 873 millones de pesos) y gasto federalizado con un gasto de inversión de 760 mil millones de pesos, 3% superior al de 2019. Esta propuesta de egresos responde a la ortodoxia neoliberal de la austeridad y equilibrio macroeconómico y no contiene ninguna estrategia de desarrollo económico sectorial y regional para el país. La misma SHCP reconoce tres riesgos que impidan que el país logre el crecimiento esperado del 2% del PIB para 2020: que no se ratifique el Tratado México, Estados Unidos, Canadá (T-MEC) y que las calificadoras internacionales de crédito reduzcan la nota de Pemex y la deuda soberana y una mayor debilidad de inversión privada (La Jornada, 9 septiembre, 2019).

Ante la previsible continuación del bajo crecimiento económico del país para el 2020, la vulnerabilidad y dependencia de las exportaciones mexicanas a Estados Unidos y en marcha la campaña para la reelección de Trump, el funcionamiento del T-MEC, la migración y las fronteras serán parte central de su campaña y sobre el acuerdo comercial difícilmente será ratificado antes del final del proceso electoral a finales de 2020. La evaluación de las calificadoras sobre Pemex y la deuda soberana es incierta y depende en gran medida de las tendencias y contradicciones que amenazan con una recesión de la economía mundial, la especulación de los mercados financieros y energético, el tipo de cambio, la capacidad de producción nacional de hidrocarburos y el avance incierto en las nuevas construcciones del complejo petrolero de Tres Bocas. Sobre la inversión privada, más allá de las declaraciones sobre un hipotético compromiso del Consejo Coordinador Empresarial del pasado mes de junio de inversiones por más de 30 mil millones de dólares, no existe ninguna certeza que tales declaraciones se lleven a la práctica y dependen en gran medida de los montos y comportamiento de la inversión pública. Situación que contrasta con el envío de los migrantes mexicanos en Estados Unidos al país en 2018 por 34 mil millones de dólares y 35 mil millones de dólares estimados para 2019 (La Jornada, 30 de agosto 2019).

Conclusiones

Luego de 37 años de aplicación del modelo neoliberal en México con una baja tasa de crecimiento del PIB nacional no mayor del 2%, 57% de la población económicamente activa en la informalidad, 52 millones de pobres en el país, 8 millones de jóvenes que no estudian ni trabajan ("Ninis"), una violencia e inseguridad generalizada en el país con más de 200 mil asesinatos, 50 mil desaparecidos y 40 mil desplazados internos, el modelo económico se sigue aplicando, manteniendo las rigurosas prioridades de estabilidad macroeconómica y la austeridad forzada del peso de la enorme deuda de 11 billones de pesos con que recibió López Obrador la administración federal. El prometido nuevo proyecto de Nación de Morena y el nuevo gobierno mexicano en términos de un nuevo proyecto económico nacional de desarrollo orientado al mercado interno y el desarrollo regional y sectorial con empleo y bienestar para todos no se ha presentado. Tampoco se manifiesta en los presupuestos de 2019 y 2020, en los cuáles persiste la ortodoxia neoliberal de los equilibrios macroeconómicos para asegurar el pago de la deuda y dar certidumbre a los mercados financieros, castigando el gasto en inversión pública que es el que tiene mayor impacto multiplicador en los diferentes sectores y regiones del país y es detonante de la inversión privada. Se aumenta el gasto social hacia sectores de ancianos y jóvenes desempleados y sin acceso a la educación con objetivos compensatorios ("ejército electoral de reserva"), pero, con escaso impacto en el crecimiento y desarrollo económico del país.

A nivel internacional, organismos como el Fondo Monetario y el Banco Mundial ven con satisfacción como el gobierno de AMLO sigue rigurosamente los dictados de la ortodoxia neoliberal y lo mismo sucede con las grandes corporaciones extranjeras y mexicanas beneficiadas de forma extraordinaria los últimos 38 años por el neoliberalismo. Más aún cuando uno de sus representantes, Alfonso Romo ocupa el segundo puesto en importancia en el gabinete presidencial del gobierno de López Obrador, quien tiene enorme influencia en la integración y cambios dentro del gabinete, en los megaproyectos anunciados, en el diseño de presupuestos y en las negociaciones con las cúpulas empresariales y con Carlos Slim, presente en todos los megaproyectos existentes ya en el país y en los que ha anunciado el nuevo gobierno. La integración del gabinete de ese gobierno, el diseño y aplicación de sus presupuestos ratifica y profundiza el funcionamiento y las consecuencias del neoliberalismo en México, generando la duda de si realmente hay un nuevo proyecto de Nación o sólo se trata de un neoliberalismo asistencialista como sucedió en los gobiernos progresistas de América del Sur de 2000 al 2015 durante el auge exportador. Esta situación lleva a preguntarnos de que ha servido un contundente voto de 30 millones de mexicanos el 1 de julio de 2018 por un cambio económico, político, social, institucional y cultural en el país, con mayoría en el Congreso y el Senado del partido de AMLO y aliados, si finalmente el modelo económico y el gobierno funciona como los gobiernos precedentes con dos diferencias: un discurso contra la corrupción sin investigaciones serias y sanciones contra los altos funcionarios del gobierno anterior y algunos programas asistencialistas como prioridad presupuestal. En este sentido, es muy útil el análisis de Lucio Oliver sobre las experiencias de los gobiernos progresistas de América del Sur para México (2019). La primera de las lecciones aportadas por esos gobiernos fue que se desligó a las sociedades de la responsabilidad de ser el elemento generador del cambio. Luego de los triunfos electorales, se le desmovilizó, se le llevo a la pasividad con programas de transferencias sociales y se dejó la conducción de los asuntos públicos en los actores políticos tradicionales de los partidos y el sector privado. Cuando termina el auge exportador y no hay condiciones de continuidad de los programas asistenciales de transferencia de ingresos y la derecha regresa al poder, los sectores populares desmovilizados y excluidos de la conducción de la vida pública no pudieron impedir su llegada.

La segunda lección de esos países es que la iniciativa, la propuesta, la organización y participación permanente de la sociedad es fundamental para promover y realizar un cambio en las estructuras e instituciones de los países. Sin esta participación, los nuevos gobernantes se quedan en una versión muy limitada de reformas, de administrar el mismo gobierno con buenos deseos de más justicia, honestidad y eficacia. Pero, sin alterar la estructura de poder del Estado a nivel ejecutivo, legislativo y judicial y sus compromisos y subordinación con las corporaciones del gran capital interno e internacional. La experiencia de los gobiernos progresistas de América del Sur de 2000 al 2015 fue que en los hechos no se plantearon reformas profundas del Estado ni del capitalismo. Se optó por una gestión asistencial de las estructuras existentes con una visión de justicia, de distribución compensatoria con los ingresos de exportación, sin ninguna alteración de fondo en la estructura del poder regional.

Lucio Oliver (2019: pp.) destaca como la experiencia señalada muestra la necesidad de modificar la relación Sociedad-Estado para que la sociedad se reforme y se convierta en un gran actor político con autonomía, aliado con el gobierno progresista, pero que se asuma autónomo para poder empujar por una generalización de las reformas. La sociedad tiene que construirse como un actor político decisorio por la vía del debate y de la auto-organización y participación permanente con una verdadera nueva agenda de Nación. Una sociedad que no cuenta con ella no puede ser un actor político. Hay que llevar en México la Cuarta Transformación a nuestra vida social, nuestro trabajo, nuestras fábricas, nuestras escuelas, nuestros comercios, nuestros barrios. La Cuarta Transformación está en nosotros, plantea Oliver. Exige que la sociedad se auto-organice para que no se debiliten los gobiernos progresistas, para que no se queden como una burocracia separada de la sociedad. Ello implica para él, entre otras cosas, esclarecer tres problemas teóricos centrales para definir colectivamente el futuro del país:

1. ¿Cómo condiciona la globalización como dominio mundial del gran capital a México, cómo condiciona la reorientación del modelo económico y la construcción de un nuevo proyecto de Nación?

2. ¿Cómo transformar con participación popular al actual Estado en México, que luego de seis lustros ha sido rediseñado y reestructurado en sus tres niveles para responder a los promotores y beneficiarios del neoliberalismo y la Globalización que han refuncionalizado al país en su función dependiente, subordinado y neocolonial respecto a esos actores y Estados Unidos?

3. ¿Cómo construir una amplia alianza social con todos los movimientos populares que respalden a los gobiernos progresistas en sus propuestas de transformación estratégica de la economía y todas las instituciones del Estado?

Con la finalidad de aprovechar las experiencias de los gobiernos progresistas de América del Sur que discursivamente plantearon un nuevo proyecto económico, social y político para países como Bolivia, Ecuador, Brasil, Argentina y Paraguay resultan muy útiles los comentarios y propuestas aportadas por José Valenzuela (2016), en el cual plantea que las propuestas de los gobiernos "progresistas" las orientaron al aspecto distributivo del neoliberalismo y se olvidaron por completo del aspecto de la producción, con una convergencia con las nuevas políticas neoliberales recomendadas por el Fondo Monetario Internacional y la OCDE, concentrando los gobiernos de Brasil, Chile y Uruguay y otros sus esfuerzos en políticas sociales de corte distributivo. Dejando intocados los cimientos del modelo neoliberal en el plano de la producción, de las relaciones externas y de la política económica. Para él, siguen con el esquema neoliberal con algunas "aspirinas" o dosis de redistribución, legitimando, finalmente, el patrón de acumulación neoliberal. El gasto social, además de los gastos necesarios en educación y salud, se canaliza en transferencias (como recomienda el Banco Mundial) a los sectores más pobres de la población, en subsidios selectivos en los servicios públicos como el transporte, el agua y la energía, que finalmente inciden negativamente en las finanzas públicas y resultan difícil de mantener a lo largo del tiempo. Frente a esa "limosna estatal", Valenzuela recuerda que es la dinámica capitalista neoliberal la que destruye los mercados internos, los sectores económicos tradicionales y las actividades regionales más relevantes como las del mundo rural, destruye empleos y la cohesión social, convierte a los países en grandes fábricas de pobres y luego recomienda estas políticas de administración de la pobreza que se complementan con programas de microcrédito, autoempleo y desarrollo local sin ningún sustento en las políticas públicas de desarrollo sectorial y regional destruidas por ese modelo. Ante lo cual plantea si estratégicamente en la perspectiva del desarrollo nacional no es mejor promover políticas de desarrollo industrial y de desarrollo rural integral con generación masiva de empleos permanentes y bien remunerados, que seguir con el asistencialismo que envilece y mutila la ciudadanización, convirtiendo a la población en pordioseros y contingente cautivo de los mecanismos corporativos del asistencialismo estatal. Esta última reflexión resulta muy oportuna ante la coyuntura actual de México de finales de 2019 con muy bajo crecimiento económico y del empleo, mayor austeridad y recortes en la inversión pública y aumentos en los programas de transferencia de ingresos de los sectores más vulnerables que parece reproducirse para el 2020 de acuerdo a la propuesta de egresos para ese año para seguir con la ortodoxia neoliberal. Atrapado en la jaula neoliberal el gobierno de AMLO, subordinado a los mercados internacionales y sus calificadoras, ha mostrado un equipo económico muy limitado, carente de capacidad y de recuperar las experiencias exitosas de políticas públicas de auténtico desarrollo económico fungiendo el Estado como desarrollador central de sus economía en una colaboración del sector privado acotada a los objetivos nacionales de crecimiento, empleo, desarrollo sectorial, desarrollo regional, balanza comercial favorable, cambio educativo, científico y tecnológico, con un manejo sustentable y soberano de sus territorio nacional. Tales experiencias de Japón, Alemania, China, Corea del Sur, Vietnam y Finlandia (José Romero, 2019b) parecen no existir para el nuevo gobierno y siguen presos de la jaula neoliberal, de las presiones y chantajes de Trump, de los acuerdos con la oligarquía nacional e internacional y de sus propias limitaciones. De la reflexión final de José Valenzuela se desprende la posibilidad de ubicar la generación de empleo como la prioridad central del país y del nuevo gobierno, ante la cuál debería darse una amplia alianza con todos los sectores productivos, sociales y políticos del país. Lo que significa desde ahora promover desde el Congreso y otros espacios políticos y sociales un estrategia multianual para la creación del Sistema Nacional de Empleo Público para el Desarrollo (Correa, 2010), con la generación masiva de empleos permanentes y bien remunerados como la mejor política de erradicación de la pobreza, para revertir la informalidad del 57% de la fuerza de trabajo del país, aumentar la captación tributaria, incidir en las causas de la migración internacional con la generación de empleo en las zonas de alta intensidad migratoria y de retorno y en las fronteras norte y sur donde la movilidad social de los últimos años ha generado un enorme déficit de empleos y una bomba de tiempo por las implicaciones que ha tenido la acumulación de contradicciones económicas, sociales, políticas, demográficas, de servicios públicos y de seguridad y violencias en esas zonas del país. Una política nacional de empleo para todas las regiones del país, reconociendo sus diferencias, sus rezagos históricos, sus potencialidades y necesidades diversas, significa un verdadero cambio en la conducción económica, presupuestal, social e institucional del país y permite enfrentar de forma autónoma y proactiva los problemas de movilidad humana que hoy son fuente de conflicto creciente con Estados Unidos, Centroamérica y otros países.

CAPÍTULO 7

EL PROGRAMA 3X1 BAJO LA CUARTA TRANSFORMACIÓN. AUGE, DECLIVE Y LOS RIESGOS DE LA DESAPARICIÓN DE LA FILANTROPÍA TRANSNACIONAL INSTITUCIONALIZADA

Introducción

Por casi cien años los migrantes mexicanos han emigrado a Estados Unidos en busca de oportunidades y por ese mismo tiempo han contribuido al desarrollo del país de diferentes maneras, no solo con las remesas familiares que envían producto de su trabajo, las cuales tienen un impacto importante en la reducción de la pobreza, solo por mencionar un ejemplo, sin las remesas internacionales el número de hogares rurales en pobreza se incrementaría hasta en 10.6% (Gaspar y García 2019). Por décadas, también han reducido la presión del mercado laboral del país, en 2019 más de 8 millones de mexicanos en Estados Unidos son económicamente activos (PEA), 7.7 millones (95.8%) están empleados; así en México en lugar de haber 56 millones de PEA habría 64.1 millones y en lugar de haber 2 millones de desempleados habría 9.9 millones, sumados a población en edad laboral disponible que asciende a 5.7 millones, población que de acuerdo a INEGI considera que no tiene oportunidad para trabajar, pero tienen interés en ello.

Además de los aportes anteriores, los migrantes mexicanos en Estados Unidos desde los años sesenta del siglo anterior se organizaron para promover diversos proyecto sociales en sus comunidades de origen sólo con sus cooperaciones con lo que representa el origen de la filantropía comunitaria transnacional autónoma, en la década siguiente se manera informal avanzan a la etapa del 1x1, 1 dólar de los migrantes por 1 dólar de algunos ayuntamientos, de forma no institucional; que propicia en los 80 y 90s avanzar a la institucionalización del Programa 2x1 en algunos estados del país como Zacatecas y Guerrero con mayor migración internacional a Estados Unidos, 1 dólar del gobierno estatal y otro del gobierno federal por 1 dólar migrante. Antecedente de la institucionalización de la filantropía comunitaria transnacional bajo el Programa 3x1, como programa federal en 2002.

Es importante destacar que este es el primer esfuerzo institucional del gobierno mexicano por establecer una política pública hacia la comunidad migrante en el exterior articulada mediante su filantropía transnacional con las comunidades de origen. La comunidad migrante mexicana en aquel país ha enfrentado permanentemente una situación adversa de discriminación, segmentación laboral y de exclusión de los servicios públicos que se incrementa con las políticas de persecución y deportaciones crecientes a causa de los ataques en Nueva York en septiembre del 2001 y los impactos de la crisis económica en Estados Unidos de 2007 a 2014. Lo que ha significado un proceso de retorno y deportaciones cercano a 4 millones de personas entre 2008 y 2018, ante lo cual el gobierno mexicano estableció en 2009 el Fondo de Apoyo para los Migrantes (FAM) como un pequeño crédito de autoempleo para los migrantes retornados. Desafortunadamente, el nuevo gobierno mexicano en diciembre 2019 decide desaparecer presupuestalmente a ese Fondo y al Programa 3x1, los únicos orientados hacia los migrantes mexicanos y sus familias, por considerar que este había sido manipulado corporativamente por los gobiernos anteriores que incurrían en frecuentes malos manejos en sus recursos. Pero, sin plantear ninguna alternativa institucional para mejorar y fortalecer la filantropía comunitaria transnacional de los migrantes mexicanos en Estados Unidos.

La exclusión presupuestal en el Presupuesto de Egresos de la Federación 2020 del Programa 3x1 y del FAM resulta inexplicable e incoherente en términos económicos y políticos si consideramos los aportes de la comunidad migrante al país. Respecto al FAM, si consideramos, lo que lleva invertido el gobierno mexicano entre 2009-2018 en el Fondo, suma que asciende a 119.3 millones de dólares, y lo que los migrantes han enviado al país vía remesas familiares, que suman 249,547 millones de dólares, durante ese periodo, los migrantes de retorno y sus familias tan solo están recuperando 0.05% de lo enviado.

La eliminación del Programa 3x1 y del Fondo de Apoyo para Migrantes incrementa la vulnerabilidad de sus familias y comunidades y revela el desdén y falta de voluntad política del Estado mexicano y toda la clase política nacional frente al enorme aporte económico y social de los migrantes mexicanos en el desarrollo del país en los últimos 50 años, que en lugar de fortalecer sus filantropía transnacional y diseñar políticas públicas de apoyo para la reintegración de los migrantes y sus familias, los excluyen de los presupuestos federales, desechando seis décadas de aportes, aprendizajes sociales transnacionales y de alianzas con el Estado mexicano.

Con los impactos de la crisis económica de Estados Unidos 2007-2020 sobre la migración de mexicanos y sobre el crecimiento económico de México que se desploma, se perciben no sólo los grandes problemas de la economía mexicana para crecer y generar desarrollo y sustentabilidad (García y Gaspar, 2019). Ahora con un proyecto austero desmedido del gobierno de López Obrador (2018-2024) que está afectando a todos los sectores de la población en el país (decrecimiento económico del 0.7% en el Producto Interno Bruto en 2019), se suman en el año 2020 los cerca de 4 millones de migrantes mexicanos deportados y retornados por el gobierno estadounidense y los miles de centroamericanos que cruzan por México con la intención de llegar a territorio estadounidense. En ese complicado contexto de las relaciones binacionales con Estados Unidos, de la crisis migratoria, de fronteras y de seguridad incrementada por las "Caravanas Migratorias" de 2018 a 2020, en que se debería valorar y fortalecer la filantropía migrante transnacional mexicana, no obstante, la relevancia del Programa para los migrantes y sus beneficiarios y la inversión que ha implicado su implementación y mejoras, el Programa 3 x 1 es eliminado por el gobierno de López Obrador, al igual que el Fondo de Apoyo para Migrantes al no ser contemplados ambos programas dentro del Proyecto de Presupuesto de Egresos de la Federación para el Ejercicio Fiscal 2020 como indicamos antes.

Con la finalidad de resaltar la importancia de mantener el Programa 3x1 para Migrantes y el Fondo de Apoyo para Migrantes, en este estudio analizamos brevemente en un primer momento la evolución de la migración internacional de México desde sus 5 dimensiones: origen, destino, retorno, repatriación y tránsito de migrantes por territorio mexicano. Posteriormente nos enfocamos en el análisis de los clubes y organizaciones de migrantes y su relación con el surgimiento del Programa 3 x 1 para migrantes. Analizamos la importancia del Programa y las remesas colectivas de los migrantes a la luz de las evaluaciones del Consejo Nacional de Evaluación (CONEVAL).

El estudio se apoya en las evaluaciones llevadas a cabo por CONEVAL sobre el Programa 3 x 1 para Migrantes se incluyen también datos del Fondo de Apoyo a Migrantes. Hacemos estimaciones propias con base en American Community Survey (ACS) y Current Population Survey (CPS) de varios años. Estimaciones de INEGI, Encuesta Nacional de la Dinámica Demográfica (ENADID, 2014 y 2018). Datos de la EMIF Norte descargados de la página COLEF (tabulados). Información de IPM y del Departamento de Seguridad de los Estados Unidos.

Migración mexicana a Estados Unidos

La inmigración mexicana a Estados Unidos tuvo un crecimiento espectacular de 1970 a 2007 al pasar de 900 mil a 11.8 millones, posteriormente se observa un periodo de inflexión entre 2008-2010, periodo que marca un quiebre histórico en la tendencia que venía observando tanto el stock de inmigrantes como los flujos de emigrantes (Gaspar Olvera, 2011). A partir de 2008 el stock de inmigrantes mexicanos en Estados Unidos se mantiene por 8 años en alrededor de 11.8 millones, es decir de 2007-2014 (Gaspar Olvera, 2018). Después del 2015, encontramos dificultades para diferenciar la tendencia observada del stock a partir de las dos encuestas de mayor uso para el estudio de la migración mexicana asentada en Estados Unidos, la Current Population Survey (CPS) y la American Community Survey (ACS), mientras la primera muestra un incremento en el stock, la segunda mantiene una tendencia en descenso (Gaspar Olvera, 2019). Los datos sugieren que el monto de mexicanos es de alrededor de 12 millones, monto que coloca a México como el segundo país con el mayor número de nacionales viviendo fuera de su territorio.

Por otro lado, el flujo de emigrantes con destino al país vecino, con datos de EMIF-Norte, marca una tendencia en descenso, en 2008 registró poco más de 748 eventos, esa cifra alcanzó apenas 96,137 eventos en 2015 y se estima que los flujos se mantienen en descenso con 35,350 eventos en 2017, es sabido que por la propia naturaleza y población objetivo de la encuesta los flujos que reporta están subestimados. Los flujos estimados con la ACS y la CPS indican lo contrario, el ingreso de mexicanos a la nación vecina se ha mantenido en alrededor de 200 mil anuales de 2014-2018 (Gaspar Olvera, 2019), incremento que se confirman con los datos de fuentes mexicanas como la ENADID y la ENOE, aunque en magnitudes distintas (ídem). De manera similar Canales y Mesa (2018) encuentran también un incremento de los flujos emigratorios a Estados Unidos.

No se puede pasar por alto las dimensiones territoriales que ha adquirido la migración internacional de mexicanos en el exterior, particularmente en Estados Unidos cuando en 41 estados ocupan las primeras 5 posiciones como grupo de inmigrantes, en 32 de ellos ocupan la primera posición (Mapa 1). Dentro de la república mexicana todas las entidades federativas experimentan la salida internacional de su población e incluso 24 de ellas incrementaron su número entre los periodos de 2009 a 2013 y de 2013-2018. De acuerdo con datos estimados por INEGI con la Encuesta Nacional de la Dinámica Demográfica (ENADID, 2014 y 2018), entre agosto de 2013 y septiembre de 2018, 787,675 mil personas emigraron del país, 68,433 personas más que en el periodo 2009 a 2014 (719 242). Mientras en el primer periodo de observación el 45.7% retorno en el mismo quinquenio que salió, es cifra fue inferior en el siguiente quinquenio (40.1%), estos datos confirman un aumento en la emigración del país.

La falta de oportunidades laborales decentes en México es un factor que incentiva los flujos de emigrantes mexicanos a Estados Unidos: ese factor y el ciclo económico de la nación vecina son más relevantes como alicientes para emigrar que los factores inhibidores como son las condiciones políticas y el ambiente antinmigrante prevaleciente (García Zamora 2012; Gaspar Olvera, 2012; Canales y Meza, 2018). En ese tenor, es posible que la migración a Estados Unidos no alcance las dimensiones históricas que tenía, pero como es un proceso dinámico de larga data, desde nuestro punto de vista continuará con un cambio importantes en su perfil demográfico y nivel de escolaridad, es decir con un incremento en la migración de mujeres y grupos de migrantes con mayores niveles de escolaridad.

Los eventos coyunturales ocurridos en Estados Unidos durante las dos últimas décadas tienen efectos colaterales sobre la emigración de mexicanos, son ejemplo de ello, la recesión económica que inicia en marzo de 2001 tras 10 años de crecimiento económico y el ataque a las torres gemelas en septiembre de ese mismo año. Con la mayor crisis económica que ha experimentado Estados Unidos de 2007 a 2009 marca un punto de inflexión en el stock de inmigrantes y su lenta recuperación mantiene un flujo bajo pero constante de emigrantes por un largo periodo, pero suficiente para mantener un saldo neto migratorio negativo para México (Gaspar Olvera, 2019).

Mapa 1. Dispersión geográfica de los inmigrantes mexicanos en Estados Unidos, 2017

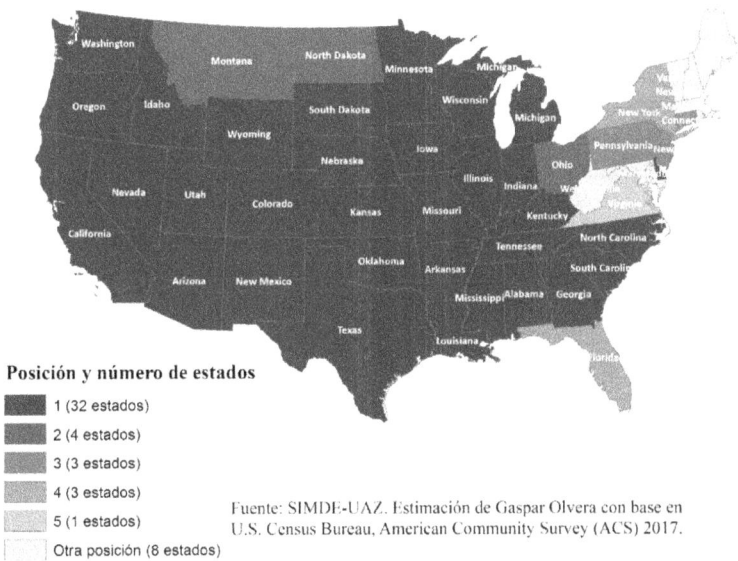

Posición y número de estados
- ■ 1 (32 estados)
- ■ 2 (4 estados)
- ■ 3 (3 estados)
- ▨ 4 (3 estados)
- ▨ 5 (1 estados)
- □ Otra posición (8 estados)

Fuente: SIMDE-UAZ. Estimación de Gaspar Olvera con base en U.S. Census Bureau, American Community Survey (ACS) 2017.

Aun con la imprecisión de los datos de la CPS y la ACS ambas encuesta marcan la misma tendencia a un incremento en la emigración de mexicanos a Estados Unidos que se corrobora observando la información disponible en México, por ello, podemos concluir que México no ha podido contener el flujo de emigrantes a la nación vecina, pues los problemas estructurales que históricamente han afectado a la población mexicana persisten y ahora parecen intensificarse con la política de austeridad adoptada por el nuevo gobierno, lo que ha dado lugar a pérdidas de empleo y mayor precariedad laboral, pérdidas de apoyos gubernamentales para los migrantes e incertidumbre sobre los años venideros. Las condiciones estructurales prevaleciente en México y las tendencias marcadas por los datos de ambos países permiten corroborar lo ya referido por Gaspar Olvera (2012 y 2018), Canales y Meza (2016) el no sostenimiento del colapso de la migración mexicana al vecino país del norte. Dando como resultado el sostenimiento de un proceso social de larga data que ha dado origen a una población mexicana de gran magnitud en Estados Unidos, 12.4 millones de inmigrantes son mexicanos y 26.4 millones de estadounidenses son de origen mexicano, en conjunto suman 38.8 millones, a la cifra de estadounidenses habría que sumar a los que viven en México (poco más de 607 mil).

Este cambio en la tendencia de la migración mexicana al vecino país del norte, atribuido a los eventos coyunturales ocurridos en las últimas dos décadas favorece que se estigmatice aún más a los migrantes como delincuentes haciéndolos responsable de la inseguridad y la falta de empleo, situación que se intensifica con la llegada del mandatario Donald Trump. Costanza (2017) señala que tal postura del gobierno de Trump con su discurso discriminatorio solo busca "Chivos expiatorios" para contrarrestar los efectos de una economía global en recesión y la aplicación de medidas neoliberales)[1]. Bravo y Délano (2019), argumentan que Trump supo convertir el ambiente antiinmigrante en un instrumento político que no da soluciones, pero resulta útil como moneda de negociación tanto interna y como con el Estados mexicano. De modo que la relación con México sobre el fenómeno migratorio es solo un recurso para hacer política interna, transferir responsabilidades y obtener recursos a costa de los migrantes. Los migrantes indocumentados para Trump resulta muy rentable para negociar y el Estado mexicano un recurso al cual transferir sus responsabilidades ante la imposibilidad de construir su muro. Para Deeds y Whiteford (2016) el crecimiento económico depende de la prosperidad y el trabajo, garantizar la seguridad y los derechos humanos de los migrantes es responsabilidad de los países involucrados en el fenómeno migratorio, la construcción del muro solo traerá mayores costos humanos, sociales y económicos.

Otros cambios en la dinámica migratoria, son el aumento del retorno voluntario de connacionales a México, en las repatriaciones de connacionales, en el número de remociones y retornados por las autoridades migratorias de Estados Unidos (Gráfica 1 y Gráfica 2). Un aumento de la inmigración de estadounidense de origen mexicanos al país, grupo compuesto principalmente por menores de 18 años (Corona Vázquez, 2011; Gaspar Olvera, 2012). En ese contexto, Trump desde su discurso de protesta señala "recuperar" el control de sus fronteras y "fortalecer" el trabajo interno, ratificando su actitud neoproteccionista a nivel económico y comercial, de represión y deportaciones masivas contra los migrantes indocumentados, mayoritariamente mexicanos (García, Gaspar y Pérez, 2019).

Asimismo, la migración en tránsito por México aumenta, estimaciones de Canales y Wisner (2018) indican que la migración en tránsito por México en 2005 fue de 438 mil centroamericanos cifra que se mantiene en descenso hasta

[1] https://www.telesurtv.net/opinion/El-otro-muro-La-estigmatizacion-de-los-migrantes-desde-el-discurso-20170130-0010.html

2013, sube en 2014 de 395 mil hasta alcanzar la cifra de 417 mil centroamericanos en 2017. Otras estimaciones calculan que entre 140 mil y 400 mil personas cruzan anualmente por territorio mexicano con destino a Estados Unidos o Canadá (Cabrera 2018)[2]. Nosotros estimamos que fue de 553 mil centroamericanos en 2017, de los cuales el 38.6% logró ingresar a Estados Unidos.

Gráfica 1. Aprehenciones-EU y eventos de extranjeros-México, octubre 2016 - agosto 2019

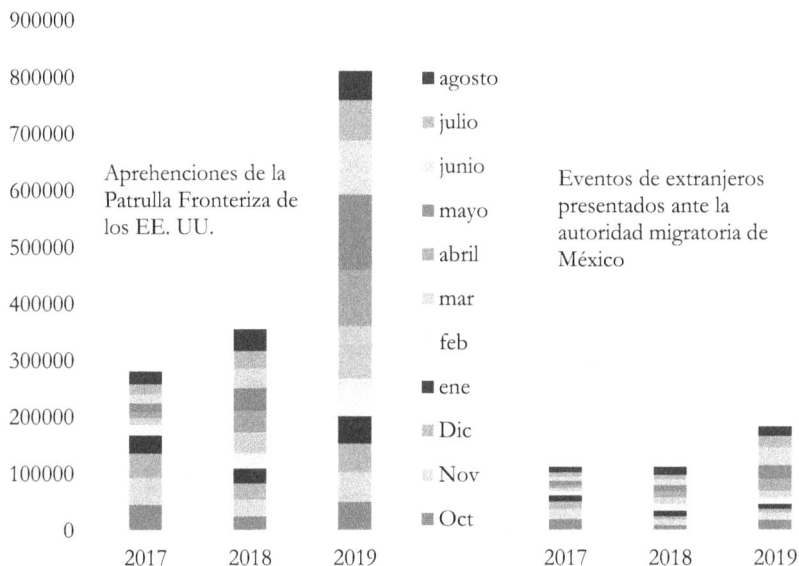

Fuente: Elaborado con base en U.S. Department of Homeland Security y datos de Unidad de Política Migratoria de México.

Bajo este contexto, nuestro país presenta cinco dimensiones migratorias: origen, tránsito, destino, retorno, repatriaciones y desplazamientos de migrantes, principalmente de Centroamérica (La jornada, 6 mayo 2019; García y Gaspar, 2019)[3]. Ante la complejidad de este fenómeno demográfico y la ubicación de México como paso obligado para quienes migran por vía terrestre y las restricciones impuestas por Estados Unidos con todo lo que ello implica para los migrantes hace del Fondo de Apoyo para Migrantes una necesidad. Fondo que surge en 2009 para apoyar a los migrantes retornados con proyectos de autoempleo y en 2018 sufre un fuerte recorte presupuestal. Dicho apoyo estaba dirigido preferentemente a migrantes mexicanos de retorno con matrícula consular, documento de repatriación o con algún documento que acredite su residencia laboral en los Estados Unidos y cuyo evento no sea mayor

[2] https://www.iis.unam.mx/blog/migracion-centroamericana-en-mexico/
[3] https://www.revistabrujula.org/copia-de-b109-heredia

a dos años anteriores al ejercicio fiscal 2018. Ante las dimensiones del retorno migrante de Estados Unidos y la falta de políticas públicas de apoyo para la reintegración de ese sector al país, pese a lo limitado de los recursos del FAM, cumplía una función importante de apoyar el arraigo con los proyectos de autoempleo de los migrantes retornados. Durante la vida de ese Fondo hubo propuestas para aumentar sus recursos, ampliar las opciones de empleo y diversificar los pequeños proyectos productivos en varios estados como Michoacán y el mismo Distrito Federal, pero, no tuvieron aceptación a nivel federal.

Gráfica 2. Composición familiar de aprehensiones en la frontera sur de los Estados Unidos 2013-2019 y por país de origen 2019

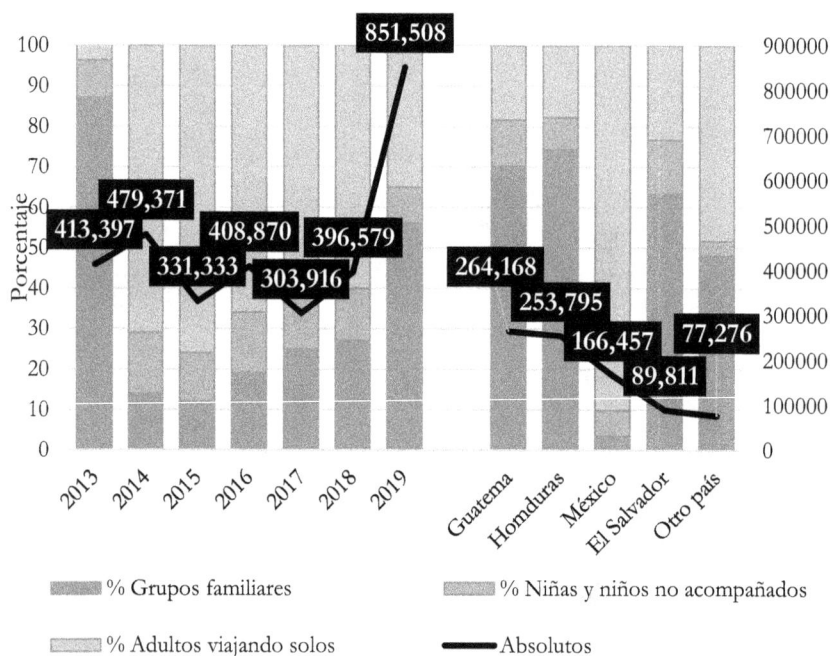

Fuente: Elaboración de los autores con datos OIM, : U. S. Customs and Border Protection.

El reconocer las cinco dimensiones de la migración mexicana debería llevar al Estado mexicano a valorar los aportes migrantes al país y fortalecer y mejorar el Programa 3x1 y el Fondo de Apoyo Migrante, integrar la migración como una prioridad en la agenda gubernamental como señalan Bravo y Delano(2019), atenderlo en toda su complejidad justo cuando en los últimos años los aportes financieros de las remesas de los migrantes mexicanos en Estados Unidos han sido estratégicos en el funcionamiento de la débil económica nacional y las miles de comunidades transnacionales desempeñan una importante función de apoyo y cohesión social en las comunidades y regiones de origen de los migrantes.

Las remesas individuales y colectivas de los migrantes

No obstante, los obstáculos adversos de tipo laboral, económicos y de política de inmigración que los migrantes mexicanos encuentran en sus destinos en Estados Unidos continúan enviando remesas familiares y colectivas a sus comunidades de origen. Mientras el número de inmigrantes mexicanos se multiplicó 1.8 veces desde 1995, al pasar de 6.96 millones a 12.26 millones en 2018, las remesas internacionales se han incrementado en 9.2 veces al pasar de 3,673 a 33,677 millones de dólares en el mismo periodo de observación (Grafica 3). A pesar del alto desempleo que experimentaron los inmigrantes mexicanos durante la recesión económica de Estados Unidos 2007-2009, sus remesas alcanzaron cifras superiores a los 21,000 millones de dólares. Una vez que la recesión comienza a ceder, el monto de remesas crece como producto de un aumento de las tasas de empleo de los mexicanos. En contracción económica la tasa de desempleo de los inmigrantes mexicanos aumenta y ante el menor indicio de recuperación económica, desciende y por lo tanto el flujo de remesas se incrementa (Delgado y Gaspar, 2018, García y Gaspar 2019). La exportación de migrantes se vuelve la fuente de divisas más importante del país, pese a su relevancia los migrantes no son una prioridad para el actual gobierno, reducción de recursos y eliminación de apoyos es lo que reciben a cambio (García, Gaspar y Del Valle, 2019).

Datos del Banco Mundial muestran que México ocupa la tercera posición con el mayor monto de remesas (33,677 con datos del Banco de México), le preceden la India en primer lugar con 78,609 millones de dólares y China con la segunda posición (67,414 millones de dólares). El indicador de remesas como porcentaje del PIB resalta la importancia de las remesas enviadas por los migrantes para la economía de México y lo coloca en primer lugar con el 3.0%, la India en segundo lugar (2.9%) y China con el 0.5%.

No obstante, la importancia que tiene el largo debate que existe en tormo a las remesas reportadas por el Banco de México versus las remesas familiares observadas a través de encuestas por muestreo (Tuirán, Santibañez y Corona, 2006), fuentes que por su naturaleza no son comparables, lo relevante es que las remesas familiares son producto del trabajo de millones de migrantes mexicanos en el exterior y que con ambos tipos de fuentes podemos constatar su impacto ya sea en los hogares que las reciben, para las empresas (bancos, casas de cambio y envío, etc) y para la economía del país en su conjunto. De acuerdo con Naciones Unidas[4], las remesas familiares tienen un impacto directo en la vida de mil millones de personas, son tres veces mayores a la Asistencia Oficial para el Desarrollo y superan la Inversión Extranjera Directa. Las remesas colectivas son fondos monetarios, donaciones, que las organizaciones o clubes de migrantes hacen principalmente a sus comunidades de origen para patrocinar proyectos comunitarios.

---

[4] https://www.un.org/en/events/family-remittances-day/ [10122019].

Gráfica 3. Tasa de crecimiento del PIB de EE. UU. 2006-2018 y monto de remesas internaciones de México, 2006-2018 (millones de dólares)

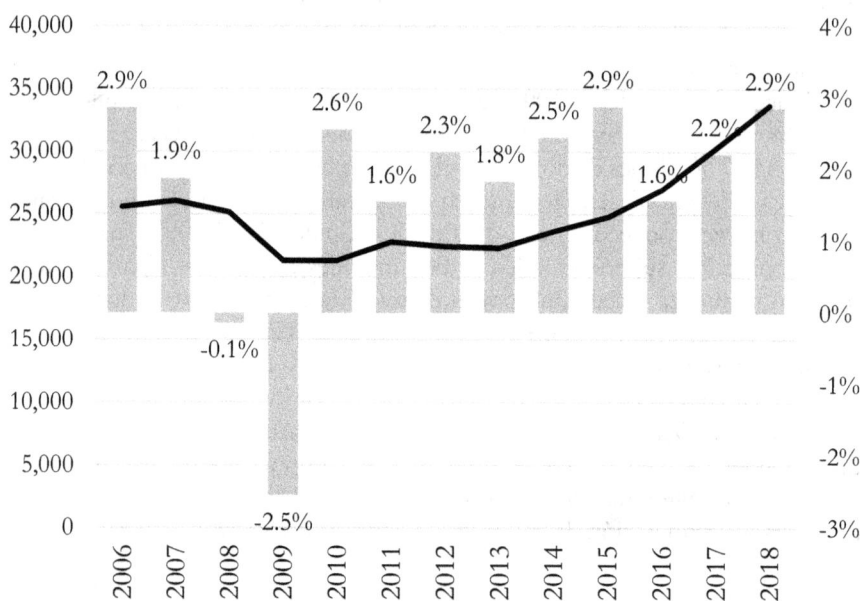

Fuente: Elaborado por los autores con Banco de México.

Las remesas individuales y colectivas de los migrantes tienen efectos multiplicadores, pues fortalecen la economía al aumentar la demanda de bienes y servicios. Ambos tipos de remesas tienen efectos positivos en el desarrollo de capital humano, pues en ambos casos se asignan recursos para educación; los niños de hogares migrantes alcanzan entre 0.7 y 1.6 años más de educación que los niños de hogares no migrantes (OIM, 51, cita a Duryea et al; 2005). En relación a su impacto en salud, se ha encontrado para los hogares de México que reciben remesas que es un determinante económico significativo de los gastos en atención médica y reducen la mortalidad infantil, por lo que una disminución de las remesas puede afectar a los hogares que las reciben en diversos aspectos (Amuedo y Pozo, 2009, López Códoba 2004, Duryea et a, 2005 citado en García y Pérez 2008).

En 2018, más de 1.6 millones de hogares mexicanos reciben remesas internacionales, para los hogares que las reciben representan el 56.1% de las transferencias, en el ámbito rural para los hogares que no son pobres representan el 59.2%, y para los hogares en pobreza el 55.1% (Gaspar y García 2020). Cabe mencionar que las transferencias en los hogares con remesas representan el 49.8% del ingreso total monetario (ídem). En el campo agrícola de México incrementa la inversión en ganado (OIM, cita Taylor, 1992), un estudio más reciente llevado a cabo en Chiapas encuentra que la apropiación de tecnologías modernas es la más alta en el grupo de productores con remesas, lo que se traduce en un mayor rendimiento, lo que evidencia la contribución de las remesas en la productividad (Turijan, Ramírez, Damián, Juárez y Estrella (2015). Las remesas operan como una de las más importantes y dinámicas fuentes de divisas (Delgado y Gaspar, 2018). Disminuyen los impactos negativos en otras fuentes de divisas en contracción económica y son un alivio temporal en la reducción de la pobreza, pero genera vulnerabilidad ante sus fluctuaciones (García y Gaspar, 2019). Aragonés y Salgado (2015) señalan que las remesas juegan un importante papel en relación con la estabilidad macroeconómica del país, pero para impulsar el desarrollo del país es necesario una transformación radical de las condiciones que han obligado a hombres y mujeres a emigrar (Gráfica 4).

Gráfica 4. México. Monto de remesas internaciones, 1995-2019 (millones de dólares)

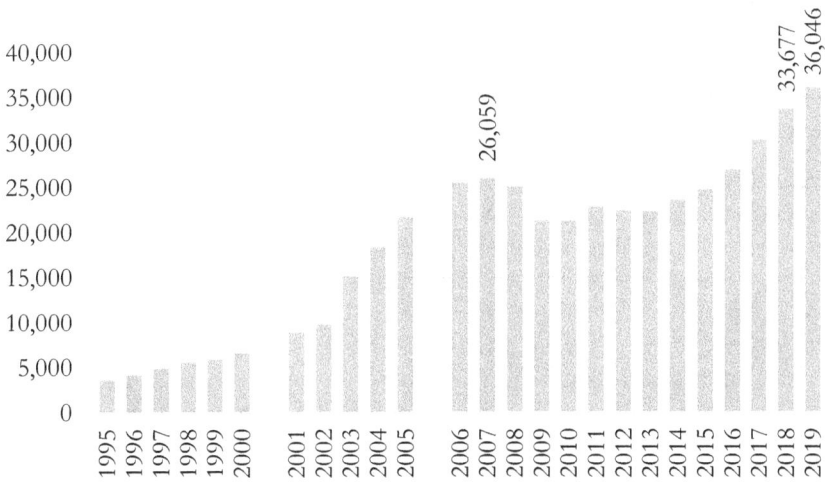

Fuente: Elaborado por los autores con Banco de México.

Clubes de migrantes y su vinculación con el Programa 3x1 para migrantes

García Zamora (2005), señala que los migrantes zacatecanos en Estados Unidos a través de los clubes de migrantes comparten sentimientos de pertenecía con sus comunidades de origen, ello los alienta a realizar actividades conjuntas en beneficio de sus lugares de procedencia. Este antecedente pone en contexto el surgimiento del Programa 3x1 para Migrantes, pues surge precisamente de una iniciativa de los clubes de oriundos de Zacatecas en 1986. A partir de entonces el número de organizaciones de migrantes mantiene una tendencia creciente, en 2008 habían más de 900 organizaciones de migrantes en Estados Unidos realizando prácticas de filantropía trasnacional (García y

Padilla, s.f). Siete años después, es decir en 2015 esa cifra casi se duplicó (1,697 organizaciones distribuidas en 41 estados del país vecino). En 2019 el IME reporta 2,644 organizaciones migrantes en el exterior de las cuales 2,243 se ubican en Estados Unidos, 283 en México y el restante distribuidas en 30 países, sobresalen por su número España, Canadá y Alemania. Los clubes listados en México (283) al revisar la dirección, casi en su totalidad registran una dirección ubicada en Estados Unidos.

García y Padilla señalan que las prácticas de filantropía de los migrantes surgen desde la década de los sesentas, cuando solo el recurso de los migrantes financiaba proyectos productivos para sus comunidades de origen, etapa conocida como "Cero dólares por uno". Posteriormente en la década de los setenta y ochenta se negocia de manera informal, con algunos municipios, la realización de proyectos bajo la modalidad de "Uno por Uno", un dólar de los clubes migrantes por un dólar de los ayuntamientos, y al inicio de los años noventa se transforma en Zacatecas y Guerrero en una modalidad formal de "Dos por Uno", un dólar de los migrantes por un dólar del gobierno federal y otro del gobierno estatal. Así mismo indican que en 1999, en Zacatecas se establece el Programa "Tres por Uno", cuando se suma un dólar adicional proveniente del gobierno municipal.

Acorde con el crecimiento de la inmigración mexicana en Estados Unidos (12.3 millones con datos CPS-2019) y su distribución geográfica, las asociaciones de migrantes se distribuyen en prácticamente todos los estados (44 estados), destacan por su número las organizaciones instaladas en California, Texas e Illinois (en conjunto concentran el 70% de los clubes de migrantes), estados que a su vez concentran al 64.1% de los inmigrantes mexicanos. Por otro lado, los mexicanos han diversificado sus destinos, datos estimados con la ENADID 2018 indica que el 15.2% tiene como destino un país distinto a Estados Unidos lo que ha dado lugar al surgimiento de clubes de migrantes en otras partes del mundo, sobre salen por su número los clubes instalados en España (24), Canadá (19), Alemania (15) y Suiza (7), Australia y Países Bajos con 6 clubes respectivamente (Mapa 2).

Los líderes de los clubes de migrantes a menudo señalan que el propósito primordial de sus inversiones e intervenciones en sus comunidades es poder eliminar las condiciones que los llevaron a emigrar de sus pueblos (García y Pérez, 2008). Asimismo, los une una preocupación y objetivo común, la situación de sus familias en México, por lo que han decidido apoyar cualquier acción a favor del desarrollo de las comunidades de origen como trabajar en obras de infraestructura básica; acercar los servicios de salud a la comunidad; apoyar al deporte, la educación y proyectos productivos, etc. Asimismo, debido a que se ha mejorado su campo de acción no solo dan atención a sus comunidades de origen también a localidades con rezago que los migrantes deciden apoyar (hasta un 40% del total de los proyectos se puedan autorizar en localidades con características distintas a aquellas de la población objetivo

(SEDESOL, 2017)[5]. También apoyan a los sectores de migrantes más necesitados en EE.UU.; recaudando fondos para apoyar aspectos: legales, empleo, vivienda, educación, combate a la pobreza, discapacidad, seguros médicos, proyectos para personas de la tercera edad, desarrollo social, etc. Es así que, su campo de acción no se limita a sus comunidades de origen y otras localidades de México con rezago social y económico, pues también hacen filantropía en sus destinos, esta característica ha hecho que se conozcan a las organizaciones y clubes de migrantes como una sociedad civil transnacional.

Mapa 2. Asociaciones y clubes oriundos de mexicanos en el exterior a septiembre 2019

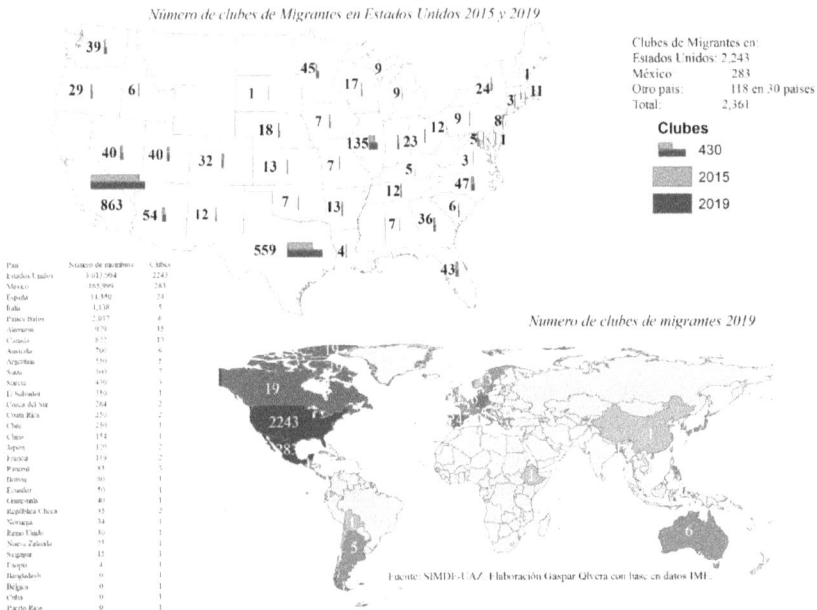

Número de clubes de Migrantes en Estados Unidos 2015 y 2019

Fuente: SIMDE-UAZ. Elaboración Gaspar Olvera con base en datos IME.

Importancia de las remesas colectivas y del programa 3 x 1 para migrantes

El Programa 3 x 1 es una iniciativa de las organizaciones de migrantes que el gobierno de México institucionaliza a nivel federal en 2002, Programa que opera con recursos de los migrantes y los tres órdenes de gobierno, el federal, estatal y municipal. Como hemos indicado antes los clubes de migrantes y las remesas colectivas son la clave del Programa 3x1, medio por el cual las remesas colectivas, que son las donaciones monetarias que los migrantes aportan, se transfieren a través del gobierno federal, estatal y municipal a sus comunidades vía programas sociales y de infraestructura. Así, el gobierno mexicano transfiere a las organizaciones parte de su responsabilidad en el tema del desarrollo nacional (García y Pérez, 2008), olvidándose de la agenda de los migrantes y

---

[5] https://www.gob.mx/cms/uploads/attachment/file/343288/S061_InformeFinal.pdf

alineándola a la agenda del desarrollo gubernamental desapareciendo la autonomía que inicialmente tenía la filantropía migrante.

Para García Zamora (2007) el Programa es trascendental dentro y fuera de México, recocido en los diferentes Foros Mundiales de Migración y Desarrollo realizados entre 2007 y 2016 como una de las mejores experiencias de filantropía migrante en el mundo; más allá de las cifras impresionantes de financiar más de 29 mil proyectos comunitarios de 2002 a 2019, el Programa es un instrumento de la organización comunitaria trasnacional de migrantes que genera espacios de negociación con los tres niveles de gobierno a favor de sus comunidades de origen propiciando el diseño de un nuevo tipo de políticas públicas con enfoque transnacional Es decir, las organizaciones de migrantes funcionan como un actor social transnacional que modifica el nivel de bienestar de sus comunidades de origen, que actúan entre dos o más países para el desarrollo social de ellas, además de fomentar una nueva institucionalidad de colaboración con los tres niveles del gobierno mexicano y la promoción de la cultura de control social y rendición de cuentas. Pero, ciertamente no todo ha sido positivo, el Programa 3x1 en su funcionamiento de 2002 a 2019 ha enfrentado contradicciones internas de diseño, de funcionamiento y de normatividad. De hecho, sus "Reglas de Operación" se diseñan anualmente de forma vertical desde la Secretaria de Hacienda y se aplican de forma similar mediante la Secretaría de Desarrollo Social y los gobiernos estatales. Las organizaciones migrantes y sus comunidades de origen mantienen una relación asimétrica y de subordinación por su separación geográfica en el extranjero, por su limitada organización y capacitación técnica y por el desconocimiento de la cultura burocrática mexicana. Situación que ha propiciado varias anomalías, como la existencia de cientos de "avales formales" de algunos clubes migrantes, sin aporte financiero de remesas colectivas por parte de ellos, para que los alcaldes y gobiernos estatales reciban mayor presupuesto federal y presuman la realización de una mayor cantidad de proyectos del Programa sin ningún aporte financiero de los migrantes. Por ello hemos venido planteando desde hace diez años la necesidad de una reingeniería institucional de ese Programa, en su diseño, en su articulación como parte de una verdadera política pública de desarrollo regional y local del país para las regiones de alta intensidad migratoria internacional y de retorno, como parte de una política social con enfoque transnacional, que reconozca y fortalezca la filantropía de las organizaciones migrantes mexicanas y apoye la organización y fortalecimiento institucional de los Clubes y Federaciones Migrantes en Estados Unidos. La eventual reactivación del Programa 3 x 1 para Migrantes debería contemplar una nueva normatividad debatida y construida por todos los actores sociales del mismo. En particular que permita que las organizaciones migrantes recuperen su autonomía, su protagonismo, su capacidad de debatir, proponer y participar en la aplicación, control social y rediseño del Programa y las nuevas políticas públicas de desarrollo donde se pueda insertar ese Programa luego de una reingeniería integral.

Además, es muy importante construir colectivamente un programa de fortalecimiento institucional en las comunidades de origen de los migrantes que las habilite como protagonistas de su desarrollo local integral y apoyar el mismo proceso en las organizaciones migrantes en las comunidades de destino. Que contemple la formación de nuevos liderazgos comunitarios, el relevo generación con enfoque de género, étnico y transgeneracional y al mismo tiempo busque un mayor protagonismo de la enorme comunidad mexicana en Estados Unidos de 38 millones de personas sobre su propia Agenda ante el Congreso y el Senado a nivel nacional y en los diferentes estados de la Unión Americana. De no hacerse esto, de no apoyar el gobierno mexicano la filantropía transnacional, su fortalecimiento y la construcción del relevo generacional, el peligro es que esta filantropía desaparezca, que no exista una siguiente generación de membrecía y liderazgos porque todo el esfuerzo se concentre en fortalecer la comunidad en Estados Unidos o porque ante la indiferencia y abandono del Estado mexicano y toda la clase política nacional desaparezcan los Clubes y Federaciones migrantes y con ellos la experiencia de su filantropía comunitaria con una historia de 60 años de colaboración con el desarrollo de México; de aprendizajes, de lecciones y de retos sin la respuesta del Estado mexicano que exige el momento histórico actual.

Desde la implementación del Programa en 2002 hasta el año 2017 se han apoyado 29,646 proyectos y el número de beneficiarios en términos de municipios y localidades se ha incrementado con el tiempo, salvo en 2017 cuando los recursos asignados descienden. En 2017 se implementaron 1,650 proyectos, de éstos el 44.5% fueron de infraestructura social básica, el 23.3% productivos, el 22% de servicios comunitarios, y el 10.2% educativos. Se apoyaron 1,089 localidades, de las cuales el 42% fueron atendidas por primera vez. Las entidades federativas con más localidades beneficiadas fueron Zacatecas (13.2%), Guerrero (10.6%), Guanajuato (9.9%) y Jalisco (7.9%). Estos proyectos fueron cofinanciados con la participación de 492 clubes de migrantes y supervisados con el apoyo voluntario de 921 clubes espejo que realizaron acciones de contraloría social. Solo por dar un ejemplo más de la importancia del programa y la necesidad de dar continuidad y aumentar el presupuesto asignado se dan algunas cifras proporcionadas por CONEVAL sobre la población potencial, la población objetivo y finalmente atendida por el programa 2002-2017 y 2015-2017 (Gráfica 5 y Cuadro 1). La estadística del cuadro 1 informa sobre la población potencial de 2015 a 2017 que se estima en 192,245 cada año con una meta de 1300 anuales. La meta se superó en 2015 y 2016 salvo en 2017 debido a la disminución del presupuesto asignado. Cabe destacar que el programa se encontraba alineado a los objetivos del Programa Sectorial de Desarrollo Social (PSDS) y contaba con una estrategia y reglas de operación para su funcionamiento.

Gráfica 5. Proyectos, municipios y localidaddes beneficiadas del Programa 3 x 1 para migrantes 2002-2017

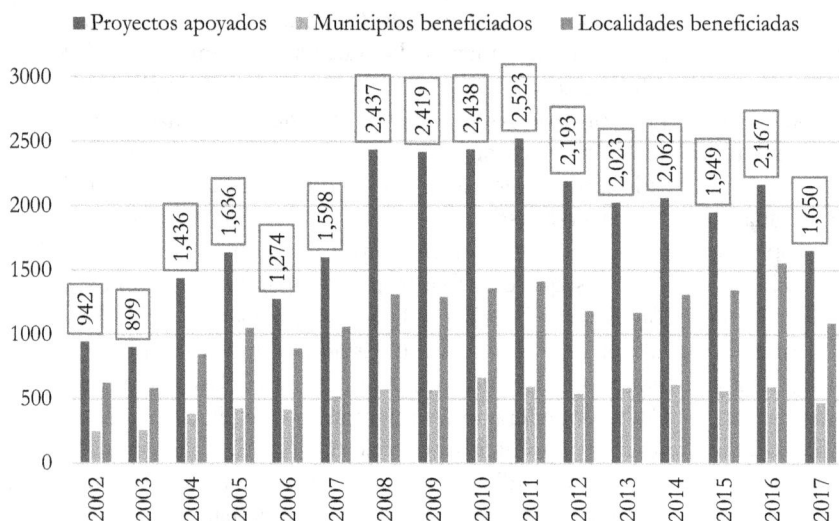

Fuente: Elaboración propia con datos de CONEVAL, varios años.

De acuerdo con las evaluaciones de CONEVAL entre las fortalezas del Programa destacan (2016-2017:2):

- Hay una percepción positiva en cuanto al grado de importancia y calidad de las obras por parte de los beneficiarios; además, consideran que las obras no hubieran sido realizadas sin el apoyo del Programa 3x1.

- El Programa 3x1 ha contribuido a la construcción de infraestructura que perdura en el tiempo, así como al financiamiento de negocios que son sustentables en su mayoría, y una fuente importante de ingresos para los beneficiarios.

- El proceso de consolidación del Programa 3x1 en comunidades con altos índices de migración, ha generado experiencia y conocimiento suficiente entre los migrantes para el desarrollo de proyectos en beneficio de las comunidades.

- El efecto multiplicador de los recursos es reconocido tanto por los migrantes como por los gobiernos locales, y ha servido de motor de participación y organización en las comunidades.

- Ha dado puntual atención y cumplimiento a las actividades correspondientes a los ASM (Actividades Susceptibles de Mejoras);

actualmente cuenta con 35 ASM concluidos, 10 vigentes y ninguno vencido, en los que ya se está trabajando.

• Existen otros programas tanto de la APF como de la Sedesol que dan apoyos similares en infraestructura y financiamiento de proyectos productivos, lo cual daría lugar a desarrollar proyectos de mayor impacto.

Cuadro 1. Cobertura del programa 3 x 1 para migrantes 2015-2017

Cobertura atendida	2015	2016	2017
Entidades	28	58	28
Municipios	561	590	470
Localidades	1,347	1,557	1,089
Hombres	NA	1,100,804	665,432
Mujeres	NA	46,126	621,089
Cuantificación de poblaciones			
Población Potencial (PP)	192,245	192,245	192,245
Población Objetivos (PO)	1,300	1,300	1,300
Población atendida (PA)	1,347	1,557	1,089
PA/PO	103.6%	119.8%	83.8%
Presupuesto ejercido			
Programa (MDP)	478	492	388
Ramo (MDP)	101,374	93,131	81,700
Total	101,852	93,623	82,088
Diferencia absoluta		-8,229	-11,535
Diferencia porcentual		-8.1%	-12.3%
Tipo de proyecto			
Infraestructura social básica		42.7%	44.5%
Productivos		29.6%	23.3%
Servicios comunitarios		19.9%	22.0%
Educativos		7.8%	10.2%

Fuente: Elaborado por los autores con datos de CONEVAL, Ficha de Monitoreo del Programa 3x1 para migrantes.

Si consideramos el funcionamiento del Programa 3 x 1 desde la perspectiva de las propias comunidades beneficiadas, no hay duda de que son más los impactos positivos que los negativos (García Zamora, 2017, García, Gaspar y Pérez, 2019). La información de más de 29 mil proyectos filantrópicos realizados, la cantidad de comunidades y familias beneficiadas y la evaluación positiva que realiza CONEVAL del Programa 3x1 dimensiona sus impactos y la necesidad de mantener, reestructurar y mejorar ese Programa. La exclusión presupuestal del Programa 3x1 en 2020 refleja la falta de reconocimiento del aporte histórico de los migrantes que viven en el extranjero a la economía mexicana y la de aquellos que han retornado; contribución que no se ve reflejada ni en las partidas presupuestales, cada vez más reducidas, y en la falta de una política migratoria integral que proteja a los migrantes mexicanos, incluidos sus hijos nacidos fuera de México. Y en el desinterés del gobierno por atender un problema creciente de repatriaciones y retorno. Y ahora también se limita la representación política de los migrantes en el exterior, catalogando a los migrantes como sujetos de segunda clase con derechos políticos limitados por residir fuera de su país (Villaseñor, 2019).

Los migrantes merecen un trato digno y humanitario que garantice su repatriación segura e integración a la sociedad. Para ello se requiere fortalecer los apoyos existentes, la eliminación del Programa 3x1 afectará no solo el alcance de los proyectos (sociales y micro-productivos) y su continuidad, también a todos aquellos que de manera directa e indirecta se benefician de dicho Programa. Su exclusión presupuestal afecta a las organizaciones migrantes, su capacidad de organización, de formulación de nuevos proyectos sociales y de recaudación de remesas colectivas y debilita su capacidad de continuar apoyando el desarrollo comunitario en sus regiones de origen. Políticamente es muy grave el mensaje porque el gobierno federal y el Congreso nacional les están diciendo a los migrantes que no importan en su agenda nacional, no son prioritarios en sus políticas ni en sus presupuestos. Los millones de migrantes mexicanos en Estados Unidos que por 50 años han apoyado el desarrollo del país con más de 400 mil millones de dólares de remesas familiares y con más de 29 mil proyectos comunitarios de 2002 a 2019, perplejos se preguntan ¿Qué pasa con el nuevo gobierno de México que en la campaña electoral en 2018 nos llamaba a la construcción de un Nuevo Proyecto de Nación?

Los riesgos de la fractura presupuestal y política entre el Estado mexicano y las organizaciones migrantes mexicanas en Estados Unidos por la eliminación presupuestal del Programa 3x1 para Migrantes y el FAM son que esas organizaciones reorienten su trabajo, energía y esfuerzo hacia su fortalecimiento institucional y mayor participación cívica y política en Estados Unidos, que abandonen sus diferentes iniciativas de apoyo al desarrollo comunitario en sus regiones de origen dejando de subsidiar al gobierno mexicano en su obligación de aportarle obras de infraestructura social y lo más grave, que la filantropía comunitaria transnacional desaparezca por la indiferencia, la ignorancia e insensibilidad del gobierno mexicano actual y toda la clase política nacional. Perdiendo y desechando 60 años de aportes, aprendizajes y alianzas institucionales con los tres niveles de gobierno en México a favor del desarrollo comunitario en las regiones de origen y el diseño de nuevas políticas públicas sociales con enfoque transnacional.

En el escenario de 2019 cuando inicialmente el Programa 3x1 había recibido un recorte del 90% del presupuesto asignado en el año anterior, que finalmente quedó en una reducción del 60% y cuando en el sexto mes no había aun las Reglas de Operación del mismo por parte de la Secretaria de Hacienda, las organizaciones migrantes de Zacatecas en Estados Unidos presionan por meses y obligan a que el gobierno de ese estado reestablezca el Programa 2x1 de remesas colectivas que en los años 90s del siglo anterior fue muy importante para la entidad y soporte para la construcción del Programa 3x1 como programa nacional. Así, es Zacatecas al inicio del año 2020 el único estado en México donde persiste la filantropía comunitaria transnacional institucionalizada por medio de la administración del Programa 2x1, por parte de la Secretaría del Migrante Zacatecano, que informa como el Programa funcionó en 2019 en 33 municipios con una inversión de 80 millones de pesos que respaldo 118 proyectos de obra social pública, participaron 83 Clubes de migrantes de 18 Federaciones con una inversión de 100 millones de pesos en 2020, con los aportes de los ayuntamientos, el gobierno estatal y las organizaciones migrantes.

Conclusiones

La larga migración internacional de México a los Estados Unidos por más de cien años además de la integración de los mercados laborales entre ambos países, la transferencia de más de 450 mil millones de dólares de remesas familiares en los últimos 50 años a favor de más de 1.6 millones de hogares, permite la formación de una gran red transnacional de organizaciones migrantes mexicanas en aquel país en los años 60s del siglo anterior para realizar proyectos sociales a favor de sus comunidades de origen. Ello marco el origen de la filantropía migrante transnacional mexicana, que inicialmente sólo con sus remesas colectivas y luego con la alianzas y aportes de los ayuntamientos y gobiernos estatales y federales se generan importantes cambios institucionales con el establecimiento de los Programas 2x1 y 3x1 para Migrantes que significan la institucionalización de esa filantropía a nivel de todo el país de 2002 a 2019.

Las organizaciones de migrantes mexicanas en Estados Unidos, con más de 2200 Clubes de migrantes organizados para promover los proyectos sociales en sus comunidades de origen, financiando 29 mil proyectos comunitarios testimonian su compromiso, aporte y potencial para el desarrollo comunitario transnacional. Sin embargo, nunca hubo el interés del gobierno mexicano de articular a esta filantropía como parte de una verdadera política pública de desarrollo regional y local con enfoque transnacional que potenciara los impactos positivos del Programa 3x1 y permitiera incidir en los cambios en las estructuras económicas regionales y en las raíces estructurales de la migración. Desde el inicio del Programa en 2002, los funcionarios mexicanos institucionalizaron el Programa como parte de la política social asistencialista del gobierno hacia toda la población del país y en particular hacia las comunidades de los migrantes, nunca les intereso por más de tres lustros articularlo con una estrategia de desarrollo regional o local del gobierno mexicano. En los hechos, junto al paternalismo oficial hacia las comunidades se incorporó el paternalismo migrante emergente. Con frecuencia las propias comunidades en lugar de recurrir a los funcionarios municipales o estatales recurrían a los líderes migrantes en Estados Unidos para tramitar sus solicitudes, propuestas y proyectos para sus comunidades.

La importancia del Programa 3x1 en México rebasó sus fronteras y propició gran cantidad de estudios sobre sus aportes, limitaciones y retos, con muchas propuestas de incorporar la filantropía transnacional a una nueva etapa de desarrollo institucional de políticas públicas de desarrollo económico integral y derechos humanos. Pero, no existió la sensibilidad política del gobierno mexicano y del Congreso para hacerlo. Pragmáticamente se operaba el Programa cada año con los cambios en las Reglas de Operación decididas por la Secretaría de Hacienda bajo un esquema asimétrico de poder, de información y decisión controlado por los tres niveles de gobierno y los migrantes y sus comunidades en el fondo. Así, las contradicciones, los conflictos y problemas entre las organizaciones de migrantes, comunidades de origen y los tres niveles de gobierno se fueron incrementando como los expresan los cientos de "avales formales" para proyectos sin aporte migrante, los cientos de proyectos de mala calidad o sin presupuesto para su mantenimiento y finalmente surge la definición del nuevo presidente de México en noviembre de 2019: el Programa no merece presupuesto en el 2020 por los malos manejos y su uso clientelar por parte de los gobiernos anteriores. Sin plantear ninguna propuesta alternativa para conservar, mejorar y fortalecer la filantropía comunitaria transnacional en beneficio de las comunidades de origen de los migrantes y sus propias organizaciones en Estados Unidos. Esta decisión representa una fractura en las propuestas del nuevo gobierno que invitaba a la construcción de un Nuevo Proyecto de Nación en 2018, cuando deja afuera a 38 millones de personas de origen mexicano que viven en Estados Unidos. Los peligros son una ruptura irreversible con el Estado mexicano si las organizaciones migrantes mexicanas se concentran en su fortalecimiento institucional y empoderamiento político en Estados Unidos, que con el envejecimiento y falta de una generación de relevo de los dirigentes migrantes en aquel país decline y desaparezca la filantropía comunitaria transnacional o que se dé un cambio a fondo en el Estados mexicano que coincida con el esfuerzo comunitario transnacional a partir de la lucha y exigencia de los propios migrantes mexicanos y sus comunidades de origen, como sucedió en Zacatecas en 2019, de mantener y reforzar el Programa 2x1, que permita recuperar la filantropía comunitaria transnacional con mayor autonomía, que se articule con su propia agenda de fortalecimiento institucional y empoderamiento político en aquel país y construyan su propia Agenda Transnacional, como lo anunciaron diversas organizaciones migrantes mexicanas en Nueva York en diciembre 2019, con la cual negociar con los diferentes niveles del Estado mexicano en los años siguientes, como ciudadanos con plenos derechos y propuestas integrales para colaborar realmente en la construcción de una nueva arquitectura institucional de políticas públicas. Colocando la Agenda Migrante como prioridad de esas políticas públicas y los presupuestos, con un nuevo Estado que garantice democracia, el desarrollo humano integral, seguridad, bienestar y el Derecho a no Emigrar del país o hacerlo como opción y no como necesidad como sucede hasta ahora.

CAPÍTULO 8

MIGRACIÓN MEXICANA CALIFICADA EN ESTADOS UNIDOS ¿PÉRDIDA U OPORTUNIDAD PARA MÉXICO BAJO LA CUARTA TRANSFORMACIÓN?

Introducción

La migración de México a Estados Unidos se inscribe en una relación histórica centenaria, al punto que ha sido catalogada como el flujo migratorio contemporáneo de mayor antigüedad en el ámbito internacional (Durand y Massey, 2003). Dicho movimiento de población está asociado primordialmente a la migración de baja calificación que, en términos de volumen, sin lugar a dudas ha sido la predominante entre ambos países. Sin embargo, durante la década del noventa se advierte una tendencia a nivel planetario en la que el flujo de mexicanos a Estados Unidos no constituyó la excepción: un crecimiento notable de la migración de personas calificadas, es decir, con altos niveles educativos (Gandini y Lozano, 2012).

Históricamente los flujos emigratorios han sido dominados por mexicanos de baja escolaridad, sin embargo, debido al avance de México en materia educativa, los flujos han cambiado paulatinamente hacia un perfil de mayor escolaridad. Cabe destacar que los flujos de emigrantes mexicanos con estudios superiores han sido de menor cuantía a lo largo de la historia migratoria de los mexicanos, pero también, han sido protagonistas de ese proceso por mucho tiempo, incluso su intensidad en los noventas fue superior en relación a la migración con bajos niveles de escolaridad, pero su volumen ha sido notablemente inferior (Gaspar Olvera, 2017). Los cambios en el perfil de los inmigrantes mexicanos, también se deben a las oportunidades, aunque limitadas, que ha tenido un grupo de inmigrantes para mejorar sus niveles de escolaridad en Estados Unidos. No obstante, la brecha en los niveles de escolaridad en relación a otros grupos raciales y étnicos, como los blancos y asiáticos sigue siendo grande (Smith, 2003).

Así, la migración internacional entre México y Estados Unidos tiene una larga historia de más de 150 años y ella ha cambiado en el tiempo por las transformaciones y requerimientos económicos e institucionales de cada país, movilidad internacional condicionada por la situación económica de ambos en las diferentes etapas y por la regulación institucional que Estados Unidos establece con las políticas migratorias desde el inicio del siglo XX de acuerdo a las diferentes etapas del ciclo económico. La migración internacional de México a Estados Unidos estuvo caracterizada hasta los años ochenta del siglo anterior en su mayoría por una fuerza de trabajo no calificada que respondía a los requerimientos específicos de determinados mercados laborales y refleja el nivel educativo en general de la población mexicana.

La globalización y la preocupación por la competitividad y la sustentabilidad han aumentado la demanda de recursos humanos calificados para la investigación, el desarrollo y la innovación, en un contexto de economías abiertas donde las grandes economías, como Estados Unidos, siguen siendo las más exitosas en la atracción y retención de talento extranjero. Los mexicanos calificados y altamente calificados han respondido positivamente a las demandas del mercado laboral estadounidense, y a partir de los años noventa México aporta su capital humano con estudios de educación media superior y superior de forma creciente, como resultado del aumento en el nivel educativo de toda su población y los problemas de empleo en su mercado interno.

Este capítulo busca, mostrar los cambios en los niveles de escolaridad que han experimentado los migrantes en el vecino país del norte. El estudio se lleva a cabo con datos de U.S. Census Bureau, American Community Survey (ACS) 2000-2018 y ACS 2013-2017, a partir de estos datos estimamos el stock y los flujos emigratorios por nivel de escolaridad. Para ello, dividimos a los inmigrantes mexicanos por nivel de escolaridad en 4 categorías: 1) Bajo nivel de escolaridad: incluye hasta secundaria completa, 2) Nivel medio de escolaridad: incluye a los que tienen al menos un grado de educación media superior hasta año o más de créditos universitarios sin título y 3) De grado asociado a licenciatura y Licenciatura y 4) Con estudios de posgrado.

En la primera parte del estudio nos enfocamos a analizar los niveles y tendencias de los inmigrantes mexicanos por nivel de escolaridad, para este apartado estimamos los flujos emigratorios de 1990 a 2017, posteriormente observamos sus características básicas sociodemográficas y de empleo en 2018 y 2013-2017. En la segunda parte del estudio nos enfocamos a analizar a los inmigrantes mexicanos con estudios superiores, para ello tomamos con punto de referencia a los inmigrantes mexicanos con 22 años o más de edad: 1) Con estudios de grado asociado a licenciatura, 2) Licenciatura y 3) Con estudios de posgrado.

Cambios en el nivel educativo

El nivel medio educativo en México mejoró durante el siglo XX, y el nivel de instrucción ha sido mayor entre los inmigrantes mexicanos en cada cohorte sucesiva (Smith, 2003). La población nacida en México que reside en Estados Unidos se ha caracterizado por tener bajos niveles de escolaridad en comparación con la de otros grupos de inmigrantes e incluso respecto de la población nativa de origen mexicano, sin embargo, hay evidencia de que esto ha cambiado (Georges Vernez, 1995; Smith, 2003; Giorguli y Gaspar, 2008 citado en Gaspar Olvera, 2016). De acuerdo con Georges Vernez (1995) las oportunidades educativas en Estados Unidos han aumentado más rápido que en México, con datos censales de 1960 y 1980 encontró "los niveles de escolaridad de los inmigrantes mexicanos mejoran en 1980 respecto de los niveles que ostentaban en 1960, cuando el 82% de los inmigrantes mexicanos tenían 8 años de escolaridad o menos en comparación con el 63% en 1980. Encontró que el promedio de escolaridad de sucesivas cohortes de inmigrantes aumento en dos años al pasar de 5.5 en 1960 a 7.5 en 1980" (tomado de Gaspar Olvera, 2016:77).

Los inmigrantes mexicanos en Estados Unidos muestran mayores logros educativos que en el pasado. Para ejemplificar el cambio en el perfil educativo que provee México a la nación vecina, estimamos el stock para los que tienen de 16 años o más por nivel de escolaridad. En 1994, 70.8% tenía estudios cuyo techo máximo era la educación secundaria incompleta, o menos grados de escolaridad; un 25.5% adicional contaba con estudios secundaria completa hasta algún grado de estudios superiores; solo 3.7% tenía estudios de licenciatura o posgrado. Los datos relativos a 2018 reflejan un notable cambio en el perfil educativo de los migrantes mexicanos a Estados Unidos: una mayor proporción de inmigrantes mexicanos tiene de secundaria completa hasta algún grado de educación superior (38.1%), 12.8% más que en 1994, mientras que 10.4% tiene estudios superiores de licenciatura y posgrado, 6.1% más (Gráfica 1). Esos cambios en los niveles de escolaridad han propiciado que se incremente la participación de los mexicanos en sectores de actividad que requieren mayores niveles de formación como son los servicios profesionales y empresariales, educación y servicios de salud, además de tener una importante presencia relativa en ocupaciones relacionadas con las ciencias y la tecnología (Gaspar Olvera, 2020)

Los datos del stock muestran un descenso de la inmigración mexicana de baja calificación, el stock con hasta 12 grados completos se dedujo en 7.6%, mientras la que tiene de 13 grados hasta al menos un grado de estudios superiores se incrementó en 13.8 y la que tiene estudios superiores en 29.6% entre 2010 y 2018. Para observar la tendencia se estiman los flujos emigratorios con datos del destino, así que solo incluye a los que ingresaron, a los que permanecieron y no fallecieron, por lo que los flujos estimados están subestimados, con datos ACS 2000-2018, e incluimos a los que tienen secundaria completa entre los que tienen hasta secundaria incompleta, con la finalidad de observar si los flujos emigratorios han cambiado hacia una migración más calificada (véase metodología en Gaspar Olvera, 2018). Los datos de la gráfica 2 confirman, por un lado, el descenso de los flujos de baja calificación (los que cuentan hasta con 12 grados de escolaridad o menos grados), y por el otro un incremento de la migración con estudios de 13 grados o más de escolaridad. Cabe señalar que, si bien aún los flujos emigratorios siguen dominados por los primeros, es decir por los de baja calificación, tanto los datos de stock como de flujos coinciden en un incremento de la emigración con mayores niveles de escolaridad, a partir de 2005 los flujos emigratorios más calificados (con 13 grados o más de escolaridad) incrementan su participación, pasaron de representar el 18. 8% en 2005 a 34.2% en 2017. Particularmente los que tienen estudios superiores y entre estos los posgraduados.

Gráfica 1. Nivel de escolaridad de los inmigrantes mexicanos de 16 años o más de edad en Estados Unidos 1994, 2000, 2010 y 2018. Distribución porcentual

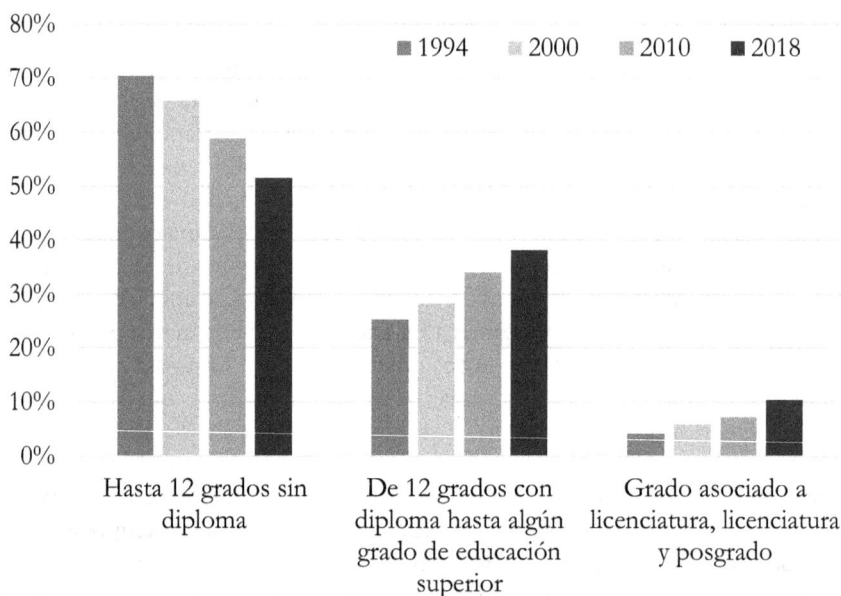

Fuente: Estimación de los autores con base en U.S. Census Buerau, Current Population Survey (ASEC-CPS) suplemetary march 1994 y American Community Survey (ACS) 2000, 2010 y 2018.

Los inmigrantes mexicanos que llegaron en la infancia alcanzan niveles de escolaridad más altos que sus contrapartes que llegaron en una etapa intermedia de su formación académica o respecto de los que llegaron a una edad adulta (Gaspar Olvera, 2016). Así que tanto la expansión de la educación en México como las oportunidades educativas que han tenidos los grupos de inmigrantes mexicanos asentados en Estados Unidos y las que surgen para realizar estudios superiores en el extranjero, principalmente posgrados con becas del gobierno mexicano han favorecido un perfil más calificado de la emigración mexicana y de la inmigración asentada en Estados Unidos (Gaspar Olvera, 2016 y 2017). Batalova (citado por Kenning, 2017) señala que el descenso de la inmigración mexicana de baja escolaridad puede ser explicado, en el caso de la migración mexicana a Estados Unidos, por un descenso en el número de inmigrantes no autorizados pues tienen menos probabilidad de tener títulos profesionales. Casi 6 de cada diez inmigrantes mexicanos de 22 años más de edad con estudios de licenciatura (incluye grado asociado a licenciatura) realizaron sus estudios en México y dos de cada diez los comenzaron en México y los concluyeron en Estados Unidos (estudios mixtos).

Gráfica 2. Flujos de emigrantes de los mexicanos de 22 años o más de edad a Estados Unidos por nivel de escolaridad 1990-2017

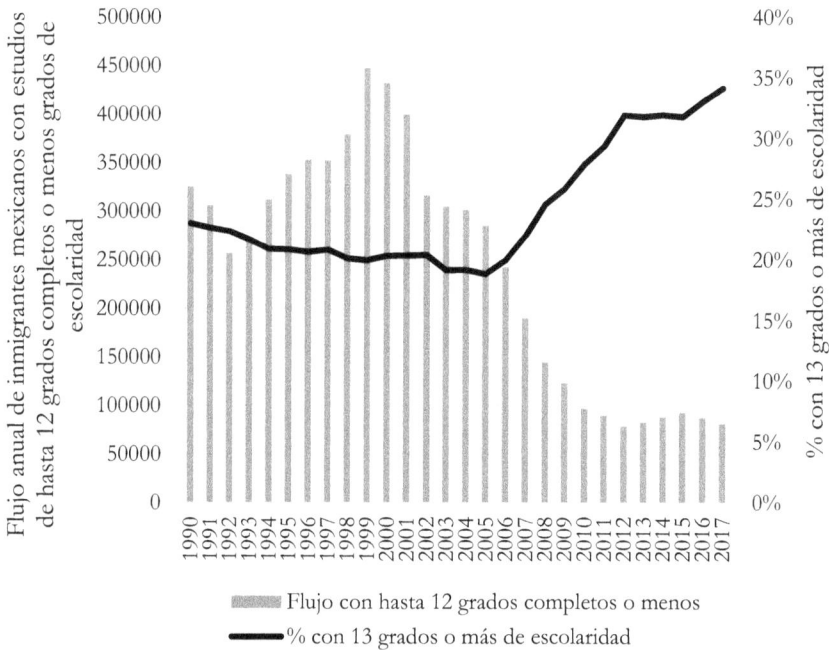

Fuente: Estimación Gaspar Olvera con base en U.S. American Community Survey (ACS) 2000-2018.

De manera similar entre los posgraduados 48.2% los realizó en México y el 30.9% tiene estudios mixtos, muy probablemente con becas del gobierno mexicano. Esta distinción es importante no solo porque permite tener una mejor aproximación de la trasferencia de capital humano calificado que México hace a Estados Unidos, también porque se ha demostrado que tener un título extranjero en lugar de un título estadounidense disminuye las posibilidades de que los inmigrantes encuentren empleos que coincidan con sus niveles de habilidad (Batalova, FIX, y Créticos, 2016). Gaspar Olvera (2016, 2017) encuentra, que este resultado no siempre aplica, pues los que tienen estudio tanto en su país de origen como en Estados Unidos, en este último los concluyen (estudios mixtos), exhiben una mayor probabilidad de estar subempleados respecto de los que tuvieron su formación completa en ese país, resultado que varía según el origen nacional, ejemplo de ello son los procedentes de la India, Corea y Japón cuya integración laboral es más favorable independientemente del país de estudio. Así entre los inmigrantes mexicanos con estudios en Estados Unidos aumenta su probabilidad relativa de estar en una ocupación calificada respecto de los que tienen estudios mixtos y estos a su vez de los que tiene estudios en México (ídem).

Gráfica 3. Inmigrantes mexicanos de 22 años o más de edad en Estados Unidos por nivel de escolaridad y país de formación académica 2018

Fuente: Estimación y metodología de Gaspar Olvera (2016) con base en U.S. American Community Survey (ACS) 2018.

Cuadro 1. Inmigrantes de 22 años o más por país de origen y nivel de estudios, 2018. Principales países (miles de personas)

País	Hasta 12 grados completos o menos	País	De 13 grados hasta al menos un grado de estudios superiores	País	Grado asociado a licenciatura y licenciatura	País	Posgrado
México	7,979	México	1,481	Filipinas	958	India	1,089
El Salvador	957	Filipinas	409	México	934	China	575
China	680	Alemania	268	India	909	Corea	212
Cuba	635	Cuba	223	China	533	México	207
Guatemala	632	Dominicana República	218	Corea	420	Filipinas	194
Dominicana República	602	Vietnam	216	Vietnam	350	Canadá	191
Vietnam	601	El Salvador	183	Canadá	325	Alemania	180
Filipinas	426	China	180	Alemania	319	Taiwán	164
Honduras	394	Canadá	171	Cuba	306	Irán	111
Colombia	294	Jamaica	159	Colombia	224	Vietnam	107

Fuente: Estimación de los autores con base en U.S: Census Bureau, American Community Survey (ACS), 2018.

Los inmigrantes mexicanos asentados en Estados Unidos conforman un grupo único, por sus características, por décadas han sido el grupo de inmigrantes con el mayor número de personas con bajos niveles de escolaridad e indocumentada, ningún otro país tiene un número similar de connacionales concentrado en un solo país. México, también es uno de los principales países que proveen a Estados Unidos de una fuerza laboral cada vez más calificada, los inmigrantes mexicanos de 22 años o más de edad ocupan el primer lugar por su número, con estudios de 13 grados hasta al menos un grado de educación superior, el segundo lugar con estudios de grado asociado a licenciatura y la cuarta posición con estudios de posgrado (cuadro 1).

Inmigrantes mexicanos con estudios superiores en Estados Unidos

Perspectivas teóricas sobre migración calificada

Para Beltrand y Artola (2016: 187) el mundo vive en los últimos lustros una nueva economía basada en el conocimiento impulsada por la innovación y el desarrollo de nuevas tecnologías. El conocimiento se ha convertido en un bien estratégico para generar valor y riqueza. Cada vez se depende más de la ciencia, la tecnología, la capacitación y la educación superior para producir bienes y servicios competitivos internacionalmente. La competitividad pasa a tener un carácter sistémico, siendo el conocimiento el factor central que se manifiesta mediante la innovación y el desarrollo de nuevas tecnologías.

Para los autores referidos, los sistemas de desarrollo tecnológico y de innovación se han transformado profundamente. En vez de los antiguos modelos "cerrados" inmersos en las grandes corporaciones se desarrolla una nueva cultura de la innovación basada en la flexibilidad, descentralización e incorporación, bajo diferentes modalidades, de nuevos y cada vez más numerosos actores que interactúan en distintos espacios alrededor del mundo. Las plataformas de innovación que se establecen en los países periféricos tienden a operar como extensiones de las plataformas establecidas en los países desarrollados, aprovechando ventajas salariales, tributarias y de otro tipo.

El nuevo paradigma tecno-económico requiere y depende cada vez más de recursos humanos cualificados. Cuanto mayor es el nivel de desarrollo de esta economía del conocimiento mayor será el requerimiento de dichos recursos y su nivel de capacidades. Este es uno de los motores claves para el crecimiento de la migración calificada que en su definición básica se refiere a personas con estudios de tercer nivel terminados en alguna de las áreas de ciencia y tecnología, humanidades y ciencias sociales y aquellas que se encuentran empleadas en una ocupación donde se requieren tales calificaciones. Las definiciones usadas por la National Science Foundation de los Estados Unidos parten de la ocupación, de la educación y el tipo de título obtenido.

Sin embargo, las categorías de migración calificada se han complejizado y diversificado en las últimas décadas, abarcando desde la clásica migración laboral, a los profesionistas independientes con título universitario de las áreas de administración de empresas, finanzas, negocios y afines, los gerentes, ejecutivos o funcionarios especializados de empresas multinacionales que se trasladan dentro de su misma empresa, el sector altamente calificado en ciencia, tecnología, ingeniería y matemáticas (CTIM) incluyendo el área de tecnología de la información, y los estudiantes de educación superior que salen a realizar estudios en el exterior. Los migrantes del sector CTIM y los estudiantes de dichas áreas son los más requeridos en las economías desarrolladas y aquellas emergentes que aspiran a igualarlas. Una tendencia central de todo este proceso radica en que la demanda creciente de fuerza de trabajo calificada y en particular la dedicada a la investigación e innovación científica se relaciona con una gestión del conocimiento dirigida por las grandes corporaciones transnacionales, que algunos autores denominan la matriz cognitiva del capitalismo contemporáneo (Beltrand y Artola, 2016: 188).

La migración calificada tiene una larga data en el mundo, desde los años sesenta y setenta del siglo anterior cuando se desarrolla el concepto fuga de cerebros que puso énfasis en las consecuencias negativas que genera la emigración de recursos humanos calificados para los países de origen. Estos perdían no sólo lo invertido en educación y el potencial aporte fiscal sino además y sobre todo recursos necesarios para el desarrollo propio. Pero, en los años noventa de ese siglo se comienza a destacar los impactos positivos que puede producir la migración calificada para los países de origen y destino de esos migrante, de la visión dominante de "brain drain" (fuga de cerebros) se pasa a la visión de "brain gain" (ganancia de cerebros); "brain circulation" (circulación de cerebros) y "brain exchange" (intercambio de cerebros). Las nuevas perspectivas presentan un enfoque más optimista sobre la migración calificada planteando que el conocimiento beneficia a todos y que la movilidad internacional de migrantes calificados puede generar sinergias que ayuden al desarrollo de los países de origen sin importar donde se encuentren ni para quien trabajen (Brandi, 2006, Fanelli, 2009, Beltrand y Artola, 2016).

Sin embargo, aún bajo la nueva perspectiva más optimista sobre la migración internacional calificada no se puede ignorar la asimetría estructural de la generación y gestión del conocimiento a nivel de la economía global y los costos y riesgos que representan los flujos migratorios calificados de los países atrasados hacia los países con mayor desarrollo. Sin embargo, dicha migración no es la causa de la ausencia de desarrollo de la ciencia, la tecnología y la innovación en los países del Sur por la pérdida de migrantes calificados, si no la falta de voluntad política de los poderes fácticos de esos países para colocar como prioridad de la agenda nacional la construcción de una nueva institucionalidad para el desarrollo científico, tecnológico y de innovación con todo el soporte normativo, técnico y presupuestal con una visión estratégica de desarrollo nacional integral y de largo plazo.

No hay duda de que la migración calificada es positiva para los países de destino porque se benefician de una mano de obra especializada necesaria y para la cual no invirtieron en su calificación. Para los países de origen de los migrantes calificados, el potencial impacto positivo de tener una red de profesionistas, investigadores y científicos en el exterior sobre el desarrollo económico nacional depende de la existencia de migración de retorno de flujos significativos que se convierten en detonante y soporte del desarrollo científico y tecnológico como ha sucedido en China, India, Taiwan y Corea del Sur o si existen programas de articulación de las redes de científicos, investigadores y empresarios en el exterior con programas y estrategias nacionales de desarrollo científico y tecnológico y empresarial que también pueden actuar como detonantes y plataformas para el desarrollo científico, tecnológico y económico de los países de origen si cuentan con la institucionalidad para ello como prioridad en su agenda nacional (Beltrand y Artola, 2016: 190).

Ana María Aragonés y Uberto Salgado (2014) coinciden en reconocer como en los años noventa del siglo anterior crece de forma significativa la migración de trabajadores altamente calificados, en el que predominan los perfiles profesionales orientados a la ingeniería, las matemáticas, la biotecnología, las tecnologías de la información, la salud y las ciencias. El nuevo patrón migratorio está muy relacionado con las condiciones surgidas de la globalización, vinculadas a las extraordinarias transformaciones tecnológicas e innovaciones que marcaron una nueva era en el desarrollo de la ciencia, caracterizada por disciplinas como la robótica, la biotecnología o la informática, que se enmarcan en la llamada "economía del conocimiento", y que afectaron todos los niveles de la economía y la sociedad. Sobre este proceso Alejandro Dabat (2005) señala que la conversión del conocimiento en fuerza central de la competitividad internacional y el desarrollo económico requiere la movilidad de técnicos, científicos, estudiantes o asesores de distinta índole, aunque no sólo se requieren trabajadores de alta calificación, sino también trabajadores de diversos niveles de calificación para continuar con sus procesos e incrementar sus niveles de productividad.

Aragonés y Salgado destacan la importancia de Estados Unidos en la nueva economía del conocimiento y su función como principal receptor mundial de los migrantes altamente calificados. Para ellos, la incorporación de amplios contingentes de dichos trabajadores al entorno laboral estadounidense se explica, en gran parte, por las realidades estructurales internas, que se convirtieron en un obstáculo para obtener en tiempo y forma las cantidades necesarias de personal que respondiera a las demandas de los mercados laborales. Entre los problemas estructurales de Estados Unidos destacan los demográficos y los educativos, sin soslayar que la trascendencia de incorporar trabajadores migrantes tiene que ver con su funcionalidad, que definen como la diferencia en los costos laborales unitarios con efectos importantes sobre la acumulación capitalista y la competitividad (Aragonés, Salgado, 2011).

En su investigación sobre la migración calificada en Estados Unidos, Canadá, Reino Unido, Australia y Japón, Aragonés y Salgado destacan la importancia de problemas estructurales demográficos y educativos en esos países que explican el crecimiento sostenido de la inmigración de trabajadores altamente calificados ante una población envejecida y una insuficiente oferta interna de egresados universitarios. Ante una población en edad laboral que no crece lo suficiente para atender las exigencias del mercado de trabajo y una baja eficiencia terminal educativa que no responde a las necesidades de la economía del conocimiento, se hace necesaria la importación de trabajadores altamente calificados, para lo cual se recurre a dos mecanismos: La relajación de las políticas migratorias que permitan transitar de una visa temporal a una permanente, incluso en el marco de la profunda crisis económica del 2008-2010, y en la absorción de estudiantes extranjeros con educación superior a quienes se les garantiza un empleo y una residencia permanente.

Los autores mencionados destacan como a pesar de que la migración calificada no es un fenómeno nuevo, lo que diferencia la demanda actual respecto a la que había hace 20 años es el sorprendente incremento de los flujos de estos trabajadores, que se explicaría también por la impresionante competencia global (Duncan y Waldorf, 2010). Lo interesante es que esta situación ha llevado a los países desarrollados a implementar un conjunto de políticas migratorias que tienen la finalidad de atraer a los trabajadores calificados mediante el ofrecimiento de mejores condiciones laborales, incluso en el contexto de la actual crisis económica mundial. En el caso de Estados Unidos y en el contexto de la crisis económica de 2008, destaca el llamado Plan Obama-Biden, que pretende incrementar las inversiones destinadas a las ciencias para crear innovaciones domésticas que ayuden a mejorar la competitividad de las empresas norteamericanas basadas en las nuevas tecnologías; además se están realizan inversiones en la generación de energías limpias proyectando una inversión pública de 150 mil millones de dólares en diez años para ese rubro, medida que generaría cerca de 5 millones de nuevos empleos "verdes"(Obama-Biden Plan, 2013).

Sánchez Barricarte (2010, 154) ratifica la tendencia del aumento en los flujos de la migración calificada al inicio del siglo XXI, explicando cómo los grandes países receptores de inmigrantes como Australia, Canadá, Nueva Zelanda y Estados Unidos han cambiado sus leyes para favorecer la entrada de personas con elevada cualificación. En la misma Unión Europea, Francia, Irlanda, Reino Unido y Alemania han implantado programas para atraer trabajadores capacitados. Esta es la respuesta, para él, de muchos países desarrollados que tienen escasez de mano de obra calificada en los sectores sanitarios, ingeniería, informática y otros, que buscan resolver estimulando la migración calificada hacia sus respectivos mercados laborales con mayor exigencia hacia esos perfiles de mayor capacitación académica y tecnológica. Estas estrategias aumentan el debate sobre el costo de la fuga de talento para los países atrasados o las potencialidades de la circulación internacional de talento tanto para los países de origen como de destino de los migrantes calificados, debate sobre el cual hacen un aporte importante Docquier y Marfouk (2006) del Programa de

Investigación en Migraciones Internacionales y Desarrollo del Banco Mundial al elaborar una base de datos para cuantificar la fuga de cerebros en el ámbito mundial, que recoge las pérdidas y ganancias de los trabajadores calificados de los países en desarrollo y países desarrollados aprovechando los censos y encuestas de la OCDE, ofreciendo información sobre migrantes calificados según el nivel educativo de 1990 a 2000 con un estudio que ofrece información sobre el 90% de la migración de trabajadores calificados en el mundo.

En el contexto mundial de la migración calificada, Caglar Ozden y Maurice Schiff (2006, 2007) destacan como una parte importante de esos migrantes pertenecen a la OCDE. En números absolutos, las regiones que más personas calificadas expulsan son Europa y el sur y el este de Asia. Sin embargo, las regiones con la proporción de fuerza laboral cualificada emigrada más alta se encuentra en África, el Caribe y América Central. Varias naciones de esta última región en el año 2000 tenían más del 50% de sus ciudadanos con estudios universitarios viviendo en el extranjero. El 40% de los emigrantes de África subsahariana son trabajadores cualificados. Aunque los trabajadores cualificados representan el 50% de todos los emigrantes procedentes de Asia, sólo significan el 6% de los trabajadores calificados de ese continente.

Además de la relevancia del origen regional de los flujos de migrantes calificados hacia los países desarrollados es muy importante considerar sus diferentes perfiles para valorar, sus costos, aportes y potencialidades, especialmente como un eventual apoyo a futuras estrategias de desarrollo nacional en sus países de origen. Andrés Solimano (2008) aporta la siguiente valiosa tipología de los migrantes calificados en el mundo actual:

1.   Talento técnico.

2.   Científicos, académicos y estudiantes internacionales.

3.   Profesionales de la rama sanitaria.

4.   Emprendedores.

5.   Directores de empresas multinacionales y bancos.

6.   Funcionarios de organismos internacionales.

7.   Talento del sector cultural y de esparcimiento.

El mismo autor destaca los siguientes factores como determinantes de los flujos migratorios internacionales de los trabajadores calificados:

1.   Diferencias internacionales en los salarios y los niveles de desarrollo.

2.   Factores institucionales de desarrollo personal y profesional.

3.   La demanda de capital y talento.

4. Tecnología y demanda de talento.

5. Efectos de aglomeración y concentración.

6. Compatibilidad lingüística, redes y afinidad sociocultural.

7. Regímenes políticos y políticas migratorias

8. Contexto estructural e institucional adverso en los países de origen para permanecer o regresar.

Aragonés y Salgado prevén para los siguientes años el incremento de la migración internacional de trabajadores calificados como una estrategia de fortalecer la economía del conocimiento para salir de la profunda crisis económica mundial, lo que produce una competencia entre los países desarrollados por atraer la mayor cantidad de esos migrantes calificados flexibilizando los mecanismos de ingreso, de residencia, de ciudadanización y de reclutamiento de los estudiantes extranjeros vinculados a las áreas más dinámicas de la ciencia, la tecnología y la innovación. Lo que produce varios escenarios posibles entre los países de origen y destino de los migrantes calificados que al ser un recurso escaso y muy demandado en el mercado mundial de talento puede propiciar que los países de origen adquieran un poder de negociación con los países receptores sobre compartir los costos y los beneficios de la formación de esos migrantes, no sólo en términos económicos, sino también en potenciales estrategias de colaboración en el desarrollo científico y tecnológico entre ambos países. Un segundo escenario es que siga la transferencia unilateral de trabajadores calificados hacia los países desarrollados con el subsidio que esto significa de costos, talento e impactos positivos y la profundización de las desigualdades estructurales entre los países.

Un tercer escenario proactivo es que los países de origen asuman la importancia de la economía del conocimiento para promover una nueva estrategia de desarrollo económico nacional en la cual la educación, la ciencia, la tecnología y la innovación sean la plataforma estratégica para lograrlo y debe ubicarse en el centro de la agenda nacional con todo el apoyo institucional y presupuestal necesario transitando hacia una nueva matriz económica, energética, ambiental, institucional y social que ayude a reducir y superar la dependencia y subordinación vigente. Si persiste la fuga creciente y unilateral de los trabajadores calificados continuarán las asimetrías entre las naciones.

Cristóbal Mendoza, Bárbara Staniscia y Anna Ortiz (2016) plantean como luego del viejo debate de la migración calificada como fuga de talento de los años 70 del siglo anterior se avanza en nuevas perspectivas como la circulación de talento y la importancia protagónica de las empresas trasnacionales como promotoras activas de ese flujo migratorio y causas adicionales del mismo. Ellos plantean una tipología de trabajadores calificados formada por trabajadores de las transnacionales, estudiantes y académicos y empresarios étnicos. Resaltan, además, el papel que juegan las instituciones, los estados-nación y las organizaciones supranacionales que favorecen o entorpecen la movilidad de tales migrantes y la relevancia de las relaciones humanas, sentimientos y afecto como una variable importante en la movilidad internacional de los trabajadores calificados.

En un intento de hacer un balance sobre los costos, aportes y potencialidades de la migración internacional en particular para los países de origen, Diego Beltrand y Juan Artola (2016, 189) plantean que la migración calificada es un fenómeno complejo y multifacético sobre sus implicaciones para los diferentes países y regiones que rebasa el ámbito migratorio y de las políticas migratorias. Ante lo cual ellos preguntan ¿Quién debe hacerse cargo del tema, las cancillerías, las universidades, las organizaciones vinculadas a la ciencia, la tecnología y la innovación, los ministerios del desarrollo o de la planificación? En general, la experiencia de América del Sur es la ausencia de trabajo conjunto, de falta de construcción de un proyecto estratégico unitario con la colaboración de todos los actores. En el análisis del alcance, relevancia e impactos de la migración calificada, parece existir un divorcio entre la academia y el gobierno y entre ambos y el sector privado. El triángulo virtuoso sector gubernamental-academia-sector privado tiene muchas dificultades para plasmarse en la región también en este terreno. Recordemos que el financiamiento de las políticas de investigación y desarrollo depende en la actualidad mayoritariamente del Estado.

Para el caso de América del Sur ellos plantean qué si existen pérdidas y ganancias involucradas, sería útil analizar si la migración calificada efectivamente afecta los intereses nacionales ahora y en el mediano plazo. Específicamente sería muy útil analizar cuál podría ser la relación entre migración calificada y los sistemas de ciencia, tecnología e innovación. Y la pregunta puede además aplicarse a nivel del conjunto de la región suramericana, en la cual se han intentado varios esfuerzos de los diferentes gobiernos por promover el retorno de los migrantes calificados o la vinculación con ellos en el exterior. Ante lo cual ellos destacan dos aspectos:

1. El retorno sin políticas o programas claros de apoyo a la reinserción no es efectivo; no funciona. Muchos retornos espontáneos y también algunos organizados fracasan por esa carencia.

2. Los programas de retorno y de vinculación requieren de una estructura institucional específica para ese sector, con un mandato claro y un trabajo ágil. Esto significa la asignación de fondos adecuada. Sin una estructura bien diseñada y sin presupuestos acordes con lo que su mandato exige, ningún programa puede funcionar. La pregunta clave es qué es lo que el país espera obtener del retorno o la vinculación, para realizar una inversión en recursos humanos y financieros para obtener resultados determinados, aun cuando hay impactos que sólo son apreciables en el mediano y largo plazo.

El responder a los dos cuestionamientos anteriores implica contar con un conocimiento sólido de la estructura económica y educativa del país, de la oferta académica, de la demanda laboral, de los requerimientos específicos de los diferentes mercados laborales, en particular, aquellos vinculados con la economía del conocimiento y de los requerimientos de los diferentes sectores económicos orientados al mercado interno y al mercado exterior con mayor exigencia de innovación y competitividad. Pero, en particular se requiere un proyecto de desarrollo estratégico futuro basado en la educación, la ciencia, la tecnología y la innovación que articule las diferentes políticas sectoriales y regionales de cada uno de los países y que integre de forma virtuosa las políticas migratorias en general y, en particular, las referentes hacia la migración calificada especificando en que sectores concretos. En esa estrategia resulta fundamental el retorno, la retención de todos los trabajadores calificados y el fortalecimiento de las comunidades científicas e innovadoras con políticas y programas que estimulen su permanencia, su retorno, su colaboración desde el exterior con las nuevas estrategias del desarrollo nacional basadas en el conocimiento en sentido amplio con la construcción de redes nacionales, regionales y transnacionales del talento como soporte de esas estrategias.

Perfil de los inmigrantes mexicanos con estudios superiores en Estados Unidos frente al debate de la pérdida y circulación de talento

En este apartado nos enfocamos en los inmigrantes mexicanos de 22 años o más de edad con estudios superiores clasificados en tres categorías: 1) Estudios de grado asociado a licenciatura, 2) licenciatura y 3) con estudios de posgrado. En Estados Unidos hay más de 16.6 millones de inmigrantes (17.2%) con estudios superiores, la India (1,997 mil, 12.0%), Filipinas (1,152 mil, 6.9%), México (1,141 mil, 6.9%) y China (1,107 mil, 6.7%) con más de un millón cada uno, encabezan las lista de los principales proveedores. La importancia absoluta y relativa de los inmigrantes mexicanos se constata en los tres niveles superiores de escolaridad. En el grado asociado a licenciatura ocupan la primera posición con 359 mil (13.1% de 2,740 mil inmigrantes con ese grado). En el nivel de licenciatura ocupan la tercera posición con 575 mil (7.2% de 7,988 mil inmigrantes con licenciatura), le antecede la India y Filipinas, finalmente en posgrado ocupan la cuarta posición con 207 mil (3.5% de 1,089 posgrados nacidos fuera de Estados Unidos).

La dualidad del dinamismo migratorio mexicano, baja calificación y alta calificación, resalta la importancia de la fuerza laboral del país para el mercado laboral estadounidense, esta característica hace que los inmigrantes mexicanos tengan una alta partición económica (PEA) y ocupacional en Estados Unidos (Gaspar Olvera, 2016). Entre los inmigrantes mexicanos con 22 años o más de edad con estudios superiores, el 78.5% es económicamente activo y entre estos el 96.8% está ocupado. Las mujeres tienen una tasa de participación económica del 70.6% y el 96.5% está ocupada. En general, las tasas de participación económica y de ocupación de los hombres en los distintos niveles de escolaridad son superiores a las que ostentan las mujeres. Cabe señalar que las mujeres mexicanas con estudios superiores en México tienen una la tasa de participación económica superior a las que exhiben las residentes en Estados Unidos, pero a tasa de desocupación también es superior 3.9% contra 3.2% respectivamente; si tomamos en consideración para las mexicanas en México a la población desalentada la tasa de desempleo real sería de 7.8% y la de los hombres de 5.6%.

Cuadro 2. Población con estudios superiores de 22 años o más por país de origen nacional según nivel de escolaridad, 2018

Grado asociado a licenciatura			Licenciatura			Posgrado		
Nacional	20,256	100.0%	Nacional	47,627	100.0%	Nacional	28,527	100.0%
Nativos	17,516	86.5%	Nativos	39,639	83.2%	Nativos	22,647	79.4%
Inmigrantes	2,740	13.5%	Inmigrantes	7,988	16.8%	Inmigrantes	5,880	20.6%
México	359	13.1%	India	841	10.5%	India	1,089	18.5%
Filipinas	190	6.9%	Filipinas	768	9.6%	China	575	9.8%
Alemania	106	3.9%	México	575	7.2%	Corea	212	3.6%
Vietnam	105	3.8%	China	432	5.4%	México	207	3.5%
Cuba	103	3.8%	Corea	357	4.5%	Filipinas	194	3.3%
China	101	3.7%	Vietnam	245	3.1%	Canadá	191	3.2%
Canadá	80	2.9%	Canadá	245	3.1%	Alemania	180	3.1%
Jamaica	72	2.6%	Alemania	213	2.7%	Taiwán	164	2.8%
India	68	2.5%	Cuba	203	2.5%	Irán	111	1.9%
Haití	67	2.4%	Colombia	160	2.0%	Vietnam	107	1.8%

Fuente: Estimación de los autores con base en U.S. Census Bureau, American Community Survey (ACS), 2018.

Hay barreras que impiden que los inmigrantes con estudios superiores trabajen en su campo de aplicación o en una ocupación profesional, entre las barreras identificadas más significativas son: el dominio del idioma inglés, reconocimiento de títulos profesionales por parte de empleadores, el estatus legal de residencia, falta o débiles conexiones profesionales, desconocimiento del mercado laboral del país de destino, el origen nacional y aquellas relacionadas con los roles de género (Batalova, Fix y Créticos , OECD, 2014, Barker 2018). Conocer los aspectos antes mencionados sobre las barreras discriminatorias que contribuyen al grave desperdicio de capital humano, facilitaría su abordaje tanto en las políticas de admisión como en las relativas a facilitar la integración de los inmigrantes, tomando en consideración el enfoque de género y curso de vida de hombres y mujeres (Batalova, Fix y Créticos, 2008, OECD, 2014).

Los inmigrantes mexicanos con estudios superiores son principalmente mujeres, particularmente en los niveles de grado asociado a licencia y licenciatura, solo en el nivel de posgrado hay 96 hombres por cada cien mujeres.

Sin embargo, cuando se analiza a los que están en la fuerza laboral dominan los hombres en los tres niveles, particularmente en el nivel de posgrado, a una razón de 121 hombres por cada 100 mujeres (Gráfica 5). De acuerdo con la OECD (2014), a pesar del alto capital humano y social, las mujeres siguen estando sub-representadas entre los migrantes admitidos por razones laborales y en ocasiones los sistemas de admisión privilegias las ocupaciones donde los hombres tienen mayor presencia.

Gráfica 4. Inmigrantes mexicanos de 22 años o más de edad en Estados Unidos por nivel de escolaridad y sexo. Tasa de participación económica y tasa de ocupación 2018

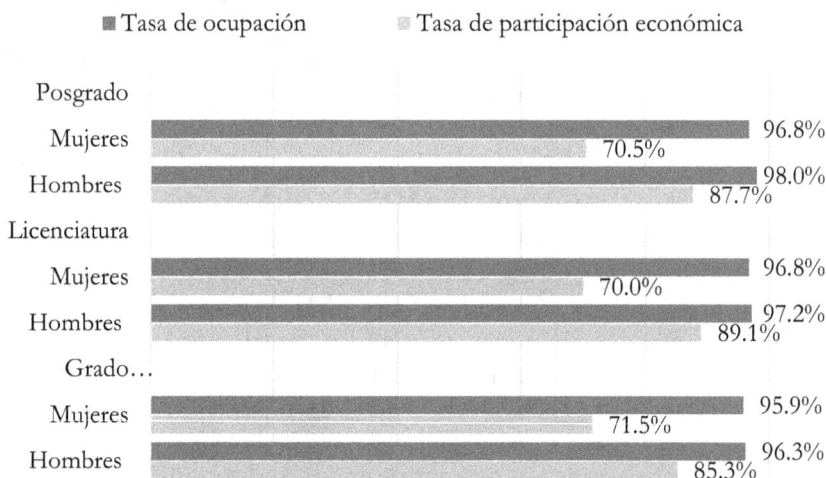

■ Tasa de ocupación   ■ Tasa de participación económica

	Tasa de ocupación	Tasa de participación económica
Posgrado		
Mujeres	96.8%	70.5%
Hombres	98.0%	87.7%
Licenciatura		
Mujeres	96.8%	70.0%
Hombres	97.2%	89.1%
Grado…		
Mujeres	95.9%	71.5%
Hombres	96.3%	85.3%

Fuente: Estimación de los autores con base en U.S. American Community Survey (ACS) 2018.

La mayoría de los inmigrantes mexicanos con estudios superiores reportan hablar el idioma inglés muy bien y bien (82.9%), sin embargo, el 17.7% de los que cuentan con grado asociado a licenciatura, 18.6% de los licenciados y 11.9% de los posgraduados tiene nulo o bajo dominio del idioma inglés. El dominio del idioma inglés no solo es una barrera para incursionar en el mercado laboral calificado, también es una barrera para la obtención de la ciudadanía. Sumption y Flamm (2012), señalan que entre los inmigrantes mexicanos legales elegibles para la ciudadanía el 72% tenía limitado dominio del idioma inglés, sugieren que las barreras del idioma pueden ser un fuerte contribuyente a las bajas tasa de naturalización entre los inmigrantes mexicanos legales. Los datos sugieren que entre los inmigrantes mexicanos con estudios superiores la naturalización es más probable, particularmente entre los que tiene estudios de posgrado, 57.9% se ha naturalizado (Gráfica 5).

En el curso del último cuarto de siglo la migración de mexicanos con estudios superiores de licenciatura y posgrado a Estados Unidos se incrementó, extendiendo su participación en ámbitos de trabajo con exigencias de formación científica y tecnológica, como las ingenierías y las matemáticas y los sistemas cibernéticos, o la medicina y las ciencias de la salud (Gaspar Olvera, 2020). En conjunto, estas áreas de conocimiento concentran el 37.6% de los que tienen estudios de posgrado y el 32.3% de los que estudiaron licenciaturas (Gráfica 6). Randel-K (2016) señala que las vacantes de empleo se están extendiendo a ocupaciones que exigen niveles educativos en los que hay cierto déficit entre los estudiantes nativos, por lo que es de esperarse que esas deficiencias persistan en el futuro y que la fuerza laboral inmigrante siga llenando los vacíos del mercado laboral estadounidense. El BLS proyecta que las ocupación STIM incrementaran su número en 8.8% al pasar de 9.7 millones a 10.6 millones entre 2018-2028 con un salario promedio anual de 85 mil dólares.

Gráfica 5. Inmigrantes mexicanos de 22 años o más de edad en Estados Unidos por nivel de escolaridad. Indicadores varios 2018

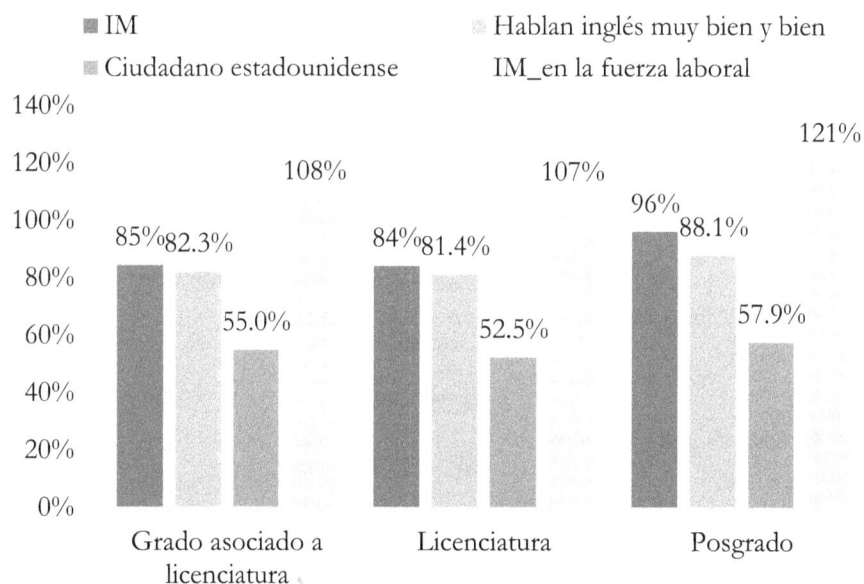

Fuente: Estimación de los autores con base en U.S. American Community Survey (ACS) 2018.

La emigración de mexicanos con estudios superiores es eminentemente de carácter laboral, incursionar en el mercado laboral estadounidense una de sus principales prioridades, su participación y el tipo de empleo en el que logran ocuparse dependen de múltiples factores individuales, institucionales y de las propias reglas que regulan el mercado laboral, así como del estatus legal de residencia (Gaspar Olvera, 2016 y 2017). Se estima que el 30% de los inmigrantes con licenciatura o más grados de escolaridad está indocumentado (G. Ruiz y Selee, 2019). Entre los inmigrantes mexicanos con estudios superiores hay diferencias muy importantes dependiendo del grado de estudios superiores que ostentan. Mientras los posgraduados (75%) observan la mayor correspondencia entre ocupación calificada y su nivel de estudios, la menor correspondencia la exhiben los de grado asociado a licenciatura (33%), no obstante, entre los que tienen licenciatura solo uno de cada dos logra ocuparse en una ocupación calificada. En los tres niveles en análisis destacan los mexicanos ocupados en gerenciales, negocios y finanzas, le sigue en orden de importancia, para los de licenciatura y posgrado, los ocupados en servicios educativos médicos y profesionistas técnicos en salud (Gráfica 7).

Gráfica 6. Inmigrantes mexicanos con estudios de licenciatura o posgrado por área de conocimiento del nivel licenciatura 2013-2017. Distribución porcentual

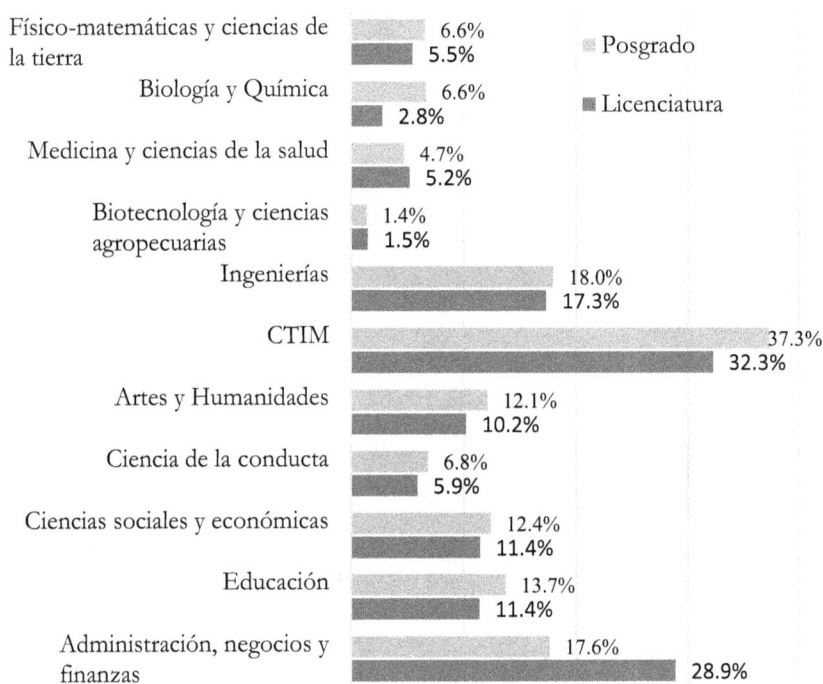

Fuente: Estimación de Gaspar Olvera con base en U.S. Census Bureau, American Community Survey (ACS) 2013-2017.

Aun considerando el estatus legal de residencia (30%) y el limitado dominio del idioma inglés (17.1%), estos primeros resultados permiten especular lo ya referido por Giorguli y Gaspar (2008), la existencia de un patrón laboral particular que se asocia a procesos de discriminación por el hecho de ser mexicanos, toda vez que la subutilización o desperdicio de cerebros es muy alta. Los inmigrantes mexicanos que obtuvieron sus estudios completos en Estados

Unidos tienen mayor probabilidad de emplearse y ocupar puestos profesionales respecto de los que tiene estudios mixtos y estos a su vez respecto de los que estudiaron en México, lo que permite suponer la existencia de discriminación hacia los títulos profesionales particularmente los obtenidos en México (Gaspar Olvera, 2016). Smith (2003), señala que la subutilización de la fuerza laboral calificada se traduce en pérdidas de productividad para la economía estadounidense. Sin embargo, el principal afectado de esa situación es quien experimenta tal subutilización de sus capacidades pues esto no solo repercute en sus salarios también en su práctica profesional, situación que lo puede orillar a mantenerse en subempleo debido a que esto tiene un efecto directo en su experiencia curricular que puede ser mal visto por los empleadores.

Gráfica 7. Inmigrantes mexicanos con estudios superiores por nivel de estudios y tipo de ocupación no profesional 2013-2017. Distribución porcentual

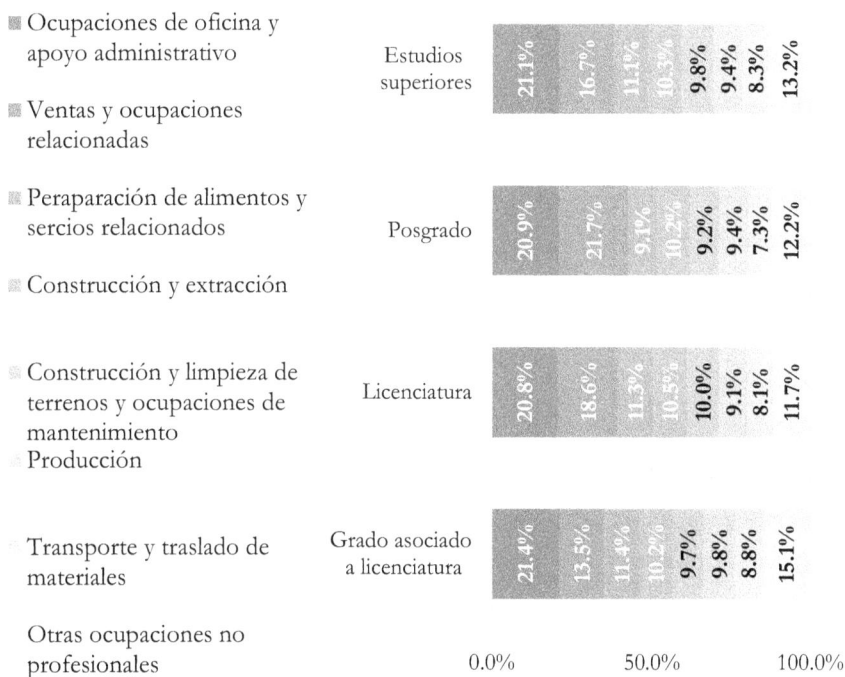

Leyenda:
- Ocupaciones de oficina y apoyo administrativo
- Ventas y ocupaciones relacionadas
- Peraparación de alimentos y sercios relacionados
- Construcción y extracción
- Construcción y limpieza de terrenos y ocupaciones de mantenimiento Producción
- Transporte y traslado de materiales
- Otras ocupaciones no profesionales

Nivel de estudios								
Estudios superiores	21.1%	16.7%	11.1%	10.3%	9.8%	9.4%	8.3%	13.2%
Posgrado	20.9%	21.7%	9.1%	10.2%	9.2%	9.4%	7.3%	12.2%
Licenciatura	20.8%	18.6%	11.3%	10.5%	10.0%	9.1%	8.1%	11.7%
Grado asociado a licenciatura	21.4%	13.5%	11.4%	10.2%	9.7%	9.8%	8.8%	15.1%

0.0%   50.0%   100.0%

Fuente: Estimación de los autores con base en U.S. Census Bureau, American Community Survey (ACS) 2013-2017.

Una de las principales características del mercado laboral estadounidense es la asimetría entre el empleo al que acceden los inmigrantes calificados y la calificación que se exige y los salarios que se perciben, su principal manifestación es la segmentación ocupacional del trabajo (Gaspar Olvera, 2016: 158). La subutilización que experimenta la inmigración mexicana con estudios superiores es muy alta particularmente en el grado asociado a licenciatura (67.1%) y en Licenciatura (49.1). Entre los inmigrantes mexicanos que se encuentran en la escala baja de la pirámide ocupacional, existe un grupo que se encuentra en el empleo semi-calificado (Oficinistas, apoyo administrativo y ventas y ocupaciones relacionadas) ocupaciones que se caracterizan por tener mejores salarios y requieren de cierta profesionalización. La participación en ocupaciones semi-calificadas de los inmigrantes mexicanos con estudios superiores aumenta conforme el nivel de estudios, 34.9% entre los que tienen grado asociado a licenciatura, 39.3% entre los de licenciatura y 42.6% entre los posgraduados, cabe señalar que las mexicanas tienen una mayor presencia en empleo semi-calificado, este dato es relevante para entender el comportamiento de los ingresos por trabajo. El resto de los inmigrantes mexicanos subempleados se encuentran empleados en ocupaciones que son desempeñadas por mano de obra inmigrante con bajos niveles de escolaridad (Gráfica 8).

Gráfica 8. Ingreso anual (dólares a precios constantes de 2017). Inmigrantes mexicanos con estudios superiores por nivel de escolaridad y tipo de ocupación 2013-2017

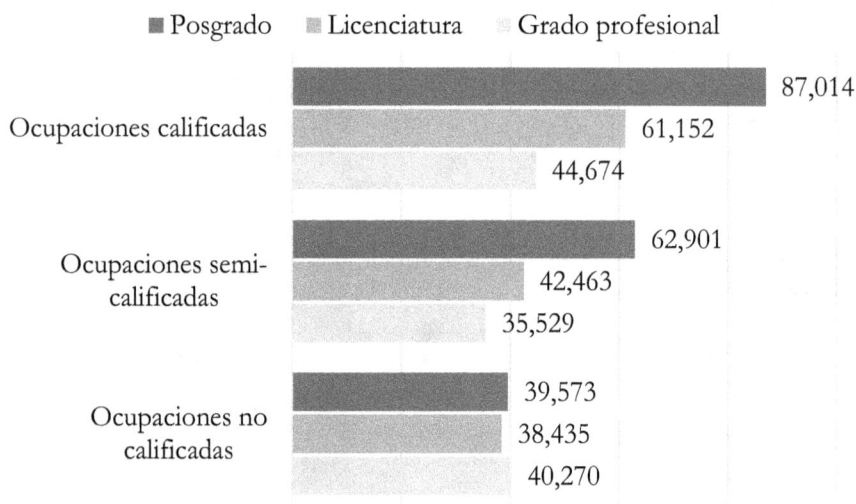

Fuente: Estimación de los autores con base en U.S. Census Bureau, American Community Survey (ACS) 2013-2017.

La brecha salarial entre inmigrantes y nativos se han utilizado como una medida clásica de la integración económica de los primeros a la sociedad de destino (Bean y Steven, 2003; Borjas 2000 y 2007; citado en Giorguli y Gaspar, 2008). Bajo un esquema de integración laboral, se esperaría que a mayor nivel educativo los ingresos por trabajo mejorarían, sin embargo, esto solo ocurre entre los que se ocupan en empleos calificados y semi-calificados. Los inmigrantes mexicanos con posgrado empleados en el mercado profesional requieren altos niveles de capacitación y formación de capital humano, son mejor pagados y valorados como se puede apreciar en la gráfica 8.

Orcutt y J. Dowhan (2008), encontraron que controlando las características demográficas y del capital humano, los inmigrantes a menudo comienzan en los Estados Unidos con ingresos sustancialmente más bajos, pero experimentan un crecimiento de ingresos más rápido que los nativos con años comparables de educación y experiencia; al tiempo que las trayectorias de ingresos de inmigrantes y nativos difieren según el país de origen, señalan que el nivel de desarrollo económico del país de origen es un determinante clave de las brechas del ingreso entre nativos e inmigrantes. En cualquier nivel de estudios los inmigrantes mexicanos ganan menos que los nativos y los inmigrantes no mexicanos. En el grado profesional ganan en promedio 17% menos, en licenciatura 27.3% menos y en posgrado 23.5% menos (Gráfica 9). Estos resultados muestran la difícil tarea de los inmigrantes mexicanos con estudios superiores para transferir sus habilidades en los Estados Unidos.

Gráfica 9. Ingreso anual (dólares a precios constantes de 2017). Población con estudios superiores por nivel de escolaridad y origen, 2013-2017

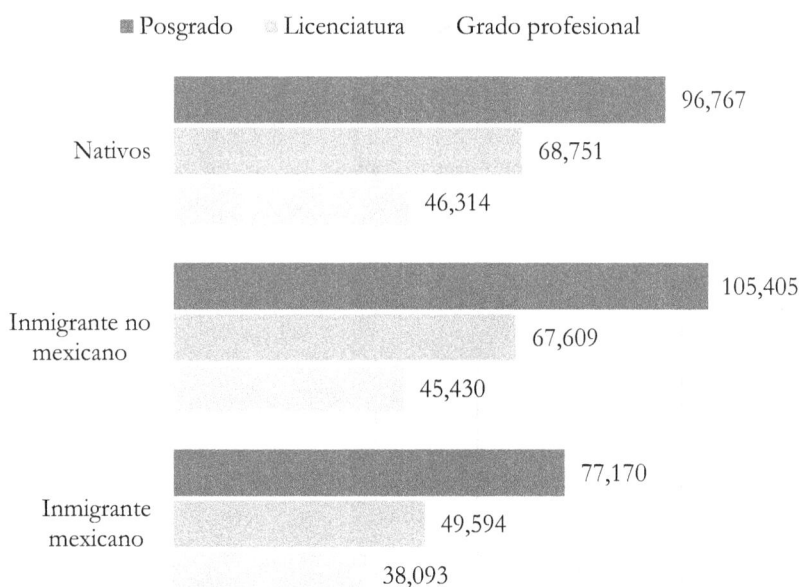

Fuente: Estimación de Gaspar Olvera con base en U.S. Census Bureau, American Community Survey (ACS) 2013-2017.

La información anterior nos permite conocer la importancia que tienen los migrantes mexicanos calificados en Estados Unidos en el conjunto de su economía y en los diferentes mercados laborales a partir de sus diferentes perfiles que muestran una gran heterogeneidad entre los que solo cuentan con estudios parciales de licenciatura, con licenciatura completa y posgrado y participan en los mismos de manera diferencial por factores estructurales, institucionales y personales. Resalta la desigualdad laboral y salarial frente a migrantes con perfiles parecidos de otras nacionalidades que tienen mejores condiciones de trabajo y de ingreso y de forma importante como las diferentes trayectorias educativas, los problemas de reconocimiento profesional, limitado manejo del idioma y en particular la situación migratoria como en al caso de migrantes con licenciatura (30% indocumentados), explican esa segmentación laboral y el desfase frecuente entre formación académica y profesional y el tipo de empleo que se ejerce que no corresponde con esa capacitación. Lo que propicia recuperar la reflexión sobre si ese flujo migratorio calificado es una pérdida de talento al cual el país dedicó en su formación una fuerte inversión social para su aprovechamiento parcial en el exterior y con aportes limitados para México.

Hemos señalado como actualmente bajo la globalización y la reestructuración de la economía mundial en las últimas décadas la educación, la ciencia, la tecnología y la innovación son factores estratégicos en la competitividad de todos los países y los factores determinantes de la nueva división internacional del trabajo de la economía del conocimiento. Así, no sólo hay una lucha por los mercados de mercancías, servicios y capitales en general, también hay una lucha creciente por el conocimiento, el talento y los migrantes calificados. Lo que explica la tendencia mundial del aumento de la migración calificada con un aporte muy importante de los países atrasados como México a los países desarrollados como Estados Unidos, los primeros generan montos crecientes de profesionistas e investigadores que estructuralmente no pueden aprovechar y se ven obligados a emigrar hacia los segundos que tienen políticas migratorias muy flexibles de atracción y aprovechamiento del talento formado en el exterior.

En el largo debate sobre si la migración calificada es un pérdida o la circulación de talento es una oportunidad de desarrollo económico para los países de origen de la misma, queda claro que sólo cambios estructurales e institucionales en estos, que reviertan la expulsión de los migrantes calificados y construyan una nueva institucionalidad del desarrollo nacional incluyente basado no solo en el extractivismo de los recursos naturales, sino de forma creciente en la educación, la ciencia, la tecnología y la innovación como soporte de nuevas políticas de desarrollo regional y sectorial basada en el conocimiento, es que la diáspora calificada en el exterior puede adquirir una función estratégica mediante políticas públicas de retorno, con la vinculación con las redes mundiales del conocimiento, con las redes que existen con países como México y la construcción de un nuevo proyecto de desarrollo basado en el conocimiento. Que posibilite un cambio estructural de desarrollo económico y de arraigo de toda la fuerza laboral calificada y una nueva articulación con el mercado mundial basada en una nueva matriz productiva sustentada en la ciencia, la tecnología y la innovación y no en la depredación de los recursos naturales y la destrucción de la naturaleza como ha sucedido en nuestro país por casi 500 años.

La experiencia de la migración calificada mexicana a partir de los años noventa del siglo anterior se da en un contexto estructural específico de subordinación al modelo económico neoliberal desde la crisis de la deuda de 1982 que desmantela las políticas de desarrollo nacional y apuesta a que la apertura, las privatizaciones y la orientación de la economía nacional hacia las exportaciones llevaría al crecimiento sostenido y a mediano plazo al desarrollo con los aportes del Tratado de Libre Comercio con Estados Unidos y Canadá en 1994. En esta panacea fallida el Estado mexicano renunció a su obligación constitucional de dirigir el desarrollo nacional bajo los nuevos cauces mundiales de la economía del conocimiento, se entregó dicha conducción a las empresas transnacionales, a las armadoras automotrices y maquiladoras, pese a la formación de miles de profesionistas e investigadores con maestría y doctorado que no encuentran empleo en el país. Durante más de seis lustros la ciencia, la tecnología y la innovación no fueron una prioridad en la agenda y los presupuestos nacionales porque se decía explícitamente que la ciencia y la tecnología se podía importar como el resto de las mercancías y servicios que el país venia comprando en el exterior en ese largo periodo. Mientras países como Japón, Alemania, China, Corea del Sur, Finlandia y otros durante décadas apostaron a una inversión creciente en ciencia y tecnología como soporte de su desarrollo nacional en un contexto de una economía mundial más competitiva basada en el conocimiento, que los convierte en un selecto grupo de países exitosos en desarrollo y bienestar de sus poblaciones, en nuestro caso la política de ciencia y tecnología ha sido marginal, lo que explica la enorme fuga de talento hacia Estados Unidos y otros países. La ausencia de una estrategia de desarrollo similar a la de esos países y de una política pública seria de retorno de los migrantes calificados como parte de un nuevo proyecto de país con la ciencia y tecnología como ejes bajo la cuádruple hélice de Estado, Sociedad Civil, Sector Empresarial e Instituciones de Educación Superior explica la salida creciente de migrantes calificados de nuestro país.

El triunfo en julio 2018 de Andrés Manuel López Obrador en las elecciones presidenciales y su propuesta de construcción de un nuevo proyecto de Nación generaron mucho optimismo en la comunidad científica nacional de que ahora si se podría construir una estrategia como la de los países antes mencionados, que permitiera aprovechar todo el talento mexicano dentro del país y del exterior para resolver los problemas estructurales de pobreza, marginación, desempleo y violencias, estableciendo un cambio estructural en el modelo de desarrollo basado en el conocimiento como soporte de la equidad, cohesión social y sustentabilidad, materializando todo lo que el nuevo presidente había planteado por más de tres lustros en libros, manifiestos y campañas políticas de impulsar un proyecto nacional no neoliberal con oportunidades y desarrollo para todos. Sin embargo, López Obrador inicia su gestión presidencial el 1 de diciembre de 2018 con la deuda nacional más grande de la historia de 11 billones de pesos, graves problemas de bajo crecimiento, desempleo, problemas crecientes con Estados Unidos y mayor inseguridad y violencia en todo el país, que condicionan que siga con el mismo modelo neoliberal con un aumento de gasto asistencialista hacia jóvenes y ancianos, pero, sin cambiar la orientación y subordinación de nuestra economía al TLC y a Estados Unidos a donde enviamos el 80% de las exportaciones y a quien compramos el 50% de las importaciones. Si bien el nuevo gobierno plantea cambios en el Consejo Nacional de Ciencia y Tecnología en cuanto a fomentar la investigación hacia los problemas sociales más importantes del país y reducir las enormes transferencias hacia el sector empresarial, no existe un proyecto económico diferente basado en la ciencia, la tecnología y la innovación como soporte del desarrollo regional y sectorial del país y como estrategia de una nueva forma de insertarnos en el mundo y la marginalidad de la ciencia y la tecnología se repite, como en todos los gobiernos neoliberales anteriores desde 1982, en la precariedad presupuestal y la desarticulación con las políticas de gobierno.

El 21 de agosto de 2018 el presidente electo López Obrador se reúne con los rectores de 100 instituciones de educación superior y representantes de organismos científicos y empresariales para recibir una propuesta de política pública sobre ciencia y tecnología denominada "Hacia la consolidación y desarrollo de políticas públicas en ciencia, tecnología e innovación. Objetivos estratégicos para una política de Estado 2020-2024". El Dr. Enrique Graue Wiechers, rector de la UNAM, presentó el documento con el objetivo de modificar el rumbo del país en esa materia y que se elabore una auténtica política de Estado con un horizonte al menos de 25 años, para lo cual propone que el gobierno mexicano cumpla el compromiso de invertir el equivalente al 1% del PIB nacional en ciencia, tecnología e innovación considerando que los países de la OCDE en promedio dedican el 2.3% y casos como el de Israel que dedica el 4.2% de su PIB frente al 0.5% en México.

El Dr. José Luis Morán, presidente de la Academia de Ciencias, presentó en ese evento algunas de las líneas más relevantes de este documento, que incluyen colocar a la ciencia como una prioridad nacional; la definición de objetivos nacionales y regionales concretos tomando en cuenta las necesidades del país; la consolidación de una estrategia de planeación y evaluación; la expansión y fortalecimiento del sistema de CTI; el desarrollo de capacidades regionales para lograr un desarrollo más homogéneo en el país; mayor vinculación social, empresarial y de transferencia de tecnología, mayor y mejor relación con la educación, en particular con la superior; financiamiento claro y sostenido, y un marco normativo y de gobierno para la CTI, adecuado a esos objetivos.

López Obrador, presidente electo expresa ante el documento señalado que será utilizado para hacer frente a los problemas nacionales como "fortalecer el mercado interno e impulsar el crecimiento económico, para ello se requiere la ciencia, ciencia básica, porque si no, no hay aplicada, tampoco hay innovación". Al final se compromete a "garantizar que la aportación en el presupuesto para CTI aumente y que, en el peor de los casos, se mantenga, pues vamos a enfrentar una situación muy difícil. Que nunca haya un presupuesto por debajo de la inflación. Este es el compromiso" (El Economista, 22 de agosto 2018).

Mauricio De María y Campos señala en agosto de 2019 (EL Financiero, 6 agosto 2019) la incongruencia del presidente López Obrador frente a su compromiso con la comunidad científica nacional de agosto de 2018 de apoyar al sector con los recursos necesarios para su desarrollo, advirtiendo que cuando menos en una primera etapa no serían inferiores a los de 2018, ya que en el Plan Nacional de Desarrollo 2018-2024 sólo se dedican cuatro renglones a la ciencia, la tecnología e innovación "El Gobierno Federal promoverá la investigación científica y tecnológica y apoyará a los estudiantes con beca y otros estímulos en bien del conocimiento. El CONACYT coordinará el proceso de elaboración del Plan Nacional de Innovación en beneficio de la sociedad, de los pueblos y del desarrollo nacional con la participación de las universidades, pueblos, científicos y empresas". Mauricio De María y Campos sostiene que estamos en una verdadera encrucijada para nuestro sistema científico y tecnológico y para nuestro desarrollo futuro. O damos un salto adelante y emprendemos un nuevo patrón de largo plazo en que la ciencia y en particular la inversión apoyada por la tecnología y la innovación nacionales se conviertan en dinamo de un crecimiento incluyente que alcance gradualmente tasas del 7% anual en los próximos quince años o nos resignaremos a ser espectadores mundiales y a un crecimiento mediocre y dependiente como sucedió en los últimos cinco gobiernos.

Ante la incertidumbre que genera en la comunidad científica nacional la ausencia de una política clara con apoyos institucionales y presupuestales concretos para la ciencia, tecnología e innovación Mauricio De María, Clara Jusidman y Julia Tagueña proponen las siguientes acciones estratégicas de política científica:

1. Reformar y mejorar la gobernanza pública del sistema de ciencia y tecnología por la vía jurídica y la reestructuración institucional.

2. Fortalecer la base de recursos humanos para a ciencia, la tecnología y la innovación.

3. Reforzar la contribución de las universidades y los institutos de investigación al desarrollo nacional, aplicando cirugía oportuna con bisturí y tiempo para reorientarse.

4. Convertir a las empresas en el eje principal del sistema nacional de innovación, con recursos propios estimulados por recursos públicos fortalecidos.

5. El nuevo proyecto debe enmarcarse en una visión estratégica de Estado de largo plazo que impulse la satisfacción de las necesidades económicas y sociales nacionales, liderada por el Ejecutivo Federal, el CONACYT, el sistema de educación superior e investigación, la banca de desarrollo y el sector empresarial.

Por su parte Ana María Aragonés (LJ, 5 mayo 2019) destaca las contradicciones entre el Plan Nacional de Desarrollo 2019-2024 y los retos de la migración y la ciencia en México. El presidente Andrés Manuel López Obrador manifiesta que uno de los propósitos de su gobierno es evitar que la migración sea por hambre, pobreza o violencia. Ello es un cambio sustancial de perspectiva, pues en el diagnóstico se establece una clara responsabilidad del Estado en las causas que promueven el fenómeno. Cómo se destaca en el PND 2019-2024, la mayor riqueza de las naciones es su población y "el modelo neoliberal agudizó la emigración de mexicanos y un alto porcentaje vive fuera del país y bajo condiciones de precariedad y sujeta a discriminación y atropellos". Para evitarlo se requiere crear un conjunto de políticas públicas que conviertan la migración en una opción y no en una necesidad, por supuesto siempre en un marco de libertad y de derechos.

Aragonés reconoce como positiva la nueva política del gobierno actual de becas masivas para niños y jóvenes que posibiliten acceder a la educación, pero al igual que a la mayoría de la comunidad científica mexicana, le preocupa que en ese PND se dedique sólo un escueto párrafo a ciencia y tecnología. Para ella no sólo es insuficiente, sino contradictorio con el resto del documento, ya que se ensancharán las oportunidades para los jóvenes, pero al no invertir lo suficiente para crear centros de investigación, universidades, etcétera, objetivamente se les excluye. De por sí, hace énfasis ella, México enfrenta el problema de tener cientos de científicos con doctorado y posdoctorados, que están desempleados.

De hecho, esta situación explica la creciente migración calificada, cuyas causas son también responsabilidad del Estado. Los datos son impresionantes. México es el país latinoamericano con más migrantes internacionales altamente calificados entre los países de la OCDE, monto que aumentó 2.4 veces entre 2000 y 2012, al pasar de 411 mil a un millón 15 mil personas, la mayoría de las cuales se encuentran en Estados Unidos, cifras que se han seguido incrementando porque parece que no hay lugar para ellos en el país. Aragonés sostiene que no se trata de la mal llamada "fuga de cerebros", sino de la necesidad imperiosa de estos talentos mexicanos de hallar donde desarrollar sus conocimientos y, además, ser reconocidos. Ella expresa su preocupación por el bajo presupuesto asignado a la ciencia y tecnología por más de cinco gobiernos del 0.5% del PIB nacional y los recortes en 2019 del 6% al Programa Nacional de Ciencia, Tecnología e Innovación y 12% al Consejo Nacional de Ciencia y Tecnología, con lo cual se reitera la falta de apoyo del gobierno actual para el desarrollo científico y tecnológico del país.

Ana María Aragonés señala que no hay duda de que es necesario superar la profunda asimetría social y económica que aleja las posibilidades de alcanzar el ansiado desarrollo, y algunas de las propuestas del PND 2019-2024 van en ese sentido: incorporar a la población a los sectores educativos, salud universal, trabajo formal, salarios dignos. Sin embargo, no se puede dejar de lado el complemento al desarrollo, es decir, una inversión suficiente y necesaria para generar las grandes transformaciones a través de la ciencia, la tecnología y la innovación que permita desplegar toda su potencialidad como factor de igualdad y de inclusión social.

Conclusiones

Dentro de los cambios relevantes de la migración internacional de México a Estados Unidos de los años noventa del siglo anterior en adelante destaca el aumento en el nivel educativo de los migrantes mexicanos y como la edad de inmigración determina en gran medida el nivel educativo de los migrantes, los que llegan en la infancia a Estados Unidos logran una mayor escolaridad respecto a los que llegan en su etapa intermedia o en la edad adulta. Por otra parte, en los últimos años crece la importancia relativa de la migración calificada mexicana en la medida que se reduce la migración indocumentada caracterizada, en general, por su bajo nivel educativo.

El doble movimiento de un aumento generalizado en el nivel educativo en la población mexicana y una demanda creciente en Estados Unidos de migrantes calificados en sus diferentes mercados laborales en un contexto de crisis económicas reiteradas en México explican en gran medida el crecimiento significativo de los migrantes mexicanos en aquel país con al menos un año de educación superior de 1.4 millones; migrantes con licenciatura 934 mil y migrantes con posgrado 270 mil. Lo que refleja la existencia de una verdadera diáspora de talento mexicano en el exterior, que sin embargo enfrenta una situación de desigualdad laboral y salarial en ese país por las diferentes trayectorias educativas, limitado dominio del idioma, limitado reconocimiento de los estudios profesionales, reducidas redes profesionales, insuficiente conocimiento de los mercados laborales y la situación migratoria. Pese a estas limitaciones, es muy importante la contribución que estos migrantes hacen en los diferentes mercados laborales, en la renovación del mercado laboral en su conjunto, el mantenimiento del sistema de pensiones y la estructura fiscal en Estados Unidos. Lo que plantea esclarecer que significa esta diáspora para México que en los hechos ha subsidiado la formación de ese enorme ejército transnacional de talento a favor de ese país con aportes limitados para nuestro país. Hasta ahora, más allá de las remesas representa una pérdida porque el costo lo ha cubierto México sin recibir ninguna contra parte de esa formación educativa, de los servicios de salud y alimentación. Por otra parte, potencialmente este talento podría estar aportando su trabajo y creatividad para el desarrollo del país.

La reflexión anterior tiene que ubicarse en el contexto actual de la globalización, la profunda crisis económica mundial y la reestructuración en curso basada en la ciencia, tecnología e innovación que son los soportes de la economía del conocimiento. Esta economía planetaria manifiesta en los últimos años además de una crisis estructural una lucha por los mercados mundiales en base a la competitividad derivada de la CTI que define el lugar que ocupan todos los países en el sistema mundo, que enfrenta además las crisis energéticas, ambiental, de mayor proteccionismo y creciente desigualdad.

En el contexto anterior llega López Obrador a la presidencia de México con una convocatoria progresista de cambiar el modelo económico neoliberal y construir un nuevo proyecto de Nación bajo su proclama de la Cuarta Transformación. Sin embargo, dicha convocatoria enfrenta por los menos tres limitaciones estructurales: el desmantelamiento de la institucionalidad del desarrollo en el país por 36 años y la subordinación como economía reprimarizada a los circuitos del gran capital transnacional formalizada en el TLC; la ausencia de una alternativa diferente de desarrollo que lleve al cumplimiento de todos los compromisos de empleo, ingreso, equidad, y cohesión social, y la fragmentación y debilidad de la sociedad civil mexicana. Esta última, pese al triunfo presidencial con más de 30 millones de votos y tener mayoría en el Congreso y el Senado no ha existido el poder social suficiente para deconstruir el modelo neoliberal en curso y dar paso a la construcción de la nueva alternativa de desarrollo que sólo existe como enunciado y en los hechos la conducción económica del gobierno actual sigue la ortodoxia neoliberal de la austeridad en las finanzas públicas y los megaproyectos extractivistas para el gran capital internacional. Escenario que reitera 38 años de abandono de la ciencia, la tecnología y la innovación como palanca de desarrollo al asumir la subordinación en el TLC y ahora en el Tratado México Estados Unidos y Canadá (T-MEC) como la única opción en el futuro de México.

El año 2020 será paradigmático en la historia de la economía y la salud mundial por la sincronía de las profundas crisis económica, financiera, ambiental, energética, de desigualdad social y la pandemia del coronavirus. La degradación y destrucción del planeta, el desmantelamiento de los sistemas de salud pública y de la institucionalidad del desarrollo ponen a todo el mundo, incluidas las potencias como Estados Unidos, China y Alemania, cerca del colapso. El Fondo Monetario Internacional reconoce que es una crisis económica más grave que la de 2009 con una caída del PIB mundial del 3%, parecida a la de 1929, pero, con el agravante de la pandemia que azota al mundo en su conjunto. Ante lo cual recomienda políticas públicas de mayor gasto público, estímulos fiscales y transferencia de ingresos para reducir sus consecuencias, lo que lleva a que Estados Unidos a mediados de abril de 2020, con la estimación de una contracción del 5.9% del PIB, la pérdida de 16 millones de empleos, 600 mil contaminados de coronavirus y 26 mil fallecidos, decida con apoyo del Congreso un enorme programa keynesiano de inversión pública para enfrentar la recesión con 2.2 billones de dólares, el más grande de su historia En el caso de México, que tuvo un decrecimiento del 0.7% del PIB 2019 y viene arrastrando un bajo crecimiento económico durante 40 años, que sigue aplicando la política neoliberal de austeridad en 2019 y 2020, con graves problemas de desempleo, con 57% de su población económicamente activa en la informalidad; pobreza, violencias crecientes, crisis en las relaciones económicas, políticas y migratorias con Estados Unidos, 4 millones de migrantes retornados de 2008 a 2018, el problema de las Caravanas Migrantes de Centroamérica y la subordinación a las políticas de migración, control de fronteras y seguridad regional de Estados Unidos el 7 de junio de 2019, se estima que los impactos de las pandemias de salud y económicas pueden provocar una caída del 6.6% en el PIB y 5.3% de la PEA nacional. La paradoja es que Estados Unidos con un gobierno conservador recurre a una enorme política económica keynesiana mientras en México, con un gobierno progresista, se persiste en la ortodoxia de la austeridad neoliberal con pequeños aumentos en los programas asistenciales del nuevo gobierno. Justo cuando en el mundo la ideología económica del libre mercado se desploma y se recurre a la experiencia histórica de la intervención estatal con mayor gasto público y políticas diversas para enfrentar las crisis estructurales del capitalismo y sus consecuencias como se hizo en 1929, en los años setenta y en 2008 y 2009. El gobierno mexicano sigue preso en la jaula neoliberal, temeroso de que si cambia la política económica saldrá más inversión extranjera y el país ya no será atractivo para los especuladores internacionales. Hoy es el momento de que México defina una verdadera economía de guerra para enfrentar no solo las crisis sanitaria y económica, sino para realmente construir una alternativa de desarrollo económico integral diferente, articulador de toda la población y todos los sectores, con equidad social, empleo y bienestar para todos y sustentabilidad económica, científica, técnica y ambiental. Hoy es el momento histórico de aprovechar todo el talento en México y en el exterior para enfrentar las crisis actuales y tomar con seriedad y compromiso la construcción de un Nuevo Proyecto de Nación para 165 millones de mexicanos (38 millones de ellos en Estados Unidos), el Ejecutivo Federal, el Congreso, CONACYT, ANUIES, los gobiernos estatales y los Congresos deben convertirse en una gran "task forcé" para enfrentar de inmediato tres tareas: Contención y manejo de impactos de la pandemia en la población, protección y reforzamiento de la planta productiva y el empleo y articulación de la comunidad científica nacional con la mundial para generar vacunas al coronavirus y restablecer los sistemas públicos de salud y bienestar para poder enfrentar nuevas pandemias en forma adecuada y revertir la desigualdad y deterioro en el bienestar de la mayoría de la población. Estas tres acciones significan entre otras cosas, superar la austeridad fiscal y plantear la reforma fiscal como necesidad nacional de coyuntura y estructural para superar la precariedad presupuestal y que el Estado asuma sus funciones como promotor del empleo, desarrollo regional y sectorial que pueda revertir la informalidad laboral nacional y aumentar el ingreso y el mercado interno, y un cambio a fondo en el sistema educativo, de ciencia, tecnología e innovación como prioridades nacionales en las políticas y presupuestos federal y estatales. Lo que permitirá reconstruir y fortalecer las fuerzas endógenas del crecimiento económico a partir de una política de Estado de empleo, de políticas públicas de desarrollo regional y sectorial basadas en la ciencia, la tecnología y la innovación que tendrán un respaldo institucional y presupuestal equivalente al de Corea del Sur, Israel y otros países.

En el contexto actual de 2020 con la oportunidad histórica de cambios en el Estado mexicano y en la construcción de una alternativa de desarrollo con empleo formal, ingreso, bienestar, equidad, cohesión social y sustentabilidad ambiental, la movilidad humana debe formar parte de las nuevas políticas públicas de Estado reconociendo la multidimensionalidad de la misma en nuestro país como espacio de origen, tránsito, destino, retorno, desplazamiento, asilo y refugio. En el caso de la diáspora mexicana calificada sólo un nuevo proyecto económico sustentado en la ciencia, la tecnología y la innovación construyendo la nueva institucionalidad del desarrollo de la economía del conocimiento para el empleo, la equidad y el bienestar puede generar políticas serias de retorno de los migrantes calificados, de articulación con sus redes mundiales del conocimiento para ayudar a resolver los problemas económicos y sociales de México y cambiar estructuralmente las raíces de la expulsión creciente del talento mexicano.

CAPÍTULO 9

IMPACTOS DE LA MIGRACIÓN DE RETORNO EN LOS HOGARES DE MIGRANTES EN MÉXICO. UN ANÁLISIS ESTATAL

Introducción

El número de personas que viven en un país distinto a su lugar de nacimiento se ha multiplicado al igual que el monto de remesas, las cuales han crecido a niveles sin precedente configurándose como uno de los principales beneficios para los países de origen y destino de los migrantes. Los patrones de origen-destino de los migrantes laborales y no laborales describen la cambiante geografía de la migración y la diversidad de sus causas, así como la creciente dificultad para moverse entre fronteras. Asimismo, las crecientes desigualdades regionales han favorecido una mayor participación en los flujos emigratorios de mujeres y menores en condiciones de mayor vulnerabilidad que los adultos varones (OCDE, 2016).

Las crisis económicas recurrentes han tenido efectos adversos en los países avanzados deteriorando las condiciones de vida de las personas (nativa e inmigrante), ello ha provocado particularmente en Estados Unidos, aunque no es el único, un vigoroso ascenso del nacionalismo conservador y xenófobo hacia los migrantes haciendo más difícil su integración (Ávila y Gaspar, 2018). Al mismo tiempo esa situación ha provocado una reducción de las opciones legales de ingreso para los migrantes y mayores riesgos para quienes deciden transitar por México e internase de manera indocumentada en territorio norteamericano.

Para la migración que tiene como destino Estados Unidos, la llegada de Donald Trump a la presidencia, colocó a la inmigración latina, particularmente de México, Centroamérica y la que procede del Medio Oriente como un tema central de la agenda nacional y la conceptualizó como un riesgo de seguridad nacional y fuente de desempleo de los nativos (Ávila y Gaspar, 2018), ello incrementa la persecución y deportación de migrantes y obliga a otros a retornar ante la incertidumbre de su futuro en la nación vecina.

Ello ha tenido como principales consecuencias para los migrantes un incremento de las deportaciones particularmente desde el interior del país y el "retorno voluntario" a sus países de origen. Estos países enfrentan un problema para el que no están preparados, pues aún persisten las condiciones o causas que motivaron la emigración de sus migrantes. En México, el estudio de la migración de retorno desde Estados Unidos se intensifica con los datos censales de 2010 que muestran que el retorno se incrementó en 209% entre 2000 y 2010 al pasar de 267,150 a 825,609, los varones contribuyeron a ese crecimiento con el 75.3% y las mujeres con 24.7%, el retorno de connacionales es eminentemente de varones en edades laborales. Se ha dado menor importancia al retorno de mexicanos desde otras partes del mundo. Los migrantes mexicanos con destinos distintos a Estados Unidos han incrementado su intensidad y los efectos de las crisis económicas que afectan al mundo junto con las violencias hacia los migrantes hacen que ellos participen en los flujos de retorno con mayor intensidad.

Muzaffar y Pierce (2020), informan que ahora con la pandemia Covid-19 la Organización Internacional para las migraciones (OIM) y los mandatarios de países como Estados Unidos, Canadá, España, entre otros países, incluyendo México implementan restricciones a la movilidad y el cierre de fronteras, al tiempo que la crisis provoca un retorno voluntario de migrantes y otros más surgen por las políticas internas de inmigración de los países de destino de los migrantes. Esta situación como señalan se agrava para los migrantes que carecen de servicios de salud, limitada capacidad adquisitiva y barreras del idioma, particularmente para aquellos sin permiso para trabajar o residir en sus destinos. Indican que excluir a los migrantes de los beneficios para contener la pandemia y mitigar la vulnerabilidad de los más necesitados compromete la efectividad de todo paquete de ayuda y pone en riesgo el bienestar y la vida de todos, pues el virus no hace distinciones basadas en el origen nacional, estatus migratorio o nivel de ingresos. Señalan que los defensores de los migrantes apuntan que los migrantes con autorización y no autorizados tienen una participación importante en ocupaciones críticas de primera línea contra el combate de la pandemia. Los migrantes son y serán con seguridad, una vez pasada la crisis uno de los principales motores de la economía y la seguridad alimentaria.

Una particularidad del retorno es el incremento del número de menores y jóvenes nacidos en Estados Unidos de origen mexicano que ingresan a México como un efecto del retorno de sus padres. El perfil de los migrantes de retorno y la de sus hijos nacidos en el país vecino imponen para ellos y los miembros de los hogares a los que llegan ajustes en sus formas de vida y cambios en los roles que desempeña cada miembro dentro del hogar, ajustes que podrían tener mayor efecto en los miembros cuando quien retorna es la figura de jefe de familia o sostén del hogar. La migración internacional, en sus distintas modalidades, influye en la vida de quienes se quedan a la espera de quien migró y en la de aquellos que retornan después de haber vivido fuera del país, así como de quienes los albergan, repercusiones que no se viven de manera individual sino colectiva.

El contexto de recepción y el lugar de asentamiento son factores que se han reconocido como determinantes en la integración o reintegración de los migrantes y la de sus hijos nacidos en el destino, esos factores son igualmente importantes para los migrantes que retornan a su país de origen. La unidad geográfica de asentamiento permite observar diferencias en el proceso de integración respecto al contexto de recepción, por otro lado, la vinculación del migrante con familiares y amigos facilitan la reintegración al retorno, la cual se traduce en un capital social clave para acceder a opciones laborales, recursos económicos y acceso a apoyos formales e informales. No obstante, la efectividad de esa vinculación está en función del compromiso de los migrantes con la familia en el origen, en la vida social, económica y política de sus lugares de origen y del reconocimiento de ese compromiso por los miembros de esa comunidad, cuando el migrante retorna al lugar del que salió. En otro caso, la adaptación o integración de los migrantes se configura más compleja ante la falta de redes de apoyo en los lugares de asentamiento.

El reto para México es la integración o reintegración de los migrantes y sus hijos nacidos fuera, los programas existentes son escasos y de corto alcance por lo que la focalización de los migrantes y sus familias es una tarea prioritaria. Aunque el retorno de connacionales siempre ha estado presente, los matices que hoy lo caracterizan aunado a la mínima importancia que se le ha dado y los impactos heterogéneos que tiene a nivel individual, familiar y en las comunidades de asentamiento hacen necesario considerar estas tres dimensiones en su conjunto, es decir, las unidades de análisis a nivel de personas, hogares y el ámbito geográfico.

El presente trabajo no pretende ahondar en las causas de la migración de retorno de Estados Unidos a México, ya que estás han sido analizadas en otros trabajos propios y por numerosos especialistas en el tema, como, José Castillo (1997), Jorge Durand (2006), Fernando Riosmena, González Cesar y Rebeca Wong (2013), Moctezuma y Gaspar (2013), Gandini, Lozano y Gaspar (2015) y Alejandro Canales y Sofía Meza (2018), Covarrubias y Escobar (2018), entre muchos otros. Autores que reconocen la diversidad del actual retorno de migrantes que abarca repatriaciones, retornos voluntarios e involuntarios, deportaciones individuales y familiares, ante lo cual plantean la necesidad de generar políticas públicas por parte del gobierno mexicano y sus instituciones para atender y reintegrar a los migrantes de retorno e integrar a sus hijos nacidos fuera de México, teniendo en cuenta la heterogeneidad de ese proceso.

En base a lo anterior planteamos un estudio que focaliza los problemas de integración mediante índices, los cuales permiten tener un conocimiento diferencial de la posición de los impactos del retorno en los hogares de migrantes vinculados al fenómeno migratorio internacional, diferenciando hogares con migrantes de retorno de reciente arribo versus los que tiene migrantes de retorno de largo arribo en cada estado de la república mexicana. Estos índices miden la intensidad de exclusión que experimentan los hogares de migrantes vinculados a la migración México-Estados Unidos, en ese sentido se está mostrando que entidades tienen mayores problemas en la incorporación de sus migrantes a la sociedad mexicana. Paradójicamente, en general, los migrantes de retorno entran en un proceso de exclusión social a su retorno, exclusión que se agudiza con el tiempo. El estudio se lleva a cabo con datos de la Encuesta Intercensal 2015 (EI2015).

En la primera sección se aborda la metodología utilizada, en la segunda se dan algunos antecedentes del retorno y se examina el perfil básico de los hogares y sus integrantes de acuerdo a la clasificación del índice de retorno. En seguida se analizan cuatro aspectos fundamentales en la integración de los migrantes, sus hijos nacidos en Estados Unidos y sus familias, medido a través de la exclusión con la finalidad de focalizar los problemas de integración a los que se enfrentan los migrantes de retorno y quienes integran sus hogares, para que los tomadores de decisiones dirijan acciones para solucionar los problemas de integración de los migrantes y sus familias: 1) incorporación al sistema escolar de los menores y jóvenes de 6 a 24 años, 2) acceso servicios de salud, 3) inserción al mercado laboral y 4) capacidad del hogar para adquirir la canasta básica alimentaria y no alimentaria con el ingreso por trabajo del hogar. Al final se sugieren algunas acciones para promover la integración de los migrantes de retorno y sus hijos nacidos fuera del país en los lugares de asentamiento en México.

Método y datos

El tema de los hogares vinculados al fenómeno migratorio internacional del país se ha estudiado como una estrategia de apoyo para el inicio y el mantenimiento del complejo proceso de la emigración y asentamiento de los inmigrantes en el destino (Gaspar Olvera, 2017a). Algunos de los enfoques utilizados en el análisis de los hogares vinculados a la migración internacional es el que se da a través de los miembros de los hogares que participan de manera directa e indirecta en el proceso migratorio internacional (ídem).

La estadística que se presenta se genera con datos de la Encuesta Intercensal 2015, la cual se llevó a cabo por INEGI, la finalidad de su levantamiento es actualizar la información sociodemográfica de México, su tamaño de muestra es de aproximadamente 6.1 millones de viviendas con representatividad nacional, entidad federativa, municipio y para cada una de las localidades de 50 mil o más habitantes, referida al 15 de marzo de 2015 (Instituto Nacional de Estadística y Geografía - INEGI).

Se utiliza la metodología de construcción de los hogares con vinculados migratorios internacionales de mexicanos con base en el estudio de Gaspar Olvera (2017ayb:14-20). Con fines operativos, se define a los hogares con vínculos migratorios internacionales en México que cumplan con alguna de las siguientes condiciones (ídem): 1) hogares con al menos un migrante de retorno (reciente o de largo arribo); o 2) Al menos hay una persona en el hogar que nació en México o nacido en Estados de origen mexicano que recibe remesas internacionales; o 3) al menos hay el hogar alguna persona nacida fuera del país con uno o ambos progenitores nacidos en México, es decir, de origen mexicano, o 4) al menos hay una persona en el hogar que es un emigrante reciente o emigrante del quinquenio inmediato anterior al levantamiento de la información, esta última condición es aplicable solo cuando se incluye el módulo de migración internacional en los censos o encuestas de hogares.

Una vez construida la tipología de hogares con vínculos migratorios internacionales se identifican dos tipos de hogares según presencia de migrantes de retorno reciente en el hogar o inmigrantes de origen mexicano que ingresaron recientemente al país:

Hogares con vínculos migratorios internacionales de mexicano (HVMI) en:

Hogares con migrantes de retorno reciente: Hogares con al menos un migrante de retorno reciente o inmigrante de origen mexicano que ingresó recientemente al país, se comparan con el residual de este grupo, es decir con:

Hogares sin retorno reciente: Hogares sin miembros en el hogar de retorno reciente o inmigrantes de origen mexicano que ingresó recientemente al país.

Como es sabido, las pregunta incluidas en los censos y encuestas de hogares de México que permiten aproximarse al número de migrantes de retorno e inmigrantes de reciente arribo, cuando se combina con la pregunta de lugar de nacimiento, tiene limitaciones que subestiman ambas poblaciones y por consiguiente el número de hogares que reciben a esos migrantes y sus impactos (Gaspar Olvera, 2017a). Por lo que, el número de hogares con vínculos migratorios internacionales y los hogares con migrantes de retorno reciente estarían involucrados un número mayor de personas vinculadas a este proceso migratorio internacional de mexicanos (ídem).

En un primer momento se construyen dos índices a escala de hogares y en el ámbito estatal: 1) Índice estatal de hogares con vínculos migratorios internacionales de mexicanos (HVMI) con migrantes de retorno reciente y, 2) Índice estatal de hogares con vínculos migratorios de mexicanos a Estados Unidos (HVMEU) con migrantes de retorno reciente desde ese país. El índice estatal de retorno HVMI concentra a 2.74 millones de hogares y 11.1 millones de personas, de los cuales 980 mil tienen migrantes de retorno o inmigrantes de origen mexicano de reciente arribo. Mientras el índice estatal de retorno desde Estados Unidos en HVMEU concentra 2.2 millones de hogares y 8.4 millones de personas, con 377 mil hogares con migrantes de retorno o inmigrantes de origen mexicano (Cuadro 1).

Posteriormente se estiman los índices de exclusión al sistema educativo, al de salud y al laboral, para los hogares con vínculos migratorios internacionales (HVMI). Uno para cada elemento de integración y para cada tipo de hogar, es decir, 1) con migrantes de retorno reciente y 2) sin migrantes de retorno reciente, por lo tanto, se presentan 6 índices de exclusión.

Cuadro 1. Hogares y población con vínculos migratorios internacionales de mexicanos, 2015

Hogares	Total de hogares	Hogares con vínculos migratorios internacionales de mexicanos	Hogares con vínculos migratorios internacionales de mexicanos con retorno reciente	Población en hogares con vínculos migratorios internacionales de mexicanos
Total-HVMI/1	31,949,709	2,742,276	979,586	11,087,100
A Estados Unidos-HVMEU/2		2,178,410	376,698	8,374,641
% Estados Unidos		79.4%	38.5%	75.5%

1/ Incluye nacidos fuera de México de origen mexicano de reciente arribo al país.

1/ Incluye nacidos en Estados Unidos de origen mexicano de reciente arribo al país.

Fuente: Estimación de los autores con base en Encuesta Intercensal 2015.

Se construyen índices estandarizados. La estandarización se realiza en base al máximo valor alcanzado por la entidad en cada indicador y se compara con el resultado obtenido para cada entidad en particular. Ello permite obtener valores entre 0 y 1, es decir sin unidad de medida para cada indicador. Los resultados pueden ser sumados, promediados y ordenados. La metodología se puede consultar en Gaspar Olvera, 2017 y la estratificación se llevó a cabo por el método de Dalenius-Hogges (1959), el cual se puede consultar en INEGI (s.f) Nota técnica Estratificación univariada.

Indicadores de los índices

Índice de retorno

El índice de retorno tiene la finalidad dimensionar a nivel de hogares este fenómeno demográfico vinculando a quienes participan de manera directa e indirecta en la migración internacional de los mexicanos del país, para ello se consideran tres indicadores que vinculan el retorno reciente de los migrantes mexicanos y el ingreso reciente de sus hijos nacidos fuera de México. Estos índices toman en consideración el peso relativo que tienen ambos grupos en los hogares con vínculos migratorios internacionales. Además, permiten observar la importancia que tiene hacer la distinción de la emigración y el retorno que se da desde un país distinto a Estados Unidos, pues los patrones de unos y otros son claramente distintos y muy probablemente los perfiles sociodemográficos de los migrantes y sus hijos nacidos fuera de México también lo son (Grafica 1a y 1b).

Gráfica 1. Hogares con vínculos migratorios internacionales en México, 2015

Gráfica 1a. Porcentaje de hogares con vinculos migratorios México-Estados Unidos

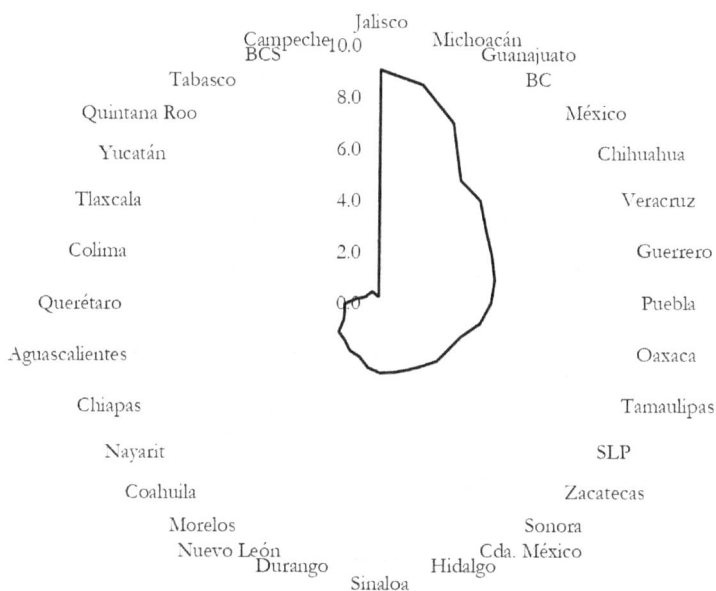

Jalisco
Campeche 10.0 Michoacán
BCS Guanajuato
Tabasco BC
8.0
Quintana Roo México
6.0
Yucatán Chihuahua
4.0
Tlaxcala Veracruz
2.0
Colima Guerrero
Querétaro 0.0 Puebla
Aguascalientes Oaxaca
Chiapas Tamaulipas
Nayarit SLP
Coahuila Zacatecas
Morelos Sonora
Nuevo León Cda. México
Durango Hidalgo
Sinaloa

Gráfica 1b. Porcentaje de hogares con vinculos migratorios internacionales de mexicanos: México-Otro país (excluye Estados Unidos)

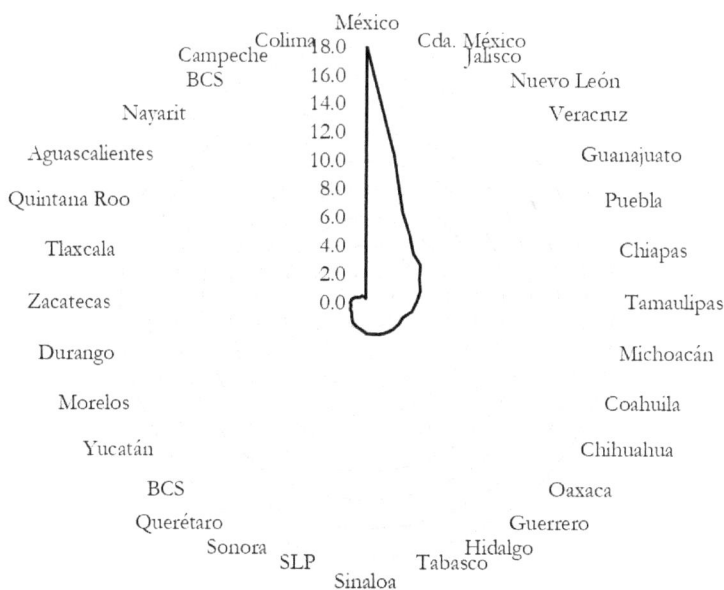

México
Colima 18.0 Cda. México
Campeche Jalisco
BCS 16.0
Nayarit 14.0 Nuevo León
12.0 Veracruz
Aguascalientes 10.0 Guanajuato
Quintana Roo 8.0 Puebla
6.0
Tlaxcala 4.0 Chiapas
2.0
Zacatecas 0.0 Tamaulipas
Durango Michoacán
Morelos Coahuila
Yucatán Chihuahua
BCS Oaxaca
Querétaro Guerrero
Sonora Hidalgo
SLP Tabasco
Sinaloa

Fuente: Estimación de los autores y métodolgogia Gaspar Olvera, 2017a)

Indicadores del índice HVMI con retorno reciente:

a) Porcentaje de hogares con vínculos migratorios internacionales respecto del total de hogares,

b) Porcentaje de hogares con migrantes de retorno reciente respecto del total de hogares con vínculos migratorios internacionales.

c) Porcentaje de personas en hogares con migrantes de retorno reciente respecto del total de miembros en hogares con vínculos migratorios internacionales.

Indicadores del índice HVMEU con retorno reciente:

a) Porcentaje de hogares con vínculos migratorios México-Estados Unidos respecto del total de hogares,

b) Porcentaje de hogares con migrantes de retorno reciente desde Estados Unidos respecto del total de hogares con vínculos migratorios México-Estados Unidos.

c) Porcentaje de personas en hogares con migrantes de retorno reciente respecto del total de miembros en hogares con vínculos migratorios internacionales.

Índice de exclusión al sistema educativo

Bajo la misma metodología se estima el índice de exclusión al sistema escolar el cual permite observar que entidades tienen mayores problemas para incorporar al sistema educativo a migrantes de retorno (reciente y largo arribo) y a quienes habitan su hogar censal en edad escolar (INEGI definió en 2010 a la vivienda como hogar-censal).

Para calcular este índice primero se estima el número de hogares con vínculos migratorios México-Estados Unidos con al menos un miembro del hogar en edad escolar de 6 a 14 años y de 15 a 24 años solteros que no asisten a la escuela, este indicador lo dividimos según número de miembros en: 1) hogares con un miembro fuera del sistema educativo y 2) Hogares con dos o más miembros fuera del sistema educativo, esta variable dicotómica se clasifica según tipo de hogar, es decir 1) hogares con retorno reciente y 2) hogares sin retorno reciente.

Finalmente, para cada tipo de hogar se calcula los indicadores del índice 1) Porcentaje de hogares con un menor o joven en edad escolar que no asiste a la escuela respecto del total de HVMI con retorno reciente, 2) Porcentaje de hogares con dos o más miembros en el hogar que no asisten a la escuela respecto del total HVMI sin retorno reciente.

Índice de exclusión al sistema de salud

El tercer índice denominado de exclusión al sistema de salud tiene como finalidad dimensionar el número de hogares sin servicios de salud. Una primera agrupación la constituyen los hogares con vínculos migratorios internacionales donde al menos un miembro del hogar no cuenta con servicios de salud o que no está afiliado a alguna institución pública o privada de salud. Una vez identificado este subgrupo, se procede a estimar los siguientes indicadores que conforman los índices de esta dimensión de la integración. Uno para los HVMI con retorno reciente y otro para los HVMI sin retorno reciente.

1. Porcentaje de hogares con al menos un integrante sin servicios de salud,

2. Porcentaje de hogares con dos o más integrantes sin servicios de salud y;

3. De los hogares con servicios de salud, se estima el porcentaje de hogares con servicios privados de salud o con Seguro Popular, la razón de incluir este último indicador radica en que los gastos en salud pueden inducir a un hogar a incurrir en gastos catastróficos por motivos de salud. Un hogar con gastos catastróficos es aquel cuyo gasto de bolsillo en salud representan el 30% o más de su ingreso disponible (Sesma, Pérez, Martínez y Lemus 2017).

El Seguro Popular no siempre tiene la infraestructura adecuada y la capacidad para atender todos los padecimientos y, por los gastos en medicina y de laboratorios, en los que incurren los hogares, cuando el programa no los cubre o no hay en existencia en el caso de medicamentos o están fuera de servicio los laboratorios, cabe acotar que todos los servicios ofrecidos por el seguro popular tienen una cuota, aunque sea mínima por los servicios de salud recibidos.

Índice de exclusión al sistema laboral

El cuarto índice mide la exclusión al mercado laboral de los integrantes del hogar con vínculos migratorios internacionales (HVMI) con y sin retorno reciente, uno para cada caso. Incluye los siguientes indicadores:

1) Porcentaje de hogares con jóvenes de 15 a 24 años de edad solteros que no estudian ni trabajan,

2) Porcentaje de hogares donde al menos hay un integrante de 16 años o más de edad desempleado.

Estos índices miden la intensidad de exclusión al mercado laboral que experimentan los hogares de migrantes vinculados a la migración internacional de mexicanos, en ese sentido estaremos mostrando que entidades tienen mayores problemas para incorporación a sus migrantes al desarrollo económico de México.

Un indicador que no forma parte de los índices propuestos es el porcentaje de hogares con ingresos por debajo del costo de la canasta básica alimentaria y no alimentaria. Se estima para el total nacional y para el ámbito rural y urbano.

Este indicador da una idea de la capacidad adquisitiva de los hogares y los problemas que enfrentan cuando los ingresos por trabajo no permiten solventar necesidades básicas del hogar.

El debate teórico sobre el retorno migrante

Desde el segundo lustro del siglo XXI, el tema del retorno de migrantes internacionales ha recibido creciente atención en la academia mexicana y estadounidense. Este interés se debe al aumento de los flujos norte-sur después de la crisis económica de 2007-2008 y a las políticas de deportaciones masivas de migrantes que llevaban varios años viviendo en Estados Unidos. Tanto la academia como los medios de comunicación destacan la presencia de migrantes de la llamada generación 1.5 y de menores de segunda generación que regresan o migran a México solos o con sus familiares, es decir, de personas que crecieron y fueron socializadas en los lugares de destino (Paris Pombo, Hualde y Woo, 2019).

En una perspectiva espacial y temporal más amplia la migración de retorno fue estudiada comúnmente como la última etapa del proceso migratorio. Su estudio se asoció, con la relación entre la migración y desarrollo, tanto en los estudios de la migración interna como en los de las migraciones internacionales; asimismo, frecuentemente se asumía una posición excesivamente optimista de que los migrantes retornados podrían ser actores sociales de cambio en los lugares a los cuales regresaban. De hecho, se pensaba hasta finales del siglo XX, que los migrantes procedentes de destinos internacionales que retornaban a su país de origen lo hacían particularmente a la localidad desde donde emprendieron el desplazamiento internacional, hacia las llamadas localidades de origen en el campo de estudio de las migraciones (Levitt, 2001; 2002; Cassarino, 2004; Durand, 2004). Estos planteamientos llevaron a considerar que el retorno constituye una parte del proceso migratorio, es decir la conclusión del proyecto del migrante, y entonces, a asumirlo automáticamente como un regreso a la comunidad de origen, regreso que se asocia a uno de carácter permanente y, generalmente, definitivo, para insertarse en la dinámica local y volver al terruño (Rivera, 2013 y 2019).

Sin embargo, con la gran cantidad de cambios en los flujos migratorios entre México y Estados Unidos y en el mundo en general en el siglo XXI por los impactos de la crisis económica plantearía, la crisis ambiental, las políticas de securitización y otros factores, el retorno migrante crece de forma significativa y adquiere nuevas modalidades de sus protagonistas, de los lugares de origen y de destino, de los mecanismos de retorno, de integración y de nuevos procesos de re-emigración. Este complejo proceso multidimensional de la migración de retorno obliga a considerar las diferentes vertientes teóricas que buscan explicarlo como parte de las tendencias del mundo actual en la tercera década del siglo XXI. En este sentido Liliana Rivera (2013 y 2019, 20) plantea que son cinco las perspectivas teóricas principales:

1. La perspectiva neoclásica y la llamada New Economics of Labour Migration que explican la migración como parte de las decisiones racionales, económicas, que toman los individuos para maximizar su beneficio. Así, ambas perspectivas se basan particularmente en el presupuesto de la disparidad salarial como el factor principal que lleva a tomar la decisión de emigrar (Todaro, 1969). La perspectiva neoclásica explica, desde esta lógica, el retorno como una consecuencia de la experiencia del fracaso del migrante o bien como una resultante de las expectativas sobre el capital humano, que no fue apreciado en la dimensión esperada (Cassarino, 2004, 200; Durand, 2004). Mientras, la Nueva Economía de la Migración Laboral supone que no fue un fracaso de los individuos que tomaron la decisión de emigrar, ni de una falla en el cálculo realizado sobre su capital humano, sino, por el contrario, el retorno se explica como la conclusión de las metas económicas que el migrante-junto con los demás miembros de su familia- se fijó como objetivo y luego valoró en el momento de tomar la decisión de emigrar, de alguno de los miembros de la familia. Ambas explicaciones no consideran las condiciones institucionales y macroestructurales del contexto de regreso de la región origen-retorno.

2. El enfoque estructural sobre la migración de retorno introduce el contexto institucional y socioeconómico, los factores situacionales y estructurales como condicionantes del retorno y de las motivaciones para regresar. Dicho contexto influye en la capacidad de integración de los migrantes retornados o en obligarlos a volver a emigrar. Por ello dicho contexto junto con las habilidades laborales adquiridas y los ahorros son muy importantes para explicar la integración o no integración de los migrantes retornados. Bajo la perspectiva estructural son muy importantes considerar el impacto de las variables tiempo de estancia como inmigrante, la escolaridad, la experiencia laboral, las habilidades adquiridas, el capital acumulado y las estructuras institucionales y socioeconómicas de los países de origen para poder explicar correctamente el retorno y las condiciones de integración de los migrantes o su inadaptación y re-emigración.

3. La perspectiva de las redes sociales plantea que a través de la interacción entre las comunidades de origen y destino de los migrantes se logra disponer de recursos económicos y sociales que posibilitan el retorno. Las estructuras sociales que sirven como soporte de las redes y sus cambios constantes ayudan a la emigración como al retorno. Es importante considerar que las redes sociales son heterogéneas, el acceso es diferenciado a ellas tanto para emigrar como para el retorno y depende de la ubicación de los migrantes en las diferentes estructuras sociales y en las diversas formas de organización en origen y destino. El conocimiento de las mismas redes más allá de las fronteras ayuda a

explicar los diversos procesos de emigración y de retorno con acceso a diferentes apoyos sociales o la ausencia de ellos.

4. La teoría del capital social (Durand, 2004) puede ayudar a explicar las probabilidades del retorno, como ha explicado la salida acumulada de migrantes de un lugar de origen hacia un mismo lugar de destino. La teoría de la causalidad acumulativa (Massey, Goldring y Durand, 1994) llevada al contexto del retorno podría significar que "a mayor experiencia acumulada del retorno en la familia, la comunidad y el país de origen, existen mayores posibilidades de que se dé el retorno a nivel personal" (Durand, 2004).

5. Para la perspectiva transnacional y desde el enfoque global de las migraciones, se ha visto el retorno como una fase del proceso migratorio inscrita en la dinámica sistémica y compleja del mismo proceso, el cual incluye relaciones económicas, sociales y culturales entre las sociedades de origen y destino mediadas por un constante intercambio de recursos, es decir, la circulación de dinero, bienes, ideas, información, valores (Levit, 2001). Para estas perspectivas el retorno migrante debe verse como parte de las características, modalidades y prácticas económicas y sociales establecidas entre las comunidades de origen y destino, considerando la importancia de los diferentes contextos institucionales y socioeconómicos.

Respecto a las experiencias del post-retorno. Liliana Rivera (2019: 27) señala que se ha estudiado desde dos aspectos respecto a la metodología de los estudios de caso:

1. La que se propone estudiar las diferencias en las experiencias de los migrantes una vez que regresan a su país de origen, a partir de considerar su relación entre las condiciones socioeconómicas actuales respecto de las que tenían justo en el momento de retornar (Hors, 2007). El supuesto es que no se puede comprender las experiencias del post-retorno sin entender las condiciones de vida que tenía el migrante en la sociedad de destino migratorio (Van Houte-Davis, 2008). Bajo esta perspectiva también se agrupan algunos estudios sobre la importancia del capital humano adquirido durante la estancia migratoria internacional como determinante de las modalidades en la reinserción en el país de retorno (Hagan y Wassink, 2016; Prieto, Pellegrino y Koolhas, 2015; Ramírez, García y Lozano, 2015). Otra línea de investigación desde esta perspectiva se relaciona con el estudio del proceso del propio discernimiento del migrante para retornar con una prospectiva de su capacidad de agencia social durante su experiencia de post-retorno (Bhatt y Roberts, 2012). Proceso que Cassarino (2008, 2014) denomina como "la preparación para regresar", el cual sucede en condiciones de migración no forzada, sino como parte de un retorno

voluntario y planeado.

2. La perspectiva alterna consiste en explicar las diferencias de la experiencia del post-retorno a partir de interpretar la experiencia subjetiva de los migrantes retornados. Esta perspectiva se fortalece con los estudios transnacionales en las comunidades de destino, de origen-retorno e incluso con nuevos lugares de retorno como parte de las redes sociales y prácticas transnacionales. Bajo este enfoque es muy importante considerar las diferencias cuando el retorno se hace de forma voluntaria y planeada a cuando se hace de forma forzada por problemas legales, por precariedad económica o por las deportaciones crecientes como ha sucedido en el caso mexicano, que significan enfrentarse a los lugares de retorno de forma imprevista y cuya integración dependerá de su capital social adquirido, sus nuevas habilidades laborales, posibles ahorros e inversiones familiares, las redes sociales transnacionales y los contextos institucionales y socioeconómicos del país, las regiones y los lugares específicos del retorno.

Específicamente, en el caso de los migrantes mexicano de retorno de Estados Unidos, Gandini, Lozano y Gaspar (2015) destacan el perfil del migrante de retorno como un migrante varón, con necesidad de insertarse en el mercado laboral, con menor tiempo de estancia en el destino, por lo tanto, con menos experiencia migratoria y menos redes. A nivel educativo ellos destacan su desventaja frente a los paisanos en Estados Unidos y frente a los que no emigraron, lo que los enfrenta a una situación desventajosa para integrarse al mercado laboral. De hecho, los datos muestran más problemas para su integración que diez años atrás y menores ingresos. Esta situación de desventaja educativa y laboral de los migrantes retornados se extiende a sus hogares e integrantes que sufren las mismas características laborales y educativas y los convierten en hogares vulnerables y en situación laboral precaria con fuertes problemas para su reinserción educativa, laboral y social. A nivel territorial, los autores mencionados señalan como inicialmente el retorno se da hacia las zonas tradicionales de origen de la migración internacional de estados como Jalisco, Michoacán y Guanajuato, pero, luego se extiende hacia el Sur- sureste en estados como Oaxaca, Veracruz y Guerrero. El retorno de migrantes mexicanos de Estados Unidos regionalmente se expresa en tres zonas: la frontera norte, la zona Centro-occidente y el Sur del país. Como tendencia los retornados prefieren quedarse en la frontera norte para buscar su reingreso a Estados Unidos, una segunda tendencia es dirigirse hacia las ciudades más grandes con mayores oportunidades de empleo y, finalmente, el regreso a su comunidades y regiones de origen se da cuando cuentan con redes sociales, con patrimonio, y carecen de vínculos en los espacios anteriores.

Por su parte, Claudia Masferrer (2018:74) resalta como los migrantes de retorno son un grupo heterogéneo por su experiencia laboral previa, los distintos niveles y tipos de educación, las habilidades laborales adquiridas, la edad y el sexo entre otras características. Entre ellas es fundamental considerar la diferencia entre el retorno voluntario del retorno forzado por las deportaciones. En particular, ella señala un patrón de retorno familiar que ha cambiado con el tiempo "ahora los mexicanos que regresan han vivido en Estados Unidos por un periodo prolongado y tienen más edad, mientras que los migrantes estadounidenses que llegan a México son, sobre todo una población joven: las hijas e hijos de padres mexicanos retornados". Sobre los lugares de destino ella identifica una diversificación de los lugares de destino de los migrantes retornados en los últimos años. Ella ratifica la tendencia señalada por los autores anteriores sobre la preferencia de los migrantes retornados de permanecer en la frontera norte para intentar ingresar nuevamente a los Estados Unidos o dirigirse a las grandes ciudades de México donde posiblemente existan mayores oportunidades laborales. Proceso que se conoce como la nueva geografía de la migración de retorno, pero, aun muchos migrantes retornados se ven obligados a regresar a municipios y comunidades con graves rezagos sociales, enfrentando la paradoja de que sus redes sociales de apoyo están en esos lugares que se caracterizan por tener una débil capacidad de arraigo de la población por su atraso económico y social estructural.

Respecto a la integración laboral de los migrantes retornados, según Masferrer, estos comparten con el resto de la población del país muchos de los desafíos del mercado laboral de México: dificultades para conseguir empleo, precariedad e informalidad laboral, salarios deprimidos y menores ingresos para las mujeres. Además, enfrentan retos adicionales, ya que los contextos en los que se insertan son diferentes a los de su partida (mayor crisis económica y social, violencias e inseguridad creciente); con información limitada sobre oportunidades laborales, problemas de reconocimiento de sus nuevas habilidades laborales (cuando las tienen) o para revalidar su formación técnica y académica. También, existe el riesgo de que con el tiempo sus redes sociales pueden haberse debilitado o sufrir los estigmas de haber sido deportado.

Es importante destacar como existe una fragmentación institucional del Estado mexicano frente a la migración de retorno a nuestro país respecto a los tres poderes y tres niveles de gobierno. Luego de más de diez años de presencia de esa migración, con tendencia decreciente, no existe ninguna política integral ni de colaboración entre los poderes y los tres niveles de gobierno. Existen acciones aisladas, puntuales en la frontera norte, de documentación, información y apoyo asistencial para regresar a las comunidades de origen. Pero, no hay ninguna política pública específica para la reintegración de los migrantes retornados y sus familias más allá del pequeño crédito del Fondo de Apoyo Migrante (FAM) para el autoempleo que desapareció en el presupuesto federal 2020, las ferias de empleo y bolsas de trabajo de la maquila en esa frontera y la oferta de "call centers" a través de la Secretaría del Trabajo y organismos privados como la Asociación de Maquiladoras y Mexican American Together

(MATT).

Los migrantes de retorno

Por décadas la emigración de los mexicanos ha tenido como principal destino a Estados Unidos y por lo tanto quienes han retornado a lo largo del tiempo lo han hecho principalmente desde ese país. Así mismo la inmigración que llega a México, en general, al menos desde 1990, es la que procede desde ese país, se trata principalmente de los hijos de mexicanos nacidos en Estados Unidos (Gráfica 2). Después de varias décadas, los datos de la Encuesta Intercensal 2015 marcan un cambio importante, un incremento del retorno desde otras partes del mundo, al pasar de 35 mil retornado en 2010 a casi 53 mil en 2015, esta última cifra representa el 10.7% del retorno 6.6% más que en 2010, con Estados Unidos aún como principal destino y retorno de los migrantes de México (89.3%).

Gráfica 2. Inmigrantes en México totales y de reciente arribo, así como mexicanos que reorinaron al país, 1990-2015

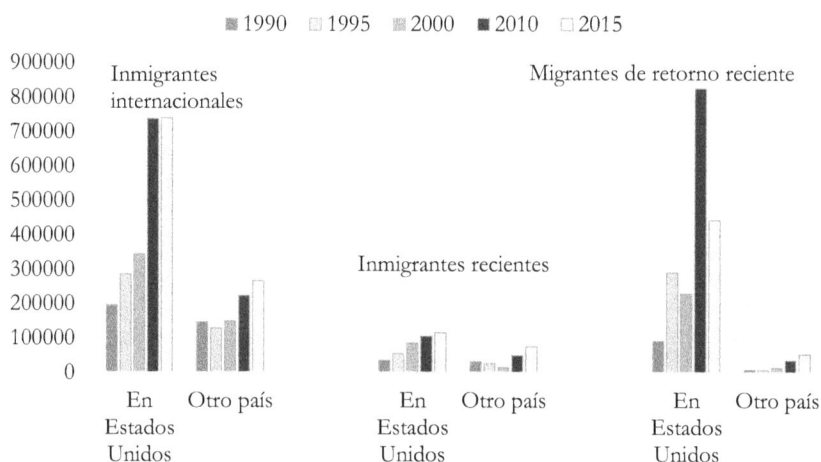

Fuente: Estimación de los autores con base en INEGI, Censo y Conteos de Población 1990-2015.

Mientras el stock de la inmigración procedente de Estados Unidos se mantiene prácticamente en la misma cifra entre 2010 y 2015 la que procede de otras partes del mundo incrementa su partición, lo cual sugiere que la entrada y salida de inmigrantes procedentes de Estados Unidos ha sido más o menos de la misma magnitud (Gráfica 3). Los datos de la EI2015 reflejan que el retorno no alcanzó los niveles esperados, pero aún es alto en comparación con lo registrado en 2000 cuando el retorno de connacionales ascendía a 228 mil personas. Dos aspectos fundamentales se han reconocido como las principales causas del incremento del retorno, la crisis económica de 2007-2009 con epicentro en Estados Unidos y con efectos a nivel mundial y el mayor control migratorio que ocurre al interior del territorio americano. Los efectos de la crisis aún están presentes para algunos grupos de nativos y migrantes y las medidas disuasorias al interior se intensifican por lo que es posible prever que el retorno de connacionales y sus hijos nacidos en Estados Unidos continúe.

El retorno del migrante al hogar

Los acontecimientos ocurridos en Estados Unidos en 2001 marcan el inicio de una serie de medidas que han ido cambiando la dinámica e intensidad migratoria de los flujos emigratorios de mexicanos a Estados Unidos, así como el asentamiento y movilidad interna de quienes que viven en ese país. Una de las muchas consecuencias que ha tenido el ataque a las Torres Gemelas es la intensificación del control fronterizo y la persecución al interior del país de los migrantes en situación de residencia irregular, situación que se acentúa con las contracciones económicas que ha experimentado desde entonces la nación vecina y en 2016 la llegada de Donald Trump a la presidencia la intensifica. Ello tiene resultados importantes para Estados Unidos y para México: 1) La pérdida de circularidad y la no renovación de los flujos y, 2) El retorno más o menos voluntario de los mexicanos y la de otros migrantes obligados por las autoridades migratorias de ese país mediante la deportación y 3) El ingreso reciente a México de un número importante de los hijos de mexicanos nacidos en Estados Unidos.

Pia Orrenius (2016), señala que paradójicamente, el final de la migración mexicana a gran escala no ha traído la calma y la estabilidad a la frontera del Suroeste ni ha calmado el debate sobre la inmigración. Ya sea por retorno voluntario o deportación, el regreso de los migrantes representa una realidad compleja para los miembros de los hogares a los que retornan y para las comunidades de asentamiento. Las estadísticas informan de un retorno motivado principalmente por razones familiares, sin embargo, hay una realidad detrás de esa respuesta, el incremento sin precedentes de las deportaciones, las cuales ocurren al interior de Estados Unidos.

Un arresto administrativo de un extranjero se lleva a cabo por una violación civil de las leyes de inmigración, que posteriormente es adjudicado por un juez de inmigración o por otros procesos administrativos. Con 143,470 arrestos administrativos en el año fiscal 2017 ICE ERO (Oficina de Detención y Deportación (ERO) del Servicio de Inmigración y Control de Aduanas de Estados Unidos (ICE), por sus siglas en inglés), registró el mayor número de arrestos administrativos en comparación con los últimos tres años fiscales, lo que representa un aumento del 30 por ciento con relación a 2016 (ICE, 2017). A partir de la llegada de Donald Trump a la presidencia en cada mes ha habido un incremento significativo de arrestos al interior del país respecto de lo observado en cada mes entre 2016 y 2017.

La Organización Internacional para las Migraciones (OIM, 2006: 39) define a un migrante de retorno como aquella persona que "regresa a su país de origen o lugar de residencia habitual, generalmente después de haber pasado por lo menos un año en otro país". A esta definición se han sumado otros esfuerzos por definir las distintas modalidades del retorno, sin embargo, esos esfuerzos se han limitado a las definiciones o tipologías del retorno (voluntario, involuntario, etc.), que permiten tener un número aproximado de los migrantes que retornan en una fecha previa fija o durante un periodo determinado sin que se pueda hacer distinción de esas tipologías. Se ha hecho menos por mejorar los instrumentos de medición, como es el caso de las preguntas que se han incluido en los censos y encuestas de hogares para medir dicho fenómeno.

No obstante, los datos censales y de los conteos de población llevados cabo desde 1990 permiten observar un incremento del retorno entre 2000 y 2010, cuando el Censo de Población y Vivienda 2010 registra a 860,686 mexicanos que en junio de 2005 vivían en otro país, 95.9% (825,609) se encontraban viviendo en Estados Unidos. Los datos de la Encuesta Intercensal indican que el retorno de connacionales se redujo en 42.4% entre 2010 y 2015 con 495,343 nacionales que en 2010 vivían fuera de México, aun así el retorno es el doble del que había en 2000. El retorno captado en 2015 procede en un 89.3% de Estados Unidos, lo que indica que el retorno procedente de un país distinto a Estados Unidos se incrementó en 50.9% entre 2010 y 2015 (Cuadro 2 y Gráfica 3).

Gráfica 3. Incremento porcentual de los migrantes de retorno por país de residencia previa

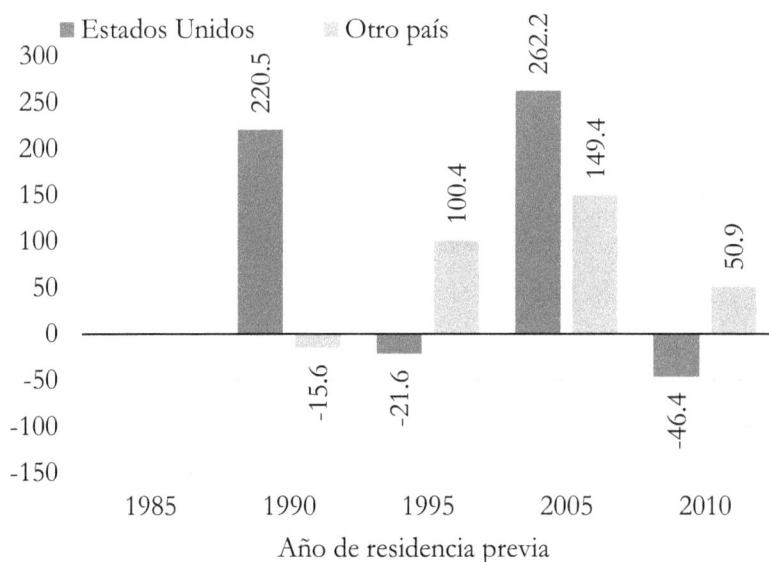

Fuente: Estimación de los autores con base en INEGI, Censos y Conteos de Población 1980-2015.

Cuadro 2. Migrantes mexicanos de retorno reciente por país de residencia previa. Población nacida en México de 5 años o más cuya residencia previa en fecha fija 5 años antes era otro país 1990-2015. Por país de residencia previa y fuente de información

Fuente	Año de levantamiento	Fecha de residencia previa		País de residencia previa en:		Total	País de residencia previa en:	
		Mes	Año	Estados Unidos	Otro país		Estados Unidos	Otro país
				Stock			Distribución porcentual	
Censo	1990	Sin fecha	1985	90,790	8,311	99,101	91.6	8.4
I Conteo	1995	Noviembre	1990	290,944	7,017	297,961	97.6	2.4
Censo	2000	Enero	1995	227,967	14,065	242,032	94.2	5.8
Censo	2010	Junio	2005	825,609	35,077	860,686	95.9	4.1
Encuesta intercensal	2015	Marzo	2010	442,503	52,931	495,434	89.3	10.7

Fuente: Tomado de Gaspar Olvera (2019) con base en INEGI. Series históricas. XI Censo General de Población y Vivienda 1990, Encuesta del I Conteo de Población y Vivienda 1995, XII Censo General de Población, Vivienda 2000, Censo de Población y Vivienda 2010 y Encuesta Inter-censal 2015. "Migración México-Estados Unidos. Información e instrumentos de análisis 1950-2016. México-Estados Unidos".

Gráfica 4. Migrantes de retorno reciente y estadounideses de ascedencia mexicana en México de reciente arribo 2010 y 2015

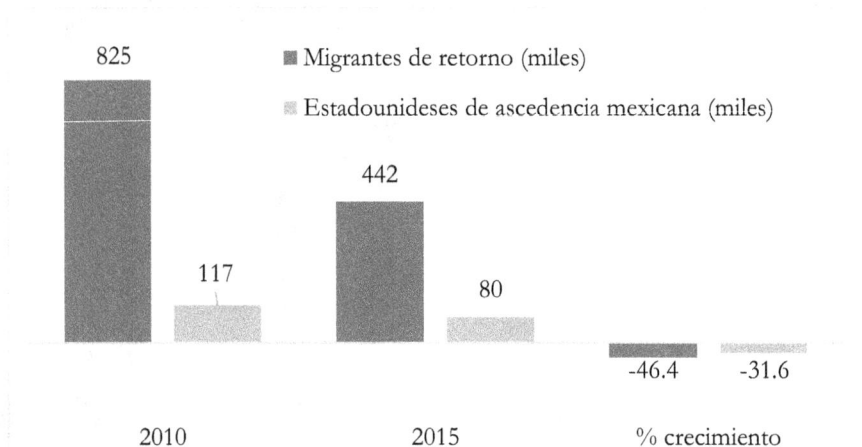

Fuente: Tomado de Gaspar Olvera, 2019. Estimación con base en INEGI, Muestra del Censo de Población y Vivienda 2010 y Encuesta Intercesal 2015.

En México hay poco más de un millón de inmigrantes que residen habitualmente en el país, 73.4% (739 mil) procede de Estados Unidos, de estos 74.5% tienen menos de 18 años de edad. Por su parte, la población nacida en Estados Unidos de origen mexicano pasó de 607 mil a 600 mil entre 2010 y 2015, mientras que el ingreso reciente a México de este grupo pasó de 117 mil a 80 mil (Gaspar Olvera, 2019). Los migrantes de retorno y estadounidenses de origen mexicano captados en 2015 mantienen perfiles similares a los observados en 2010, los primeros son principalmente varones en edades laborales y los segundos son primordialmente menores de 18 años (Gráfica 4). Más de 2.2 millones de hogares en México están vinculados al fenómeno migratorio México-Estados Unidos, 7.0% del total de hogares en México, de ellos poco más de 378 mil tienen migrantes de retorno reciente o nativos de Estados Unidos de origen mexicano que ingresaron recientemente al país; los primeros agrupan a 8.4 millones de personas, mientras que los hogares con retorno reciente agrupan a casi 1.6 millones de personas (Gaspar Olvera, 2017).

La exclusión medida a través de índices para su focalización y atención

Exclusión y necesidades insatisfechas

El retorno como la emigración siempre han existido, pero el primero ha sido de menor intensidad, ambos fenómenos cambian dependiendo del contexto de recepción de los países receptores, con menor frecuencia debido a cambios en los países emisores. En los países de tradición emigratoria como lo es México con Estados Unidos, país que por décadas ha figurado como principal destino de los mexicanos, el retorno tenía un matiz de circularidad, los migrantes retornaban con mayor frecuencia no solo por la cercanía entre fronteras también por la política de inmigración de la nación vecina cuya aplicación era menos rigurosa que en la actualidad. Cuando el retorno se da por las fuerzas que ejercen la política migratoria, los migrantes, particularmente los que se encuentran en situación irregular de residencia o de trabajo regresan a sus países de origen expulsados por las autoridades encargadas de hacer cumplir las disposiciones sobre política migratoria y otros de manera más o menos voluntaria por el miedo a ser aprehendidos y después deportados.

En Estados Unidos, la estrategia de política inmigratoria y de seguridad nacional cobra mayor fuerza mediante la renovación de una estrategia implementada a nivel federal y estatal conocida como "desgaste", a través de la aplicación constante de las leyes de inmigración para desalentar a la emigración irregular y al mismo tiempo persuadir el retorno voluntario e involuntario de quienes tienen estatus irregular de residencia. A partir del 2001 la nación vecina de México ha experimentado un descenso de su auge económico y un cambio radical sobre su política de inmigración, lo que ha provocado cambios importantes en los patrones migratorios de los mexicanos, tales como: sus destinos se han diversificado y el retorno se ha incrementado, al tiempo que los flujos emigratorios descendieron a niveles no esperados. La emigración de mexicanos a Estados Unidos se ha dado por una exclusión social ante la falta de participación en la vida social y económica, carentes de derechos, recursos y capacidades básicas de acceso al mercado laboral, a la educación, a la salud y a la alimentación entre otras carencias. La exclusión social es un fenómeno dinámico, estructural, multicausal y multidimensional que limita la capacidad de integración de la población (Hernández Pedreño, 2008).

Los países de origen de la migración irregular –incluido México– no están preparados para recibir esta ola de migración de retorno, heterogénea, ni responder a la gran cantidad de demandas de apoyo para reintegrar a una población que emigró inicialmente justo por la falta de oportunidades de desarrollo en sus países y múltiples violencias estructurales y emergentes (García y Gaspar, 2017). Las causas de retorno son diversas, así como los tipos de retorno (con éxito, sin éxito, voluntario e involuntario, etcétera.) y las experiencias que enfrentan para reintegrarse a la sociedad y comunidad de asentamiento, así como la reconstrucción de vínculos familiares, sociales e institucionales.

Índice de retorno

Para dimensionar el impacto de la migración de retorno reciente en los hogares en un momento dado, en este caso en marzo de 2015, se calcula un índice de retorno en el ámbito del hogar y por entidad federativa. El índice toma en cuenta tanto la proporción de hogares como el número de personas involucradas. La construcción de este índice obedece a que se razona que el retorno de los migrantes es una vivencia que se experimenta de manera colectiva y no individual, tal como ocurre cuando se migra. La reunificación con la familia en el país de origen es muy probable que favorezca la pronta reintegración en términos de los apoyos informales que puede recibir el migrante, sin embargo, la reintegración con la familia y la comunidad puede no ser tan sencilla particularmente cuando el migrante tiene un tiempo prolongado fuera o se integra a la familia en el origen por primera vez como es el caso de los "dreamers" o los hijos de mexicanos nacidos fuera de México.

Aun cuando el retorno sea planeado se entra en un proceso de adaptación similar al que se experimenta en el lugar de destino (Durand, 2006), sin embargo como señala Castillo (1997:35) no se puede sostener de entrada la equivalencia entre la partida y la vuelta de los migrantes, es posible que el retorno sea más difícil pues depende de la forma en que se retorne con ahorros o sin ahorros, con activos en México o si ellos, de manera voluntaria y planeada o voluntaria pero sin que se haya planeado, es decir por deportación, etc. (García y Gaspar, 2017).

De acuerdo con los resultados del índice de retorno para el conjunto de hogares con vínculos migratorios internacionales de mexicanos propuesto, el impacto del retorno es mayor en once estados de la república mexicana, cinco de la región centro, Ciudad de México, México, Tlaxcala, Hidalgo y Querétaro; tres de la región Sur-sureste con Tabasco, Chiapas y Yucatán y tres de la región norte, con Nuevo León, Baja California Sur y Coahuila. Este resultado guarda relación con la menor experiencia migratoria de las personas procedentes de la mayoría de los estados que lo conforman, cinco de las cuales en 2010 tienen grado de intensidad migratoria (IM2010) muy bajo, y tres con grado medio con Querétaro y Coahuila con grado de IM2010 alto. De acuerdo con el Consejo Nacional de Población (CONAPO, 2012) las entidades que conforman la región Sur-sureste se caracteriza por su reciente incorporación a la migración hacia Estados Unidos.

El segundo grupo de entidades más afectadas por el retorno y la inmigración reciente de personas de origen mexicano, con grado medio en el índice de retorno, se concentran en la región tradicional (cuatro entidades). Las entidades que clasificaron con grado medio son Quintana Roo de la región Sur-sureste, Michoacán, Jalisco, Zacatecas de la región tradicional, Puebla de la región centro, Guanajuato, Campeche de la región Sur-sureste, Tamaulipas de la región norte y Oaxaca de la región Sur-sureste, en ese orden de importancia. La gran mayoría de estas entidades tienen grado IM2010 muy alto y alto. Este grupo concentra a tres de las 4 entidades de la región tradicional con mayor intensidad migratoria (Zacatecas, Guanajuato, Michoacán) que además siguen siendo las principales entidades expulsoras de migrante. En cambio, la gran mayoría de las entidades que clasificaron con grado de retorno bajo se caracterizan con tener alto y medio grado en el índice de intensidad migratoria de 2010. En este grupo clasificaron las entidades de Veracruz, San Luis Potosí, Sonora, Morelos, Baja California, Guerrero, Sinaloa, Durando, Nayarit, Chihuahua, Aguascalientes y colima (Mapa 1).

Mapa 1. Índice estatal de retorno a nivel de hogares 2015. Hogares con vínculos migratorios internacionales de mexicanos

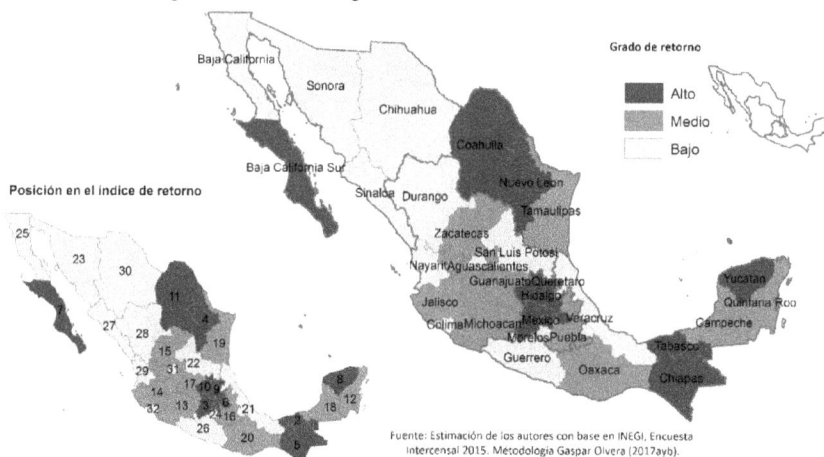

Fuente: Estimación de los autores con base en INEGI, Encuesta Intercensal 2015. Metodología Gaspar Olvera (2017ayb).

En relación a los resultados del índice de retorno para el caso de la experiencia migratoria vinculada a Estados Unidos (HVMEU) cuando se compara con los resultados del índice de retorno en su conjunto (HVMI), cambia la intensidad del retorno de manera importante, es posible que este efecto se deba a los patrones migratorios diferenciales entre los que se van a un país distinto de Estados Unidos y retornan de un país distinto de Estados Unidos (Gráfica 1ay 1b y mapa 1 y mapa 2 y mapa 3).

Mapa 2. Índice estatal de retorno desde Estados Unidos a nivel de hogares 2015.
Hogares con vínculos migratorios México-Estados Unidos

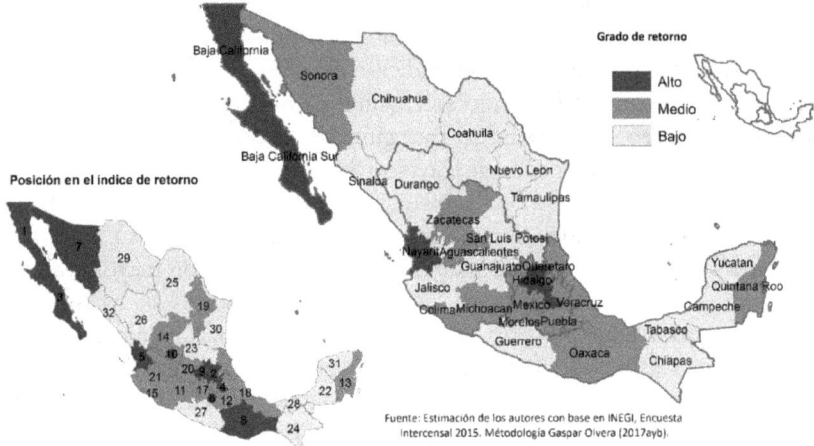

Fuente: Estimación de los autores con base en INEGI, Encuesta Intercensal 2015. Métodología Gaspar Olvera (2017ayb).

Mapa 3. Emigrantes internacionales (tasas brutas por cada 10 000) habitantes 2014-2015 e Índice eststal de retorno a nivel de hogares 2015

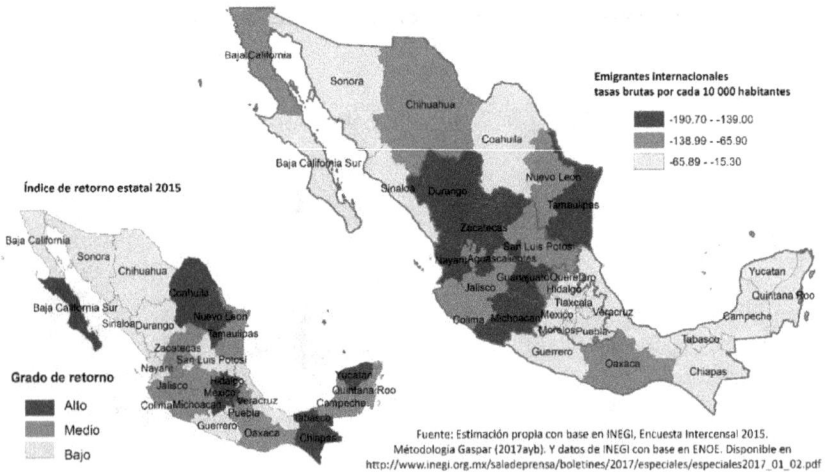

Fuente: Estimación propia con base en INEGI, Encuesta Intercensal 2015. Métodología Gaspar (2017ayb). Y datos de INEGI con base en ENOE. Disponible en http://www.inegi.org.mx/saladeprensa/boletines/2017/especiales/especiales2017_01_02.pdf

En el índice estatal de retorno desde Estados Unidos (HVMEU) destacan los estados de Baja California, Hidalgo, Baca California Sur y Tlaxcala con grado de retorno alto, en estas entidades el peso relativo de los hogares con migrantes de retorno e inmigrantes de origen mexicano de reciente arribo es mayor. Ello, no significa necesariamente que en estas entidades el número de hogares y personas involucradas es mayor que en otras entidades, pues las entidades con el mayor número de hogares con migrantes de retorno y con inmigrantes de origen mexicano son el estado de México, Jalisco, Ciudad de México, Guanajuato y Michoacán; con el mayor peso relativo respecto de los hogares con vínculos migratorios internacionales destacan la Ciudad de México,

Tabasco, Estado de México, Nuevo León y Chiapas. Con grado medio clasificaron 13 entidades, la mayoría de ellas se caracterizan por ser expulsoras de migrantes y con niveles importantes de rezago y marginación. Con grado bajo de retorno clasificaron 14 entidades principalmente de la región norte y Sur-sureste del país, con baja y media intensidad migratoria y niveles de marginación muy alto, alto y medio (mapa 2).

El análisis que se presenta a continuación tiene la finalidad de mostrar que solo atendiendo a los migrantes de retorno reciente e inmigrantes de origen mexicano de reciente arribo no se resuelve el problema de la integración de los migrantes retornados, pues es sabido que la emigración de connacionales aún responde a las mismas causas por las que emigraban cuando México era considerado un país netamente expulsor. Los migrantes de retorno, y ahora sus hijos nacidos en Estados Unidos suelen sumarse a los grupos vulnerables de país. En México el desempleo y la precariedad del mismo tienen al menos dos impactos previsibles que podrían impulsar a los migrantes a re-emigrar, la inevitable entrada al mercado informal y el riesgo de caer en pobreza. La tasa de informalidad laboral al cuarto trimestre de 2019 fue de 56.2% y el número de personas en situación de pobreza en 2018 se estima en 52.4 millones, con 9.3 millones en pobreza extrema.

Necesidades insatisfechas de los migrantes de retorno

Sistema educativo

El hogar es la unidad principal a través de la cual se toman decisiones y se asignan responsabilidades, se consumen los servicios públicos y se paga impuestos, y es la unidad socioeconómica funcional de intercambio mutuo y apoyo. Sin embargo, el entorno familiar ofrece a sus miembros oportunidades diferenciadas. Contrario a lo esperado la tasa de asistencia escolar de los hijos de mexicanos nacidos en Estados Unidos es superior a la de los nacidos en México que pertenecen al mismo hogar, los resultados son congruentes con los hallazgos de otras investigaciones (véase Gaspar Olvera, 2017a, García y Gaspar 2017 y 2018; Martínez y Escobar, 2018). Incorporase o reincorporase al sistema educativo es quizá una de las vivencias más difíciles para quienes experimentan una migración internacional en edad escolar, más aún cuando no se tiene certeza de permanencia, además de las barreras sociales y culturales que enfrenta estos menores y jóvenes migrantes para socializar a su ingreso o reingreso a un sistema educativo estándar.

Uno de los principales efectos negativos de la migración internacional es el rezago educativo, para los HVMI el tener migrantes recientes o de largo arribo no hace una gran diferencia, en ambos casos persiste un grado de exclusión al sistema educativo. Es común que los menores y jóvenes que migran interrumpen sus trayectorias escolares y su incorporación a la misma se hace más difícil conforme avanza la edad. Giorguli y Angoa (2017) encontraron que la probabilidad relativa de experimentar una migración internacional es hasta casi cuatro veces superior entre los jóvenes de 16 a 24 años respecto de los menores de 7 a 15 años de edad.

Los resultados muestran que la incorporación al sistema educativo de las personas asociadas al fenómeno migratorio México-Estados Unidos sigue siendo una tarea pendiente, el complejo fenómeno de la migración supone soluciones más incluyentes y de largo plazo para dar solución a las personas migrantes y sus familias. Los datos confirman una problemática ya reconocida que debe ser atendida con prontitud, sin distinción del grado de retorno y tipo de hogar, en uno de cada cinco hogares con vínculos migratorios hay un al menos un menor o joven soltero fuera del sistema educativo.

Los menores y jóvenes vinculados de manera directa o indirecta con el fenómeno migratorio ven afectadas sus trayectorias escolares, el abandono escolar y el rezago educativo son apenas algunos de los factores asociados a esta problemática (Gaspar Olvera, 2017a). Los resultados encontrados confirman que la problemática del retorno se tiene que atender considerando a todos los miembros del hogar o grupo familiar e independientemente sí el hogar cuenta con un migrante reciente o no, pues en conjunto los miembros de los hogares con vínculos migratorios internacionales observan similares problemas de integración al sistema educativo, incluidos los no migrantes que pertenecen a esos hogares.

La información muestra la relevancia de considerar en la formulación de políticas públicas a la población migrante de retorno (reciente y de largo arribo) y la familia en su conjunto. También muestra que las entidades que clasificaron tener grado de retorno bajo presentan problemas para incorporarse al sistema educativo, incluso más apremiantes que los que clasifican con alto grado, esto puede estar explicado por la mayor movilidad migratoria que presentan las entidades con retorno bajo. Es probable que la mayor movilidad afecte más el rezago educativo y por lo tanto la salida más frecuente del sistema educativo, luego entonces se tendrían que diseñar políticas más integrales que permita a los retornados integrarse con mayor prontitud y eviten una nueva emigración de potenciales migrantes para así garantizar su permanencia.

Un aspecto que salta a la vista es que la intensidad del retorno y sus impactos guarda relación con necesidades insatisfechas de los hogares con migrantes en el sistema educativo, como se verá también en el sistema de salud y laboral, etc. De acuerdo con los resultados el índice propuesto, en los hogares con retorno reciente las entidades que ocupan las primeras posiciones con exclusión al sistema educativo son Chiapas, Guanajuato, Querétaro, Jalisco, Guerrero y Durango con grado alto de exclusión, 11 con grado medio y 15 con bajo. En los hogares sin retorno reciente destacan por su exclusión 8 entidades, dos más que en los primeros: Querétaro, Aguascalientes, Chiapas, Guanajuato, Oaxaca, Puebla, Jalisco y Michoacán, 9 con grado medio y 15 con bajo. Los hogares que denominamos sin retorno reciente y particularmente la de los estados expulsores requieren de políticas efectivas de retención que engloben al núcleo familiar en su conjunto de otra manera el problema de rezago educativo y la deserción escolar no será resuelto para estas familias de migrantes, las cuales acumularan miembros con bajo capital humano y con desventajas crecientes para incorporase al sistema laboral (Gráfica 5 y mapa 4).

Gráfica 5. Índice estatal de HVMI con miembros fuera del sistema educativo según hogares con migrates de retorno reciente y sin migrantes de retorno reciente, 2015

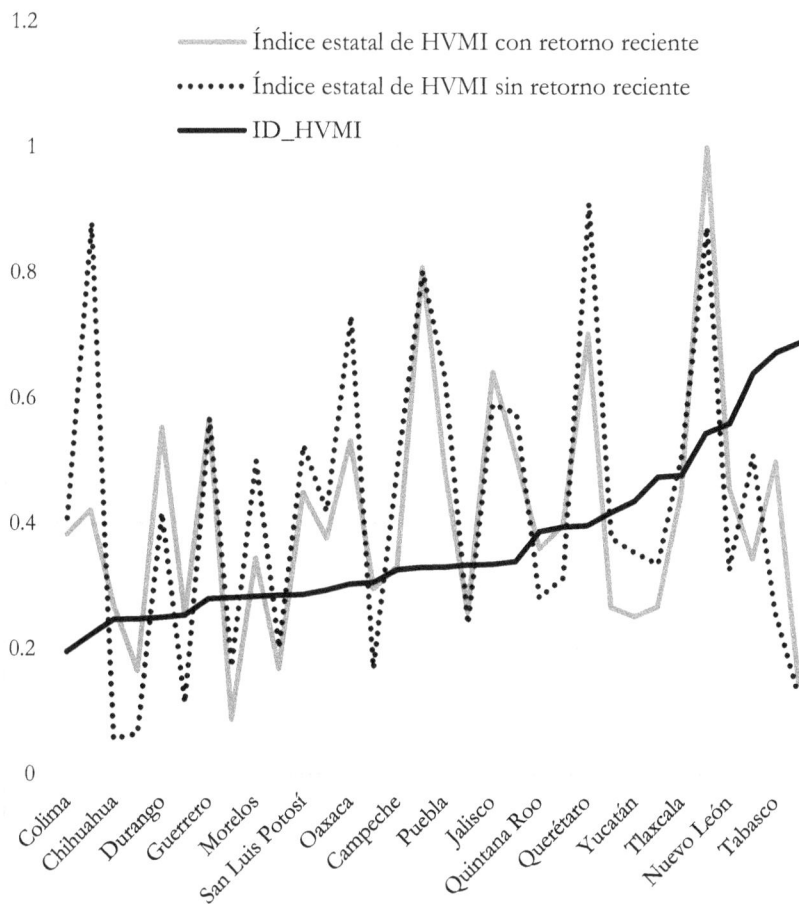

Fuente: Estimación de los autores con base en INEGI, Encuesta Intercensal 2015.

**Mapa 4. Índice estatal de exclusión al sistema educativo de los hogares
con vínculos migratorios internacionales (HVMI) con y sin retorno reciente, 2015**

Fuente: Estimación de los autores con base en INEGI, Encuesta
Intercensal 2015. Metodología Gaspar (2017ayb).

Sistema de salud

En México, prevalecen las altas tasas de empleo informal (56.9 en 2018), esa "persistencia de formas de trabajo no asalariado y sin prestaciones obligó a la búsqueda de nuevos esquemas de aseguramiento" (García y Gaspar 2016: 170), como el Sistema de Protección Social en Salud integrado por el Seguro Popular y el Seguro Médico para una Nueva Generación, estos programas operan bajo financiamiento público conformado por una cuota social (federal y estatal) y una cuota familiar, la cual se determina mediante la evaluación socioeconómica que se aplica a las familias interesadas en incorporarse al sistema.

Este Programa, aunque es de gran ayuda para las familias de bajos recursos resulta ineficiente pues es común que los miembros del hogar tienen que incurrir en gastos de estudios de laboratorios y medicamentos, debido a una infraestructura ineficiente del servicio. En México es frecuente que se niegue un ingreso hospitalario por falta de camas y se prolonguen la atención de cirugías, esa situación lleva a gastos prolongados pues se tiene que mantener a los pacientes controlados mediante medicamentos. Así, la urgencia de la atención de la salud está en función de la infraestructura de los hospitales y no de los padecimientos de las personas.

Es posible asegurar que la mayoría de los habitantes de México tienen acceso a servicios de salud a través de centros de salud, farmacias similares, seguro popular, etc., particularmente básicos, pero también que es a costa de un alto gasto de bolsillo que los lleva en ocasiones a gastos catastróficos, o bien a postergar su atención o dejar inconcluso el tratamiento; la situación se complica aún más cuando el padecimiento requiere hospitalización y por lo tanto estudios especiales (García y Gaspar, 2016). El gasto de bolsillo en México al momento de acudir a recibir la atención médica se encuentra entre los más altos entre los países miembros de OCDE, y el hecho de que el acceso a servicios de salud y a los medicamentos todavía dependa en poco más del 40% de la capacidad privada de compra de los hogares refleja los problemas de inequidad persistentes en el acceso efectivo a la salud (Secretaría de Salud, 2016).

De acuerdo con el índice de exclusión a los servicios de salud de los miembros en HVMI con y sin retorno reciente, las entidades con mayores problemas de exclusión a los servicios de salud en términos de los hogares y sus miembros destacan entre en los hogares con retorno reciente Baja California, Michoacán, Nayarit, Quintana Roo, Ciudad de México y Veracruz en ese orden de importancia con grado alto, 12 entidades clasificaron con grado medio y 14 con grado bajo. Algunas entidades repiten los mismos problemas de exclusión entre los hogares sin migrantes de retorno reciente, en este grupo sobresalen ocho entidades Baja California, Michoacán, Tamaulipas, Quintana Roo, Coahuila, Ciudad de México, Sonora y Veracruz, en ese orden de importancia, 13 entidades clasificaron con grado de exclusión medio y 11 con grado bajo (mapa 5).

Mapa 5. Índice estatal de exclusión al sistema de salud de los hogares con vínculos migratorios internacionales (HVMI) con y sin retorno reciente, 2015

Fuente: Estimación de los autores con base en INEGI, Encuesta Intercensal 2015. Metodología Gaspar (2017ayb).

Sistema laboral

Una característica del empleo en México es su creciente precariedad, las reformas estructurales se han enfocado en minimizar los derechos ganados por los trabajadores, los ajustes al sistema laboral han acentuado la exclusión y las malas condiciones de trabajo favoreciendo además la inestabilidad laboral. Es así, que los migrantes de retorno y miembros de los hogares a los que pertenecen se suman a los grupos excluidos del mercado laboral (3.4%), o a los que están sub-ocupados (6.8%) o en la informalidad laboral (56.6%), la tasa de condiciones críticas de ocupación pasó de 17.7% en 2017 a 15.1% en 2018 y la de ocupación en el sector informal de 26.8% a 27.5% respectivamente. (INEGI,

2018).

Los indicadores del empleo (cuadro 3), muestran un problema estructural del mercado laboral de México que afecta a la población en general en edad de participar en la fuerza laboral, particularmente de las entidades con mayores rezagos sociales, marginación y tasas de emigración, y con la proporción más alta de migrantes de retorno. Estos indicadores explican porque las necesidades de los migrantes y sus familias aún no han sido atendidas en las distintas dimensiones que conforman un sistema de integración que mejore sus condiciones de vida en México. Y ahora forman parte o se suman, a los 54 millones de mexicanos con necesidades básicas insatisfechas.

Cuadro 3. Indicadores de empleo 2016

	Tasa de desocupación	Tasa de condiciones críticas de ocupación	Tasa de informalidad laboral		Tasa de desocupación	Tasa de condiciones críticas de ocupación	Tasa de informalidad laboral
Nacional	3.9	13.8	57.3				
Oaxaca	2.0	21.0	82.0	Guanajuato	4.0	16.5	56.2
Chiapas	3.1	33.4	79.4	Durango	4.5	14.3	53.6
Guerrero	2.0	18.1	79.0	Colima	4.1	9.4	53.1
Puebla	3.0	20.3	73.5	Sinaloa	3.7	8.2	51.4
Hidalgo	3.1	21.4	72.8	Jalisco	3.7	7.1	49.8
Tlaxcala	4.1	22.1	72.7	Tamaulipas	4.6	10.6	48.1
Michoacán	2.7	12.5	72.1	Ciudad de México	5.0	11.8	47.8
Veracruz	3.6	16.8	69.4	Quintana Roo	3.2	10.4	47.7
Morelos	2.6	10.8	67.3	Sonora	5.0	7.5	44.8
Tabasco	7.4	14.6	65.3	Querétaro	4.5	6.7	43.9
Zacatecas	2.8	14.2	63.3	Aguascalientes	4.0	10.5	43.9
Nayarit	4.0	12.2	62.9	Baja California	2.6	7.0	39.9
Yucatán	2.0	17.3	62.7	Baja California Sur	4.6	6.3	39.1
Campeche	3.7	17.7	62.1	Coahuila	4.4	9.5	37.4
San Luis Potosí	2.4	13.7	58.6	Nuevo León	4.3	4.8	36.3
México	5.2	15.5	56.9	Chihuahua	3.2	5.4	35.4

Fuente: Elaboración de los autores con datos de INEGI, [25062018]. Consulta http://www.beta.inegi.org.mx/app/bienestar/#grafica

Por otro lado, la información de la encuesta EMRyPAR2013 coordinada por Rodolfo García Zamora que se aplicó en los estados de Chiapas, Guerrero, Oaxaca, Michoacán, Puebla y Zacatecas, informa que el 54% de los migrantes de retorno expresan que la primera vez que se fueron a Estados Unidos lo hicieron porque estaban sin empleo y 18% para juntar dinero y comprar un bien. Mientras que la última vez que emigraron 62.7% lo hicieron principalmente por las mismas razones, porque estaban sin empleo y 29.2% para juntar dinero y comprar un bien. El estar sin empleo no solo es la causa principal, sino que hay una mayor proporción que indica que esta causa favorece una re-emigración. Esta causa supera en los 6 estados el 50%, destacan Michoacán y Zacatecas con 82.7% y 73.4%; lo que indica que esta población tiene dificultades para emplearse en el país, y cuando logran emplearse el ingreso que perciben por su trabajo no les permite tener poder adquisitivo para satisfacer sus necesidades básicas.

Las entidades que presentan alto grado de exclusión en el empleo, es decir, con hogares donde al menos hay un integrante de 16 años o más de edad desempleado y hogares con jóvenes solteros que no estudian ni trabajan, entre los hogares con migrantes de retorno reciente son Ciudad de México, Tabasco, Querétaro, Guanajuato, Tlaxcala, México, Durango, Chiapas, Morelos y Guerrero, diez de las 32 entidades clasificaron con grado alto de exclusión al sistema laboral. Entre los hogares sin retorno reciente destacan por su grado de exclusión Tlaxcala, México, Chiapas, Colima, Aguascalientes, Tamaulipas, Guanajuato, Puebla y Querétaro, en ese orden de importancia. Trece entidades entre los hogares con retorno reciente clasificaron con grado medio de exclusión, mientras que en los hogares sin retorno reciente 12 entidades (mapa 6). Los resultados del índice son muy congruentes con la realidad precaria que viven la fuerza laboral de México, la cual es particularmente preocupante por el alto porcentaje de la población que se encuentra en el mercado laboral informal (27 entidades se encuentran en un rango de 40-82% en la informalidad, 14 de ellas se encuentra en un rango de 82-62%), sin prestaciones, sin pensión y sí con una enorme inestabilidad laboral y económica.

Mapa 6. Índice estatal de exclusión al sistema laboral de los hogares con vínculos migratorios internacionales (HVMI) con y sin retorno reciente, 2015

Fuente: Estimación de los autores con base en INEGI, Encuesta Intercensal 2015. Métodología Gaspar (2017ayb).

En este punto, se llama la atención sobre los hogares de migrantes con jóvenes solteros que no estudian ni trabajan, debido a que la proporción de hogares sin migrantes de retorno reciente presentan una proporción similar de hogares con esta situación respecto de los hogares con migrantes de retorno reciente (Gráfica 6). Se reconoce que los jóvenes que no estudian ni trabajan no necesariamente están inactivos, y que la situación actual en la que se encuentran puede obedecer a múltiples factores, la condición de doble inactividad expresa en sí mismo la falta de oportunidades educativas y laborales, ello se ve reflejado en las condiciones socioeconómicas de los hogares a los que pertenecen que tiene además como característica primordial la migración internacional como un factor de riesgo.

Gráfica 5. Porcentaje de hogares con vínculos migratorios internacionales con jóvenes solteros de 15 a 24 años que no estudian ni trabajan por tipo de hogar, 2015

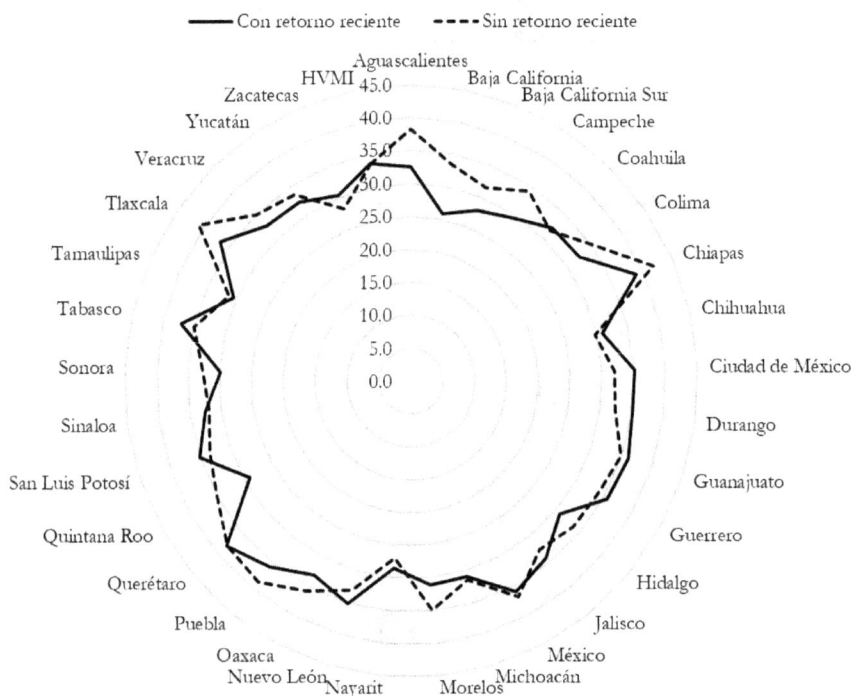

Fuente: Estimación de los autores con base en INEGI, Encuesta Intercensal 2015.

La pérdida de cohesión, las dificultades que experimentan para integrarse, la falta de referentes, las rupturas de los vínculos con los padres, la inestabilidad económica entre otros factores de riesgo genera situaciones adversas para los jóvenes (Petit, 2003), ello produce una vulnerabilidad estructural que puede profundizar su situación de exclusión con implicaciones sociales no solo para ellos y sus familias sino también para sus comunidades. Es por ello, que se insiste en que los problemas de exclusión que dificultan su integración, deben focalizarse y diseñar mecanismos a escala de la unidad familiar que combata las barreras presentes en el hogar.

Gráfica 6. Ámbito rural. Porcentaje de hogares con vínculos migratorios internacionales con ingreso por trabajo inferiores a la canasta básica alimentaria y no alimentaria*, 2015

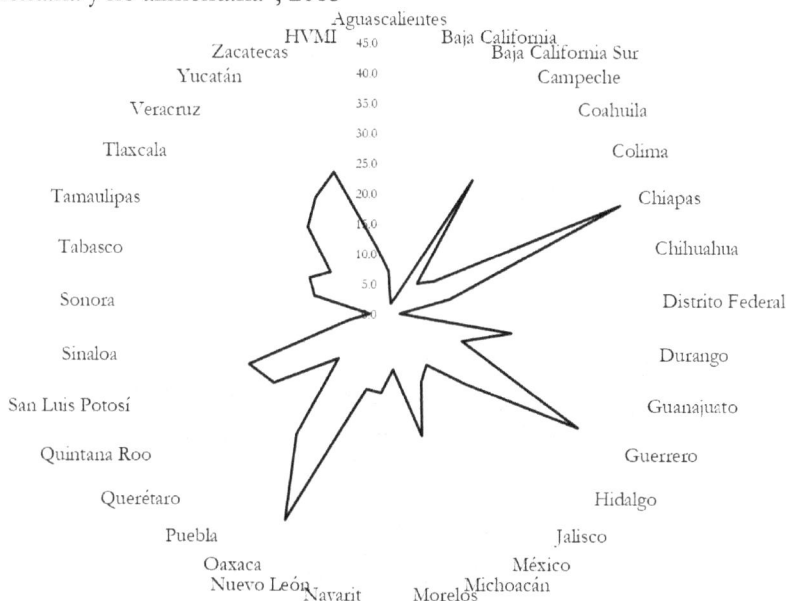

*Estimada en $2615.32 urbano y $1697.32 rural por miembro al mes.

Fuente: Estimación de los autores con base en INEGI, Encuesta Intercensal 2015, Costo de la Canasta Alimentaria con base en CONEVAL a 15 de marzo de 2015.

Para finalizar y darnos una idea del poder adquisitivo del hogar, se calcula el número de hogares que tienen ingresos por trabajo por debajo del costo de la canasta básica alimentaria y no alimentaria elaborada por el Consejo Nacional de Evaluación de la Política de Desarrollo Social (CONEVAL), estimada en $2615.32 pesos por miembro para el ámbito urbano y en $1697.32 para el rural al 15 de marzo 2015. Castillo y Arzate (2013:1) señalan que "la pobreza en México es esencialmente de carácter estructural y depende de factores económicos, demográficos, culturales, sociales y políticos, mostrando cómo el modelo económico actual y las políticas sociales derivadas del mismo, han promovido una situación compleja de indefensión, pobreza y creciente vulnerabilidad social", el 41.9% (52.4 millones de personas) de la población del país en 2018 está en situación de pobreza, los datos que se muestran a continuación ponen en evidencia la situación de vulnerabilidad de los hogares de migrantes asociados a la migración internacional de los mexicanos.

Los resultados que se presentan en la gráfica 6 en el ámbito rural que en 12 entidades los hogares de migrantes con vínculos migratorios internacionales tienen proporciones superiores o iguales al 20% sin capacidad adquisitiva para comprar productos básicos, es decir en estos hogares el ingreso por trabajo no alcanza para cubrir la canasta alimentaria y no alimentaria, es particularmente alto el porcentaje en los estados de Chiapas, Oaxaca y Guerrero, el primero con alto, medio y bajo grado de retorno respectivamente, los tres estados se caracterizan por su alto rezago social y marginación. Le siguen en orden de importancia con porcentajes entre 26.5 y 20.0% Campeche, Zacatecas, Puebla, San Luis Potosí, Yucatán, Quintana Roo, Durango, Michoacán y Veracruz, estados que en su mayoría se caracterizan por su expulsión de migrantes (Gráfica 6).

Gráfica 7. Ámbito urbano. Porcentaje de hogares con vínculos migratorios internacionales con ingreso por trabajo inferiores a la canasta básica alimentaria y no alimentaria* y tipo de hogar, 2015

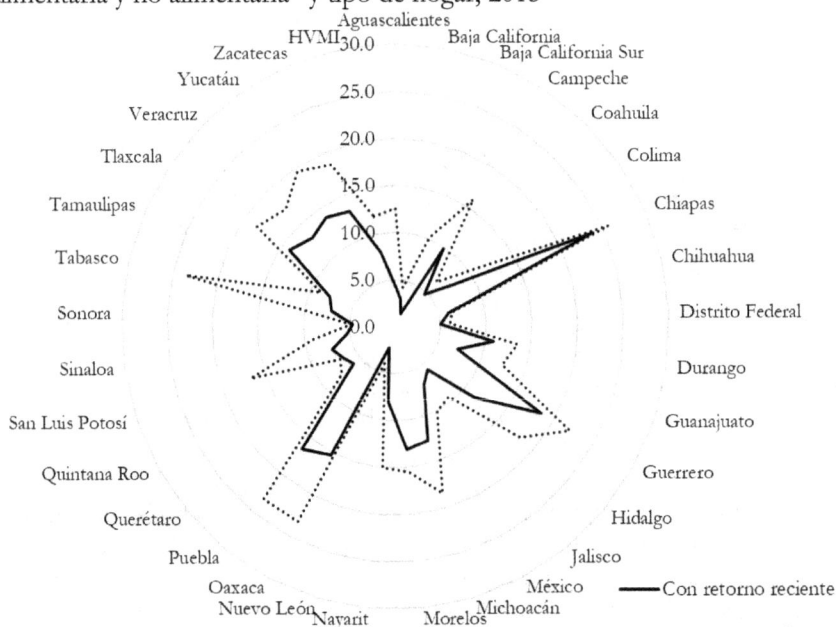

*Estimada en $2615.32 urbano y $1697.32 rural por miembro al mes.

Fuente: Estimación de los autores con base en INEGI, Encuesta Intercensal 2015, Costo de la Canasta Alimentaria con base en CONEVAL a 15 de marzo de 2015.

En el ámbito urbano, las cifras de la canasta alimentaria revelan problemas persistentes en los hogares de migrantes vinculados a la migración México-Estados Unidos con y sin migrantes de retorno reciente, datos que a su vez muestran una situación de precariedad y pobreza laboral igualmente persistente (Gráfica 7). En México, el costo de los alimentos suele subir con mayor frecuencia, y en esa frecuencia los hogares suelen perder poder de compra, lo que su vez propicia una baja en la diversidad del consumo, no solo de alimentos también de bienes y servicios. Este indicador permiten confirmar lo ya observado con los índice de exclusión al sistema de educativo, de salud y laboral analizados previamente, los hogares vinculados a la migración internacional sin migrantes de retorno reciente presentan situaciones de exclusión, precariedad y vulnerabilidad similares o superiores a los hogares con retorno reciente, lo que indica en general como ya lo hemos mencionado la política social debe enfocarse a los hogares en su conjunto con vínculos migratorios internacionales para combatir con eficiencia las causas que motivan la migración y así evitar que los miembros de los hogares vinculados a este fenómeno en condición de vulnerabilidad sigan acumulando factores que no les permiten salir de la pobreza, la marginación y la migración forzada por razones económica.

Conclusiones

El estudio toma como unidad de análisis al hogar y se presenta mediante índices a nivel estatal la posición y grado de los impactos del retorno en el ámbito social y económico, en los hogares de migrantes vinculados al fenómeno migratorio internacional, diferenciados con 1) migrantes de retorno de reciente arribo versus 2) los que tiene migrantes de retorno de largo arribo o sin retorno reciente. Estos índices miden la intensidad de exclusión que experimentan los hogares de migrantes vinculados a la migración internacional de mexicanos, en ese sentido se exhibe que entidades tienen mayores problemas para integrar a sus migrantes de retorno a la sociedad mexicana en cuatro aspectos 1) al sistema escolar, 2) sistema de salud y 3) mercado laboral y 4) la capacidad adquisitiva de los hogares para comprar productos básicos. Así mismo mediamos la intensidad del retorno a nivel de hogares para el conjunto de hogares con vínculos migratorios internacionales y para la experiencia migratoria vinculada a Estados Unidos.

La información muestra una gran heterogeneidad en los hogares con migrantes de retorno con menores y jóvenes nacidos en Estados Unidos. Para acciones de política pública es fundamental reconocer esa diversidad, los contextos de salida y retorno a nivel individual y familiar.

Los resultados confirman la importancia de considerar al hogar en su conjunto y no solo a los migrantes recientes, se corroboró una clara tendencia a la exclusión de los migrantes retornados de los sistemas de salud, educación y el mercado laboral, situación que comparten los miembros no migrantes o los migrantes de retorno de largo arribo.

Se evidencia una gran inestabilidad laboral y económica en los hogares de migrantes con y sin retorno reciente. Esa exclusión y vulnerabilidad es particularmente notable en las entidades con hogares clasificados sin retorno reciente, lo que supone que el análisis enfocado solo a los migrantes de retorno reciente limita en sí mismo el alcance del diseño de políticas públicas dirigidas a la integración de esta población.

Se encuentra en los hogares con exclusión vinculados a la migración México-Estados Unidos con retorno reciente o de largo arribo, las mismas causas estructurales, por el que el hogar ingresó al proceso migratorio. El proceso anterior genera una vulnerabilidad estructural que puede reproducir y profundizar la situación de pobreza y marginación en esos hogares que provocó la migración inicial hace varios lustros.

Las exclusiones referidas son las mismas que afectan a 52.4 millones de mexicanos pobres, lo que genera el desafío nacional de diseñar políticas públicas universales de acceso a la salud, la educación y el empleo para todos los mexicanos como marca la Constitución. Pero, considerando la especificidad de los migrantes de retorno, sus hogares, sus trayectorias y los contextos de regreso.

Los hogares de migrantes vinculados a la migración internacional de mexicanos exhiben experiencias de exclusión acumuladas. Por otro lado, aún no contamos con la estadística idónea para medir la intensidad del retorno de connacionales y el ingreso de sus hijos nacidos fuera. Decimos que es un ingreso o retorno reciente pero estas personas tienen viviendo en México al menos 5 años y cada tiempo se suman otros que retornan de manera voluntaria o que son expulsados por las autoridades migratorias. A corto plazo, en los estados con mayor intensidad de migración de retorno, en particular, con mayor ingreso de niños y jóvenes nacidos en Estados Unidos, la información de sus trayectorias y de sus hogares puede servir para diseñar programas concretos de apoyo para legalizar su situación migratoria y garantizar su acceso a la salud, educación (certificación, revalidación, apoyo pedagógico y psicológico) y al mercado laboral.

BIBLIOGRAFÍA

Álvarez, Alejandro (2018). Cómo el neoliberalismo enjauló a México. Facultad de Economía, Universidad Nacional Autónoma de México.

Amuedo-Dorantes, Catalina y Susan Pozo (2009). New evidence on the role of remittances on health care expenditures by Mexican households, IZA Discussion Papers, No. 4617, Institute for the Study of Labor (IZA), Bonn. https://www.econstor.eu/bitstream/10419/36035/1/617543798.pdf

Aragonés Castañer, Ana María y Uberto Salgado Nieto (2015). La migración laboral México-Estados Unidos a veinte años del Tratado de Libre Comercio de América del Norte. Revista Mexicana de Ciencias Políticas y Sociales. UNAM. Nueva Época, Año LX, núm. 224, pp. 279-314. http://www.revistas.unam.mx/index.php/rmcpys/article/view/49218/44960

Aragonés, Ana María y Uberto, Salgado (2014) ¿Competencia internacional por la migración altamente calificada? Comercio Exterior, vol. 64, nùm.2, marzo y abril. http://revistas.bancomext.gob.mx/rce/magazines/756/5/competencia-internacional.pdf

Aragonés, Ana María y Uberto, Salgado (2011), "Mercados de trabajo en la economía del conocimiento y el fenómeno migratorio. El caso de Estados Unidos (1990-2006)" en Ana María Aragonés (2011) Mercados de trabajo y migración internacional. IIE-UNAM. https://core.ac.uk/download/pdf/12240269.pdf

Arias Karina, Rodolfo Córdoba y Alexandra Delano (2019). Personas migrantes y refugiadas como prioridad para el Gobierno: un Sistema Integral para Personas en Movilidad en México. Grupo de Trabajo sobre Política Migratoria.

Ávila Martínez, José Luis y Selene, Gaspar Olvera (2018). Retorno de migrantes y opciones de política para el desarrollo nacional de Guatemala, en Hacia un Salto Cualitativo, Migración y Desarrollo en México y el Norte de Centroamérica, Coord. Dirk Bornschein, Programa Migración y Desarrollo –FLACSO-.

Bahn Kate y Annie McGrew (2017). A Day in the U.S. Economy Without Women. Center for American Progress. https://www.americanprogress.org/issues/economy/news/2017/03/07/427556/a-day-in-the-u-s-economy-without-women/

Barker, Cleo (2018). Barriers to Employment and Overcoming Economic Integration Challenges for Foreign-Born Workers in Maine. The University of Maine DigitalCommons@UMaine. https://digitalcommons.library.umaine.edu/cgi/viewcontent.cgi?article=1315&context=honors

Batalova, Jeanne y Michael, Fix (2008). Uneven Progress: The Employment Pathways of Skilled Immigrants in the United States (con Peter Creticos), Washington, DC, Migration Policy Institute. https://www.migrationpolicy.org/research/uneven-progress-employment-pathways-skilled-immigrants-united-states

Beltrand, Diego y Juan, Artola (2016). Migración calificada y desarrollo: Desafíos para América del Sur. Organización Internacional para las Migraciones (OIM) y Red Internacional de Migración y Desarrollo, U.A.Z. https://www.iom.int/sites/default/files/press_release/file/OIM-Migracion-Calificada-en-America-del-Sur.pdf

Bishaw, Alemayehu y Craig Benson (2018). Poverty: 2016 and 2017. U.S. Department of Commerce Economics and Statistics Administration, U.S. Census Bureau. ACSBR/17-02. https://www.census.gov/content/dam/Census/library/publications/2018/acs/acsbr17-02.pdf

BLS (2018). Occupational Employment and Wages. May 2018 37-2012 Maids and Housekeeping Cleaners. https://www.bls.gov/oes/current/oes372012.htm [17/06/2019]

Boushey Heather y Kavia Vaghul (2016). Women have made the difference for family economic security. Washington Center for Equitable Growth. https://equitablegrowth. org/women-have-made-the-difference-for-family-economic-security/

Bravo Regidor, Carlos y Alexandra Délano Alonso (2019). De muros y caravanas: el nuevo panorama migratorio. Revista LETRASLIBRES. No. 247/Julio 2019. https://d3atisfamukwh6.cloudfront.net/sites/default/files/2019-06/dosier-bravo-mex.pdf

Calva, José Luis (2019). "Si no se cambia el modelo neoliberal no se podrán alcanzar las metas del Plan Nacional de Desarrollo 2019.2024", La Jornada, 8 mayo, México.

Canales Cerón, Alejandro y Sofía, Meza (2018). "El retorno en el nuevo escenario de la migración México-Estados Unidos. En Migración de retorno Colombia y otros contextos internacionales. Editores Aliaga F. y Uribe C. Ediciones USTA.

Canales Alejandro y Sofía Meza (2016). "Fin del colapso y nuevo escenario migratorio México-Estados Unidos" en Migración y Desarrollo número 27 Segundo Semestre 2016 Unidad Académica en Estudios del Desarrollo, Universidad Autónoma de Zacatecas. http://www.scielo.org.mx/pdf/myd/v14n27/1870-7599-myd-14-27-00065.pdf

Canales Cerón, Alejandro I. (2014). Migración femenina y reproducción social en los Estados Unidos. Inmigrantes latinas en los Estados Unidos. Rev. Sociedad y Equidad No. 6, 2014. Disponible en https://sye.uchile.cl/index.php/RSE/article/view/27267

Canales Alejandro (2012). "La migración mexicana ante la crisis económica actual. Crónica de un retorno moderado", Revista interdisciplinar da mobilidade humana (REMHU) julio-diciembre. http://remhu.csem.org.br/index.php/remhu/article/view/334/301

Cassarino, Jean Pierre (2004). "Theorizing Return Migration: The Conceptual Approach to Return Migrants Revisited", en International Journal on Multicultural Societies, vol. 6, núm. 2, pp. 253-279, European University Institute, Robert Schuman Centre for Advances Studies, Mediterranean Programme Series, Florence.

Castillo Fernández, D. y Arzate Salgado, J. (2013). Crisis económica, pobreza y política social en México. Revista de la Facultad de Economía, BUAP, Año XVIII, Número 47, enero - abril de 2013. Pp.57-82.

Castillo, J. (1997). Teorías de la Migración de retorno, mimeo, OIM Organización Internacional para las Migraciones, Universidad Complutense, Madrid. Disponible en http://ruc.udc.es/dspace/bitstream/2183/9664/1/CC_33_art_3.pdf

Castillo, Marco y John Burstein (2014). El Desarrollo Integral con Migrantes, México, Oxfam, APOFAM, Voces Mesoamericanas.

Castles, Stephen (2010). Comprendiendo la migración global: Una perspectiva desde la transformación social. Relaciones Internacionales, núm. 14. GERI-UAM.

Castles, Stephen, & Miller, Mark. J. (2004). La era de la migración: movimientos internacionales de población en el mundo moderno (No. 304.82 C3). Universidad Autónoma de Zacatecas.

Catalán Lerma, Martín (2019). "Plan de Desarrollo de AMLO en realidad defiende la austeridad fiscal, el TLC e inversión extranjera", La Jornada, 2º de mayo, Zacatecas, México.

Cattan Peter (1998). The effect of working wives on the incidence of poverty. Working Wives, Monthly Labor Review. https://www.bls.gov/mlr/1998/03/art2full.pdf

CEPAL (2008). Transformaciones demográficas y su influencia en el desarrollo en América Latina y el Caribe. Naciones Unidas. CEAPL. Trigésimo segundo periodo de sesiones de la CEPAL, Santo Domingo, República Dominicana, 9 al 13 de junio de 2008. https://repositorio.cepal.org/bitstream/handle/11362/2894/1/S0800268_es.pdf

CONAPO (2012). Índices de intensidad migratoria, México Estados Unidos 2010. El estado de la migración, Colección: Índices sociodemográficos. https://www.gob.mx/cms/uploads/attachment/file/114221/Indices_de_intensidad_migr atoria_Mexico_Estados_Unidos_2010_Parte1.pdf

CONEVAL. https://www.coneval.org.mx/Medicion/MP/Paginas/Que-es-la-medicion-multidimensional-de-la-pobreza.aspx [11/12/2018]

Consejo Nacional de Evaluación de la Política de Desarrollo Social. Fichas de Monitoreo y Evaluación 2017-2018 de los Programas y las Acciones Federales de Desarrollo Social, CONEVAL, Ciudad de México, 2018. https://www.coneval.org.mx/Evaluacion/IEPSM/

Documents/Fichas-Monitoreo-y-Evaluacion-2017-2018.pdf

Constanza Costa, María (2017). El otro muro: La estigmatización de los migrantes desde el discurso. Tele Sur. https://www.telesurtv.net/opinion/El-otro-muro-La-estigmatizacion-de-los-migrantes-desde-el-discurso-20170130-0010.html

Córdova, Karina (2009). Collective Remittances in Mexico: Their Effect on the Labor Market for Males. https://pdfs.semanticscholar.org/5897/ef3d7f6fa7d3f8307c78a1e5b6e262b9c622.pdf

Corona Vázquez, Rodolfo (2011). Las migraciones de los mexicanos, en Este País tendencia y opiniones, disponible en http://archivo.estepais.com/site/2011/las-migraciones-de-los-mexicanos/

Correa Vázquez, Eugenia (2010). Trabajo y Desarrollo. Posgrado Facultad de Economía, UNAM (Inédito).

Dabat, Alejandro (2005) "Globalización, neoliberalismo y hegemonía. La primera crisis de la globalización y sus perspectivas" en Ana María Aragonés, Aída Villalobos y Teresa Correa (coordinadoras) Análisis y perspectivas de la globalización: un debate teórico. Facultad de Estudios Superiores (FES) Acatlán-Plaza y Valdés, México.

Daeren, Lieve. (2000). Género en la migración laboral internacional en América Latina y el Caribe. Taller internacional sobre mejores prácticas relativas a trabajadores migrantes y sus familias, Cepal/OIM, Chile.

Daphne Spain and Suzanne M. Bianchi (1996). Women in the labor market, Part 1. FOCUS. Volume 20, Number 1. Winter 1998-1999.

Deeds, Colin y Scott, Whiteford (2016). The Social and Economic Costs Of Trump's Wall. Revista VOICES OF MEXICO no. 102. Pp.24-28. http://www.revistascisan.unam.mx/Voices/pdfs/10207.pdf

Delgado Wise, Raúl y Selene, Gaspar Olvera (2018). Confrontando el discurso dominante: Las remesas bajo el prisma de la experiencia mexicana. REMHU, Rev. Interdiscip. Mobil. Hum., Brasília, v. 26, n. 52, abr. 2018, p. 243-263 http://www.scielo.br/pdf/remhu/v26n52/2237-9843-remhu-26-52-243.pdf

Delgado Wise, Raúl y Selene, Gaspar Olvera (2018). Las remesas a contraluz del discurso dominante: evidencias a partir de la experiencia mexicana. En HACIA UN SALTO CUALITATIVO Migración y desarrollo en México y el norte de Centroamérica. Dirk Bornschein (comp.) 107-126. FLACSO-GUATEMALA. http://www.flacso.edu.gt/publicaciones/wp-content/uploads/2018/08/2018-06-Libro-Hacia-un-salto-MyD.pdf

Delgado Wise, Raúl, Rodolfo, García Zamora y Humberto Márquez Covarrubias (2006). México en la órbita de la economía global del trabajo barato: dependencia critica de las remesas. Revista Theomai. http://www.revista-theomai.unq.edu.ar/numero14/ArtZamora.pdf

Delgado Wise, Raúl, Humberto Márquez Covarrubias y Héctor Rodríguez Ramírez (2004). Organizaciones trasnacionales de migrantes y desarrollo regional en Zacatecas. Migraciones Internacionales. vol.2 no.4 Tijuana jul./dic. 2004. http://www.scielo.org.mx/pdf/migra/v2n4/v2n4a6.pdf

DHS (2013 y 2014). Homeland Security. https://www.dhs.gov/

Docquier, F. y Marfouk,A. (2006). "International Migration by education attainment, 1990-2000" en Ozden C. y M. Schiff International Migration, remittances and the brain drain. Banco Mundial Palgrave MacMillan, Washington, D.C. https://perso.uclouvain.be/frederic.docquier/filePDF/DM_ozdenschiff.pdf

Duncan, Natasha y Brigitte, Waldorf (2010) "High skilled inmigrant recruitment And the global economic crisis. The effects of inmigration policies", Department of Agricultural Economics, Purdue University, working paper 10-1, febrero.

Durand, Jorge (2019). "Un muro para la historia" 3 marzo 2019. Disponible en: http://www.jornada.com.mx/2019/03/03/opinión/013a1pol.

Durand, Jorge (2018). "Crisis migratoria, crisis humanitaria y mediática". Seminario Internacional de Migraciones, Universidad Autónoma de Sinaloa, Mazatlán, 8 de noviembre 2018.

Durand, Jorge. (2006). "Los inmigrantes también emigran: la migración de retorno como corolario del proceso", en Revista Interdisciplinaria de movilidad humana REMHU, año XIV, n. 26 e 27, 2006, pp. 167-189, Brasil. Disponible en < http://www.csem.org.br/remhu/index.php/remhu/article/view/40/32>.

Durand, Jorge and Douglas S. Massey (eds.) (2004). Crossing the Border: Research from the Mexican Migration Project. New York: Russell Sage Foundation.

Durand, Jorge y Douglas, S. Massey (2003). Clandestinos: Migración México-Estados Unidos en los albores del siglo XXI, Zacatecas, Universidad Autónoma de Zacatecas, Miguel Ángel Porrúa.

El Economista 22 agosto 2018

El Financiero 6 agosto 2019

El Universal, 18 diciembre 2018.

Equipo de Estudios Comunitarios y Acción Psicosocial (2019). Mujeres y migración: vivencias desde Mesoamérica. Serviprensa, Guatemala. Disponible en; http://ecapguatemala.org.gt/publicaciones/mujeres-y-migraci%C3%B3n-vivencias-desde-mesoam%C3A9rica.

Ferrant, Gaëlle; Luca Maria Pesando y Keiko Nowacka (2014). Unpaid Care Work: The missing link in the analysis of gender gaps in labour outcomes. OECD Development Centre, December 2014. https://www.oecd.org/dev/development-gender/Unpaid_care_work.pdf

Flippen, Chenoa A (2016). Trabajo de la sombra: trabajo y salarios entre las mujeres hispanas inmigrantes en Durham, Carolina del Norte. Los Anales de la Academia Americana de Ciencias Políticas y Sociales, 666 (1), 110–130.doi: 10.1177 / 0002716216644423, disponible en https://www.ncbi.nlm.nih.gov/pmc/articles/PMC5465637/

Flippen, Chenoa A y Emilio A. Parrado (2015). A tale of two contexts: U.S. migration and the labor force trajectories of Mexican women. The International migration review, 49(1), 232–259. doi:10.1111/imre.12156. https://www.ncbi.nlm.nih.gov/pmc/articles/PMC4734402/

Francine D. Blau (2015). Inmigrantes y roles de género: asimilación frente a cultura, Documento de trabajo NBER 21756, publicado en noviembre de 2015, Programa (s) NBER: estudios laborales. Disponible en https://www.nber.org/papers/w21756

Freije, Samuel (2002). El empleo informal en América Latina y el Caribe: Causas, consecuencias y recomendaciones de política. Instituto de Estudios Superiores de Administración (IESA), Venezuela. Departamento de Desarrollo Sostenible División de Desarrollo Social Serie Documentos de Trabajo Mercado Laboral. Banco Interamericano de Desarrollo. https://publications.iadb.org/en/publication/14938/el-empleo-informal-en-america-latina-y-el-caribe-causas-consecuencias-y

G, Ruiz Soto, Arien y Andrew, Selee (2019). A Profile of Highly Skilled Mexican Immigrants in Texas and the United States. Migration Policy Institute (MPI). https://www.migrationpolicy.org/research/highly-skilled-mexican-immigrants-texas-united-states

Gandini, Luciana, Fernando, Lozano Ascencio y Selene, Gaspar Olvera (2015). El retorno en el nuevo escenario de la migración entre México y Estados Unidos, Consejo Nacional de Población, México.

Gandini, Luciana y Fernando, Lozano Ascencio (2012) "La migración mexicana calificada en perspectiva comparada: el caso de los profesionistas con posgrado en Estados Unidos, 2001-2010" en Telesforo Ramírez García y Manuel Ángel Castillo (Coordinadores) México ante los recientes desafíos de la migración internacional, Consejo Nacional de Población, Secretaría de Gobernación.

Garcés, Rodríguez Carlos, y Johana Andrea Muñoz Soto. (2017). La contribución económica de la mujer en los hogares chilenos. Convergencia, 24(74), 209-230. http://www.scielo.org.mx/pdf/conver/v24n74/2448-5799-conver-24-74-209.pdf

García Zamora, Rodolfo (2019b). "El desafío de las políticas migratorias en México ante el cambio de gobierno 2018-2024" (en prensa).

García Zamora, Rodolfo (2019). México. La Nación Desafiada. Análisis y propuesta ante la migración y la falta de desarrollo en México. México, Miguel Ángel Porrúa-Universidad Autónoma de Zacatecas.

García Zamora, Rodolfo y Selene, Gaspar Olvera (2019). Análisis regional del envejecimiento en un estado de larga migración internacional. El caso de Zacatecas, México. Colegio de Michoacán. En prensa.

García Zamora, Rodolfo y Selene, Gaspar Olvera (2019). La gran recesión 2007-2009 e impacto en las remesas en México. Vol. 11 (No. 31) Septiembre- diciembre 2018, http://www.ola financiera.unam.mx/new_web/31/pdfs/PDF31/GarciaGasparOlaFin31.pdf

García Zamora, Rodolfo y Selene, Gaspar Olvera (2019c). "La crisis migratoria y de fronteras bajo la jaula neoliberal en México", Brújula Ciudadana 109, junio, Iniciativa Ciudadana, Ciudad de México. http://www.reistabrujula.org/copiade-b109-heredia.

García Zamora, Rodolfo, Selene, Gaspar Olvera y Rosa Elena, del Valle Martínez (2019). "Crisis rural, violencias crecientes y desplome migratorio: la reproducción de la sociedad rural en su encrucijada en la 4 Transformación". Coloquio XLI de Antropología e historia regionales. Extraños en su tierra. Sociedades rurales en tiempos del neoliberalismo: Escenarios en Transición del 2 al 4 de octubre 2019. El colegio de Michoacán.

García Zamora, Rodolfo y Selene, Gaspar Olvera (2018). Mujeres en la migración México-Estados Unidos 1950-2015. Repensando la migración desde un enfoque de género. Proyectos productivos y financiamiento. Cords Alicia Girón y Roberto Soto. Editorial Universidad Autónoma de México, Universidad Autónoma de Zacatecas y Miguel Ángel Porrúa, México, 2018, pp. 60-85.

García Zamora, Rodolfo y Selene, Gaspar Olvera (2017). "Migración de retorno de Estados Unidos a seis estados de México. Hacía la reintegración familiar y comunitaria", en García Zamora, Rodolfo (coordinador), El retorno de los migrantes mexicanos de Estados Unidos a Michoacán, Oaxaca, Zacatecas, Puebla, Guerrero y Chiapas 2000-2012, México, Miguel Ángel Porrúa. Pp.15-64.

García Zamora, Rodolfo y Selene, Gaspar Olvera (2016). Adultos mayores nacidos y residentes en México con vínculos migratorios internacionales 2000-2010. Revista de Estudios Migratorios ODISEA. No. 3, pp. 150-179. https://publicaciones.sociales.uba.ar/index.php/odisea/article/view/1946

García Zamora, Rodolfo (2013). Michoacán: Hacia el diseño de nuevas políticas públicas de desarrollo, migración y derechos humanos, México, CONACYT-COCYT-Michoacán-Universidad Autónoma de Zacatecas.

García Zamora, Rodolfo (2012). Crisis, migración y desarrollo. Los actores sociales y el reto de las nuevas políticas públicas en México, México, Universidad Autónoma de Zacatecas.

García Zamora, Rodolfo y Juan Manuel, Padilla (2011). El Programa 3x1: De la filantropía transnacional al desarrollo local con enfoque transnacional. In: XI Seminario de Economía Fiscal y Financiera Crisis, estabilización y desorden financiero, 29-31, México. http://ru.iiec.unam.mx/1145/1/P_Rodolfo%20Garcia%20y%20Manuel%20Padilla.pdf

García Zamora, Rodolfo (2010)."Migración internacional y desarrollo en América Latina y el Caribe. Del mito a la realidad", en Gregorio Vidal y Omar de León, América Latina: Democracia, Economía y Desarrollo Social. Madrid, Trama.

García Zamora, Rodolfo (2009). Desarrollo económico y migración internacional: los desafíos de las políticas públicas en México, México, Universidad Autónoma de Zacatecas.

García Zamora, Rodolfo (2008). Migración internacional y desarrollo en América Latina y el Caribe: del mito a la realidad. Pp.13-36. En Desarrollo Económico y Migración Internacional: Los desafíos de las políticas públicas en México. Rodolfo García Zamora. Colección Ángel Migrante. http://ricaxcan.uaz.edu.mx/jspui/bitstream/20.500.11845/40/1/Migra%20Angel.pdf

García Zamora, Rodolfo y Oscar Pérez Veyna (2008). Migración internacional, organizaciones de migrantes y desarrollo local en El Salvador, Michoacán y Zacatecas. Pp.189-211. En Desarrollo Económico y Migración Internacional: Los desafíos de las políticas públicas en México. Rodolfo García Zamora. Colección Ángel Migrante. http://ricaxcan.uaz.edu.mx/jspui/bitstream/20.500.11845/40/1/Migra%20Angel.pdf

García Zamora, Rodolfo (2003). Migración, Remesas y Desarrollo Local, Universidad Autónoma de Zacatecas, México.

Gaspar Olvera, Selene (2020). Paradojas de la inmigración mexicana a Estados Unidos en áreas de la salud. Volumen 17 | número 33 | segundo semestre 2019, pp. 49-82. https://estudiosdeldesarrollo.mx/migracionydesarrollo/wp-content/uploads/2020/05/33-3.pdf

Gaspar Olvera, Selene (2019). Estadounidenses de origen mexicano emigrados a México 2010 y 2015. Migración de mexicanos a Estados Unidos derechos humanos y desarrollo / José Luis Calva, coordinador. México: Juan Pablos Editor, 2019-20: 978-607-711-517-5. Pp. 461-489. Volumen 20.

Gaspar Olvera, Selene (inédito, 2019). Migración México-Estados Unidos. Información e instrumentos de análisis 1950-2019. México-Estados Unidos. Unidad Académica en Estudios del Desarrollo. Universidad Autónoma Zacatecas. México.

Gaspar Olvera, Selene (2018). Integración de los inmigrantes mexicanos que llegaron en la infancia a Estados Unidos. La situación demográfica de México 2017. CONAPO, México. pp. 177-202. https://www.gob.mx/cms/uploads/attachment/file/344282/09_Gaspar.pdf

Gaspar Olvera, Selene (2018). Medición de la emigración de México a Estados Unidos, 1950-2016. Revista Región y Sociedad, No.73. https://regionysociedad.colson.edu.mx:8086/index.php/rys/article/view/847/1295

Gaspar Olvera, Selene (2017). Integración de los inmigrantes calificados en Estados Unidos (2011-2015). Odisea. Revista de Estudios Migratorios N° 4, 3 de octubre de 2017. Pp. 85-124. https://publicaciones.sociales.uba.ar/index.php/odisea/article/view/2492

Gaspar Olvera, Selene (2017). Vulnerabilidad de los hogares con vínculos migratorios internacionales en México. Diarios del Terruño. Reflexiones sobre migración y movilidad. No.3. pp. 13-38. https://www.revistadiariosdelterruno.com/gaspar-olvera/

Gaspar Olvera, Selene (2016). ¿Estudiar para emigrar o emigrar para estudiar? Procesos de integración de los inmigrantes mexicanos calificados en Estados Unidos, Tesis de Maestría, México, UNAM disponible en <https://www.academia.edu/27158195>

Gaspar Olvera, Selene (2016b). Migración México-Estados Unidos. Información e instrumentos de análisis 1970-2016. Inédito en edición. Unidad Académica en Estudios del Desarrollo. Universidad Autónoma Zacatecas.

Gaspar Olvera, Selene y Rafael, López Vega (2012). Configuración reciente de los hogares de mexicanos en Estados Unidos. En Visiones del Desarrollo. Serie Estudios Críticos del Desarrollo. pp. 447-477, Universidad Autónoma de Zacatecas. Editorial. Porrúa.

Gaspar Olvera, Selene (2012). "Migración México-Estados Unidos en cifras (1990-2011)", en Migración y Desarrollo, Vol.10, Núm. 18, México, pp.101-139. http://estudiosdeldesarrollo.net/revista/save.php?archivo=rev18/4.pdf

Giorguli Saucedo, Silvia y Angoa, María Adela (2017). Trayectorias migratorias y su interacción con los procesos educativos, en Generaciones, cursos de vida y desigualdad social en México (Coords). Marie-Laure Coubes, Patricio Solís, María Eugenia Cosió-Zavala.

Giorguli Saucedo, Silvia y Selene, Gaspar Olvera (2008). Inserción ocupacional, ingreso y prestaciones de los mexicanos en Estados Unidos. México: CONAPO. http://omi.conapo.gob.mx/work/models/OMI/Resource/473/Selene2007.pdf

Giorguli Saucedo, Silvia, María Adela Angoa Pérez, y Selene Gaspar Olvera (2007). The Other side of the Migratory Story: Mexican Women in the United States. En Ashbee, Edward; Balslev, Helene y Pedersen, Carl. (Eds.) Politics, Economics, and Culture of Mexican-US Migration: both sides of the border. pp. 39-62. Palgrave McMillan: US.

González, Susana y Alfonso, Urrutia (2019). "Lanza la CEPAL Plan para el Desarrollo Integral de México y Centroamérica", La Jornada, 21 de mayo, México. https://www.jornada.com.mx/2019/05/21/politica/003n1pol

Grupo de Trabajo Sobre Política Migratoria (2019). Hacia una política migratoria de respeto a los derechos humanos en México. GTPM-CAMMINA-Iglesia Evangélica Luterana en América.

Gubernskaya, Zoya y Joanna Dreby (2017). US Immigration Policy and the Case for Family Unity. Journal on Migration and Human Security. JMHS Volume 5 Number 2 (2017): 417-430. https://journals.sagepub.com/doi/pdf/10.1177/233150241700500210

Hernández Pedreño, M. (2008). Exclusión Social y Desigualdad Universidad de Murcia, 2008.

https://www.um.es/documents/1967679/1967852/Libro-Exclusion-social-desigualdad-08.pdf/b3392fe8-ca07-44d4-8833-2a2124a3b190

Hoynes, Hilary, Marianne Page y Ann Stevens (2005). Poverty in America: Trends and explanations. Working Paper 11681 National Bureau of Economic Research 1050 Massachusetts Avenue, Cambridge, MA 02138. https://www.nber.org/papers/w11681.pdf

IME (2019). Foros consultivos en el exterior 2019. Resultados. Plan Nacional de Desarrollo. Gobierno de México. Secretaria de Relaciones Exteriores e Instituto de los Mexicanos en el Exterior. http://ime.gob.mx/docs/foros/resultados.pdf.

INEGI (2018). Indicadores de Ocupación y Empleo: http://www.inegi.org.mx/ [27062018]

INEGI (s.f). Nota técnica, estratificación univariada, http://gaia.inegi.org.mx/scince2/documentos/scince/metodo_notaTecnica.pdf [27062018]

Kenning, Chris (2017). Recent immigrants to the U.S. are better educated: report. U.S.JUNE 1, 2017 / 10:07 AM / 3 YEARS. https://www.reuters.com/article/us-usa-immigration-report-idUSKBN18S5LA

Kenny, Charles y Megan O'Donnell (2016). Why Increasing Female Migration from Gender Unequal Countries is a Win for Everyone. Center for Global Development. https://www.cgdev.org/sites/default/files/why-increasing-female-immigration-flows-gender-uneq

La Jornada (2019). "Doble presión migratoria", 20 abril, México. https://www.jornada.com.mx/2019/04/20/edito

La Jornada 7 mayo 2019. Disponible en https://www.jornada.com.mx/2019/05/07/opinion [29032020].

La Jornada, 10 de agosto 2019. http://www.jornada.com.mx/2019/08/10/

La Jornada, 11 de septiembre 2019. http://www.jornada.com.mx/2019/09/11/

La Jornada, 2 de julio 2019. http://www.jornada.com.mx/2019/07/02/

La Jornada, 20 abril 2019. http/:www.jornada.com.mx/2019/o4/20/

La Jornada, 20 de julio 2019. http://www.jornada.com.mx/2019/07/20/

La Jornada, 20 de mayo 2019. http://www.jornada.com.mx/2019/05/20/

La Jornada, 21 de agosto 2019. http://www.jornada.com.mx/2019/08/21/

La Jornada, 21 mayo 2019. http://www.jornada.com.mx/2019/05/21/

La Jornada, 22 de julio 2019. http://www.jornada.com.mx/2019/07/22/

La Jornada, 23 de julio 2019. http://www.jornada.com.mx/2019/07/23/

La Jornada, 24 de julio 2019. http://www.jornada.com.mx/2019/07/24/

La Jornada, 27 de julio 2019. http://www.jornada.com.mx/2019/07/27/

La Jornada, 30 de agosto 2019. http://www.jornada.com.mx/2019/08/30/

La Jornada, 7 de septiembre 2019. http://www.jornada.com.mx/2019/09/07/

La Jornada, 8 de julio 2019. http://www.jornada.com.mx/2019/07/08/

La Jornada, 8 mayo 2019. http://www.jornada.com.mx/2019/05/08/

La Jornada, 9 mayo 2019. htt://www.jornada.com.mx/2019/05/09/

La Jornada, México, 1 marzo 2019. https://www.jornada.com.mx/2019/03/01/

La Jornada, México, 28 noviembre 2018. https://www.jornada.com.mx/2018/11/28/

La Jornada, México, 5 diciembre 2018. https://www.jornada.com.mx/2018/12/05/

La Jornada. 13 de julio 2019. htpp://www.jornada.com.mx/2019/07/13/

La Jornada. 2 de agosto 2019. http://www.jornada.com.mx/2019/08/02/

La Jornada. 9 de septiembre 2019. http://www.jornada.com.mx/2019/09/09/

Levitt, Peggy, (2001). The Transnational Villagers, Berkeley, University of California Press.

Ley de protección de los derechos de las personas adultas mayores para el Estado De Zacatecas. Disponible en http://www.congresozac.gob.mx/f/todojuridico&cual=110, fecha de consulta 06052019.

Márquez Covarrubias, Humberto (2007). Migración y Desarrollo en México: entre la exportación de la fuerza de trabajo y la dependencia de las remesas. Región y Sociedad, vol, XIX, No. 39. 2007. Colegio de Sonora, ISSN 1870-3925. http://lanic.utexas.edu/project/etext/colson/39/1.pdf

Martínez Díaz Covarrubias, S. N. y Escobar Latapí, A. (2018). Factores de integración de los migrantes de retorno mexicanos. La influencia de los contextos de recepción, en Coyuntura

Demográfica, Núm. 13. Pp. 97-103.

Masferrer, Claudia (2018). "Return Migration from the U.S. to Mexico: New Challenges of an Old Phenomenon," Canadian Diversity/Diversité Canadienne, 15 (2), 23-30. https://www.ciim.ca/img/boutiquePDF/canadiandiversity-vol15-no2-2018-9jf51.pdf

Massey, Douglas S., Karen A. Pren, and Jorge Durand (2009). "Nuevos escenarios de la migración México-Estados Unidos: Las consecuencias de la guerra antiinmigrante. "Papeles de población 15.61 (2009): 101-128.

Mendoza, Cristóbal, Barbara, Stanicia y Anna, Ortiz (2013). "Migración y movilidad de las personas calificadas: nuevos enfoques teóricos, territorios y actores" Geocritica. Revista Bibliográfica de Geografía y Ciencias Sociales, Universidad de Barcelona.

Milenio (2019). Trump "Mexicanos tan felices como yo con la migra y la 4ª Transformación", 2 julio. http://www.milenio.com/política/mexicanos-tan-felices-comoyo- conla-migra-4t

Moctezuma Longoria, Miguel y Selene, Gaspar Olvera (2013). Migración internacional mexicana y políticas públicas para los jóvenes migrantes de retorno a México. Los jóvenes de hoy. Presente y futuro. Colección de libros Análisis Estratégico para el Desarrollo, Juan Pablos Editor, México. pp. 166-188.

Mohar, Gustavo (2019). "La encrucijada migratoria" Excélsior 14 abril, México. https://www.excelsior.com.mx/opinion/gustavo-mohar/encrucijada-migratoria-i/1307594

Montes de Oca Zavala, Verónica, Ahtziri Molina Roldán y Rosaura Avalos Pérez (2008). Migración, redes transnacionales y envejecimiento: estudio de las redes familiares transnacionales de la vejez en Guanajuato. México: UNAM-IIS; Gobierno del estado de Guanajuato, 2008. http://ru.iis.sociales.unam.mx/jspui/bitstream/IIS/4430/1/Migracion%20redes%20transnacionales%20y%20envejecimiento.pdf

Muzaffar, Chishti y Sarah Pierce (2020). Crisis within a Crisis: Immigration in the United States in a Time of COVID-19. Migration Information Source. Migration Policy Institute (MPI). https://www.migrationpolicy.org/article/crisis-within-crisis-immigration-time-covid-19

National Bureau of economic research (2019). Immigrants and Gender Roles: Assimilation vs. Culture. https://www.nber.org/digest/feb16/w21756.html [15052019]

OECD (2014). Harnessing knowledge on the migration of highly skilled women. https://www.oecd.org/dev/migration-development/Harnessing%20knowledge%20on%20the%20migration%20of%20highly%20skilled%20women%20-%20overview%20of%20key%20findings.pdf

OIM (2006). Glosario sobre migración. Derecho Internacional sobre migración, No.7, OIM Organización Internacional para las Migraciones. http://publications.iom.int/system/files/pdf/iml_7_sp.pdf

OIM https://www.iom.int/es/news/la-oim-monitorea-las-caravanas-de-migrantes-centroamericanos-y-brinda-apoyo-los-retornos

Olavarría, José (2001). Hombres a la deriva. Poder, trabajo y sexo. FLACSO. Santiago, Chile. 140 p. Serie Libros FLACSO

Oliver, Lucio (2019). "Experiencias de los gobiernos progresistas para México" en MEMORIA, Revista de Crítica Militante, Número 270, CEMOS, Ciudad de México.

Orcutt Duleep; Harriet y Daniel J. Dowhan (2008). Social Security. Social Security Bulletin, Vol. 68, No. 1, 2008. https://www.ssa.gov/policy/docs/ssb/v68n1/68n1p31.html

Orrenius, Pia (2016). The real story behind mexican inmigration: And what it means for U.S. Economy, Bushcenter.org, https://www.bushcenter.org/publications/articles/ 2016/07/the-real-story-behind-mexican-immigration.html [27062018]

Ortiz Ospina, Esteban y Sandra Tzvetkova (2017). Workers: Key facts and trends in female labor force participation. https://ourworldindata.org/female-labor-force-participation-key-facts [17062019].

Ozden,C. y M. Schiff (2007). International migration, economic development policy, Banco Mundial, Washington D.C.

PAHO y WHO (2018). Valuing unpaid caregiving to transform women's lives. Disponible en:https://www.paho.org/hq/index.php?option=com_docman&view=download&category_slug=agenda-salud-sostenible-americas-2018-2030-9479&alias=43958-valuing-unpaid-

caregiving-to-transform-women-s-lives-958&Itemid=270&lang=es

Paiewonsky, Denise (2007). Feminización de las migraciones. Serie Género, migración y desarrollo. Documento de trabajo 1. Naciones Unidas. El Instituto Internacional de Investigaciones y Capacitación de las Naciones Unidas para la Promoción de la Mujer (UN-INSTRAW).

París Pombo María Dolores, Alfredo Hualde y Ofelia Woo (2019) (Coordinadores) Experiencias de retorno d emigrantes mexicanos en contextos urbanos. Colegio de la Frontera Norte, Tijuana, Baja California.

Passel, Jeffrey S. y D' Vera Cohn (2018). U.S. Unauthorized Immigrant Total Dips to Lowest Level in a Decade, Pew Research Center. https://www.pewhispanic.org/2018/11/27/u-s-unauthorized-immigrant-total-dips-to-lowest-level-in-a-decade/

Petit, J. M (2003). Migraciones, vulnerabilidad y políticas públicas. Impacto sobre los niños, sus familias y sus derechos, Centro latinoamericano y Caribeño de Demografía (CELADE) – División de Población, Banco Interamericano de Desarrollo (BID).

R, Gabancci, Donna (2002). Today´s immigrant women in historical perspective. En Strum, Philippa, & Tarantolo, Danielle. (2002). Women immigrants in the United States. Washington DC: Woodrow Wilson International Center for Scholars and Migration Policy Institute.

Ramírez, Telesforo y Daniel, Aguado (2013)."Determinantes de la migración de retorno en México, 2007-2009". La Situación Demográfica de México, Ciudad de México, Consejo Nacional de Población. http://www.conapo.gob.mx/work/models/CONAPO/Resource/1725/1/images/10_Determinantes_de_la_migracion_de_retorno_en_Mexico_2007_2009.pdf

Randel. K. Johnson (2016). Immigration Myths and Facts. U.S. Chamber of Commerce. Labor, Immigration & Employee Benefits. https://www.uschamber.com/sites/default/files/documents/files/022851_mythsfacts_2016_report_final.pdf

Rebolledo Gámez, Teresa y Mª Rocío Rodríguez Casado (2014). Migraciones y género en el contexto mexicano: revisión de la literatura científica. Foro de Educación, vol. 12, núm. 17, julio-diciembre, 2014, pp. 165-185. Fahren House, Cabrerizos, España.

Riosmena, Fernando., González, C. G., y Rebeca Wong (2012). El retorno reciente de Estados Unidos: salud, bienestar y vulnerabilidad de los adultos mayores. Coyuntura demográfica, 2012(2), 63-67.

Rivera Sánchez, Liliana (2019). (Editora) ¿Volver a casa? Migrantes de retorno en América Latina. Debates, tendencias y experiencias divergentes. Colegio de México, A.C.

Rivera Sánchez, Liliana (2013). Migración de retorno y experiencias de reinserción en la zona metropolitana de la Ciudad de México. REMHU - Rev. Interdiscipl. Mobil. Hum., Brasília, Ano XXI, n. 41, p. 55-76, jul./dez. 2013. http://www.scielo.br/pdf/remhu/v21n41/04.pdf

Rodríguez, Carlos y Muñoz, Johana (2015). "Participación laboral de las mujeres rurales chilenas: Tendencias, perfiles y factores predictores", en Cuadernos de Desarrollo Rural, vol. 12, núm. 75, Colombia: Pontificia Universidad Javeriana. http://www.fao.org/family-farming/detail/es/c/297624/

Romero, José y Julen, Berasaluce (2019). El Estado Desarrollador. Casos exitosos y lecciones para México. Colegio de México

Romero. José (2018). "La economía mexicana: retos y oportunidades" en Eduardo Vega Cambio de rumbo: Desafíos económicos y sociales en México hoy. Facultad de Economía de la Universidad Nacional Autónoma de México.

Rumbaut, Rubén G. (2003). Edades, etapas de la vida y cohortes generacionales: un análisis de las dos primeras generaciones de inmigrantes en Estados Unidos. RED-UAZ.

Rumbaut, Rubén G. (2006). "Edades, etapas de la vida y cohortes generacionales: un análisis de las dos primeras generaciones de inmigrantes en Estados Unidos", en Alejandro Portes y Josh DeWind (coords.), Repensando las migraciones. Nuevas perspectivas teóricas y empíricas, Universidad Autónoma de Zacatecas, Miguel Ángel Porrúa, Red UAZ, pp. 361-410. Verick, S. Female labor force participation in developing countries. IZA World of Labor 2014: 87 doi: 10.15185/izawol.87, https://wol.iza.org/articles/female-labor-force-participation-in-developing-countries/long

Sánchez Barricarte, Jesús Javier (2010). Socioeconomía de las migraciones en un mundo globalizado, Editorial Biblioteca Nueva, Madrid.

Santibáñez Remellón, Jorge (s.f). Migrantes mexicanos en los Estados Unidos, su número y su voto en las elecciones de México. Pp. 17-30. https://archivos.juridicas.unam.mx/www/bjv/libros/7/3472/3.pdf

Santibáñez, Jorge (2019). "Desarrollar América Central. Cortina de humo ante crisis humanitaria". La Jornada, 22 de julio. http:// www.jornada.com.mx/2019/ 07/22/ opinión/018apol

Santibáñez, Jorge (2019). "El flujo migratorio desde Centroamérica hacia Estados Unidos no se detendrá", La Jornada, 30 de agosto. http//jornada.com.mx/2019/08/30/

Santibáñez, Jorge (2019). "El inevitable ataque de Trump a México", La Jornada, 2 de agosto. http://jornada.com.mx/2019/08/02/

Santibáñez. Jorge (2019). "Desarrollar América Central: cortina de humo ante la crisis humanitaria", La Jornada, 8 de julio. http//jornada.com.mx/2019/07/08/

Santibáñez. Jorge (2019). "La evaluación del "acuerdo" migratorio 45 días después", La Jornada, 13 de julio. http//jornada.com.mx/2019/07/13/

Santibáñez, Jorge (2018). "López Obrador la migración centroamericana, La Jornada, 5 de diciembre. http://www.jornada.com.mx/2018/12/05//opinion/027a2pol

Santibáñez, Jorge (2018). "Negociar con Estados Unidos" La Jornada, 28 de noviembre. http://www.jornada.com.mx/2018/010/28/

Secretaria de Salud (2016). Informe sobre la salud de los mexicanos 2016. Diagnostico general del Sistema Nacional de Salud. https://www.gob.mx/cms/uploads/attachment/file/239410/ISSM_2016.pdf

Simon, R. J., & DeLey, M. (1984). The work experience of undocumented Mexican women migrants in Los Angeles. International Migration Review, 1212-1229.

Smith, James P. (2003). Assimilation across the Latino Generations, RAND, 1700 Main Street, Santa Monica, CA 90407. This research was supported by grants from NIH. https://inequality.stanford.edu/sites/default/files/media/_media/pdf/Reference%20Media/Smith_2003_Immigration.pdf

Solimano, A. (2008). The international mobility of talent: Types, causes and development impact, Oxford University, Oxford.

Sumption, Madeleine y Sarah, Flamm (2012). The Economic Value of Citizenship for Immigrants in the United States. Migration Policy Institute (MPI). https://www.migrationpolicy.org/research/economic-value-citizenship

The Office of the President-Elect. The Obama-Biden Plan (2013) Washington.

Torres Ramírez Mireya y Juan Manuel Padilla (2015). Pobreza rural multidimensional en Zacatecas. Migración y Desarrollo, vol. 13, 2015 primer semestre. https://estudiosdeldesarrollo.mx/migracionydesarrollo/wp-content/uploads/2018/11/24-5.pdf

Tuirán Gutiérrez, Rodolfo; Jorge, Santibáñez Romellón y Rodolfo, Corona Vázquez (2006). El monto de las remesas familiares en México: ¿mito o realidad?. Papeles de población, 12(50), 147-169. http://www.scielo.org.mx/scielo.php?script=sci_arttext&pid=S1405-74252006000400008&lng=es&tlng=es.

Tuirán, Rodolfo y José Luis Ávila (2013). "¿De la fuga a la circulación de talentos?". Este País.

Turiján-Altamirano, Teresa, Ramírez-Valverde, Benito, Damián-Huato, Miguel Ángel, Juárez-Sánchez, José Pedro, y Estrella-Chulím, Néstor. (2015). Uso de remesas para la adquisición de tecnología agrícola en maíz en San José Chiapas, Puebla, México. Nova scientia, 7(14), 674-693. http://www.scielo.org.mx/scielo.php?script=sci_arttext&pid=S2007-07052015000200674&lng=es&tlng=es.

Tzvetkova, Sandra y Esteban Ortiz Ospina, (2017). Working women: What determines female labor force participation? https://ourworldindata.org/female-labor-force-participation-key-facts [17062019].

Valenzuela Feijoo, José (2016). ¿De la crisis neoliberal al nacionalismo fascistoide? México y

Estados Unidos. Centro de Estudios para el Desarrollo Alternativo, S.C. Ciudad de México.

Vega Macías, Daniel (2014). Migración y dinamismo demográfico: un análisis exploratorio de los municipios del estado de Guanajuato, México (1990-2010). Acta Universitaria [en línea] 2014, 24 (Noviembre-Diciembre): http://www.redalyc.org/articulo.oa?id=41632950005, ISSN 0188-6266.

Vega. Eduardo (2018). Cambio de rumbo: Desafíos económicos y sociales en México hoy. Facultad de Economía de la Universidad Nacional Autónoma de México.

Vernez, George (1995). En Abraham F. Lowenthal y Katrina Burges (1995). Compiladores, La conexión México-California. Siglo veintiuno editores. México, Distrito Federal. Primera edición en español. La mano de obra mexicana en la economía de California. Del crecimiento rápido a la probable estabilidad. Pp.177-195.

Villafuerte, Daniel (2016). "Balance crítico del Plan Puebla Panamá y perspectivas del Proyecto Mesoamérica. Asimetrías regionales, límites del modelo maquilador y datos comparativos de la región" en Carlos Heredia Zubieta (2016) El sistema migratorio mesoamericano. Colegio de la Frontera Norte y Centro de Investigación y Docencia Económica, A.C. Ciudad de México.

Woo Morales, Ofelia (1995). La invisibilidad en el proceso migratorio: las mujeres migrantes. Frontera Norte, 7(13), 138-148.

Woo Morales, Ofelia (2014). Las migrantes mexicanas en el proceso de migración hacia Estados Unidos. Universidad de Guadalajara. Revista Encuentros. Vol.1, Enero-junio de 2014.

Zhou, M. y Li, X. (2018). Remesas para el consumo colectivo y la compensación del estatus social: variaciones sobre las prácticas transnacionales entre los migrantes internacionales chinos1. International Migration Review, 52(1), 4–42. https://doi.org/10.1111/imre.12268; https://journals.sagepub.com/doi/full/10.1111/imre.12268#articleCitationDownloadContainer

Zhou, Min (1997). Segmented Assimilation: Issues, Controversies, and Recent Research on the New Second Generation. International Migration Review, Vol. 31, No. 4, Special Issue: Immigrant Adaptation and Native-Born Responses in the Making of Americans. (Winter, 1997), pp. 975-1008. https://is.muni.cz/el/1423/jaro2004/SOC732/um/Zhou_1997._Segmented_Assimilation._Issues__Controversies__and_Recent_Research_on_the_New_Second_Generations.pdf

www.ingramcontent.com/pod-product-compliance
Lightning Source LLC
Chambersburg PA
CBHW070324270326
41926CB00017B/3753